朱熹伦理思想研究
“敬”的工夫论

陈永宝 著

全国百佳图书出版单位
APGTIME 时代出版
时代出版传媒股份有限公司
安徽黄山出版社

图书在版编目(CIP)数据

朱熹伦理思想研究："敬"的工夫论/陈永宝著.
合肥：黄山书社，2025. 5. —ISBN 978-7-5737-1115-1
Ⅰ. B244.75
中国国家版本馆 CIP 数据核字第 202508RM20 号

朱熹伦理思想研究："敬"的工夫论
ZHU XI LUNLI SIXIANG YANJIU JING DE GONGFU LUN

陈永宝　著

出 品 人　葛永波
责任编辑　秦矿玲
装帧设计　李　昕
责任印制　李　磊
出版发行　黄山书社
地　　址　安徽省合肥市蜀山区翡翠路 1118 号出版传媒广场 7 层　邮编：230071
印　　刷　安徽联众印刷有限公司
版　　次　2025 年 5 月第 1 版
印　　次　2025 年 5 月第 1 次印刷
开　　本　700 mm × 1000 mm　1/16
字　　数　320 千字
印　　张　18.75
书　　号　ISBN 978-7-5737-1115-1
定　　价　78.00 元

服务热线　0551-63533706
销售热线　0551-63533761
官方直营书店（https://hsss.tmall.com）

推荐序

潘小慧（辅仁大学哲学系教授）

听到永宝老师又要出新书，我相当欣喜，但不惊讶。

作为永宝在台湾辅仁大学哲学系求学时的博导，我对他的认识以一句话概括就是“不是在图书馆，就是在往图书馆的路上”。他永远精力充沛，埋首书堆，热情参与各项学术活动，并勤于笔耕。准确地说，他是比一般同龄学者还要勤奋数倍的优秀人才，因此积累了相当丰厚的研究成果，令人佩服！

他这回要出的新书书名是《朱熹伦理思想研究：“敬”的工夫论》，基本上是在其博士论文基础上加以拓展。朱熹其人、其事、其思想、其影响，一向是永宝老师的研究旨趣和专长领域。永宝老师首先以朱熹伦理思想为核心内容。其次以“敬”思想的产生、发展、内容为论述主线，对朱熹关于“敬”思想的文本进行整理、思考和总结，并在性、心、情、意四方面开展本体论、工夫论，甚至伦理美学的研究。再者，从采用多种研究方法对原始文本进行解读分析，到参考多元丰富的中西文献及研究成果，并进行对比阐述，他展现了一个学者的严谨的研究态度。

第四章《朱熹的“敬”的伦理美学》可以说是本书的亮点，尝试借助当代法国学者弗朗索瓦·朱利安（François Jullien）的方法重新审视朱熹思想研究中的研究偏见，为恢复朱学的整体性研究作一前期铺垫。可以看到永宝老师不以现有及传统的朱学研究为满足，反而愿意开发出各种视角的中西对话与古今对话。

学术之所以能进步,贵在研究者的开放胸襟,很高兴,永宝老师就是具有开放心灵的学者,本书即其佳作。

除了恭喜永宝老师出版新书外,也期待本书的思想观点能带来更多学术碰撞的火花!

目　录

导　论

近三十年来，关于朱熹伦理思想的研究成果比较多。学者们不断尝试挖掘、整理他思想中的不同面向。如朱杰人等主编了《朱子全书》和《朱子全书外编》，这两套丛书几乎囊括了朱熹一生所有的思想成果。学者们不仅对朱熹文本的收集工作产生了浓厚的兴趣，也对朱熹的生平事迹、游学地域、书信札记等有所重视，并加以整理出版。其中最为著名的便是陈来的《朱子书信编年考证》、顾宏义的《朱熹师友门人往还书札汇编》，以及一本未署编选者姓名的《宋・朱熹法书选——行书信札及文稿》。对于朱熹思想的研究，这些成果既提供了广博的材料资源，又对后来的学者造成了巨大的压力。况且，在不同时空的学者们的著作中，由于每个人的观察视角的不同，对于同一个问题往往也会得出多个结论，甚至是截然相反的结论。因此，前面的学者资料和观点的庞杂，为朱熹伦理思想的继续研究带来了不小的难题。

于是，当本书选择以朱熹的"敬"思想及伦理思想作为写作主题时，笔者内心的忐忑是不言而喻的。这里所表现出来的一个问题是，如何能在如此丰富多彩的朱熹思想的研究成果中，凸显"朱熹伦理思想研究"的研究特色？这是一个很大的挑战。

虽然研究朱熹伦理思想的论文、著作较多，但依然有继续挖掘、整理的空间。以杨慧杰的《朱熹伦理学》[①]为例，全书采用西方伦理学的基本框架来对朱熹的伦理思想进行系统化的阐述。这种做法的最大优点是清晰明了，

① 杨慧杰：《朱熹伦理学》，台湾牧童出版社，1978。

将朱熹的伦理思想植入西方伦理学框架，既对已有的伦理学研究成果作了适当的弥补，也挖掘出朱熹伦理学存在的可能性。虽然这本书利于朱熹伦理思想的传播，但将朱熹的伦理思想框定在传统西方伦理学研究的框架下，实际上是把"朱熹的伦理学"变成了"伦理学下的朱熹"。并且，杨慧杰为了突显朱熹伦理思想的特色，不得不给朱熹增加了更多的"西方伦理学"特色。最终，我们看到的是一本基于传统善恶观和传统德行论的伦理学著作。

类似这种著作并不少见，杨慧杰的著作只是其中一个典型的代表。以西方思想诠释朱熹伦理思想，确实容易让读者看清朱熹伦理思想的主要内容，也能清晰地展现朱熹伦理思想的理论特征。但需要注意的是，"伦理学下的朱熹"和"朱熹的伦理学"其实并不是一回事。"伦理学下的朱熹"，是把朱熹的思想当成一座伦理学大厦里的构成要件，使其努力符合伦理学的基本框架。其目的虽然是为了突显朱熹思想中的伦理学特征，却同时也对朱熹的思想有了一种预设。这种预设从一开始就将朱熹框定在伦理学大厦里的一个"位置"上，诱导后来的研究者只将目光停留在朱熹的这个"位置"上，而对朱熹本人的思想不加关注。因此，这种写法角度虽然新颖，但容易造成学者只看其位而不看其人。

当然，对这种写法我们不能过于苛责，毕竟该书的撰写处于与当下不同的历史境遇。而其他学者，多数只将朱熹的伦理学作为专著的一部分而加以论述。如钱穆的《朱子新学案》①、牟宗三的《心体与性体》②、劳思光的《新编中国哲学史》③、张岱年的《中国哲学大纲》④、蔡仁厚的《中国哲学史》⑤、张立文的《朱熹大辞典》⑥、蒙培元的《中国心性论》⑦等。还有需要特别指出

① 钱穆：《朱子新学案》，九州出版社，2011。

② 牟宗三：《心体与性体》（第3册），台湾联经出版事业股份有限公司，2003。

③ 劳思光：《新编中国哲学史》，台湾三民书局股份有限公司，2007。

④ 张岱年：《中国哲学大纲》，台湾蓝灯文化事业股份有限公司，1992。

⑤ 蔡仁厚：《中国哲学史》，台湾学生书局，2011。

⑥ 张立文：《朱熹大辞典》，上海辞书出版社，2013。

⑦ 蒙培元：《中国心性论》，台湾学生书局，1990。

的是，陈来的《朱子哲学研究》[①]可能是目前最为精练地概括朱熹思想中形而上学、知识论和伦理学的专著。

就研究对象而言，朱熹思想在研究材料上是不缺乏的。但正如前面所说的，虽然对其伦理思想进行挖掘的专著和论文较多，但常因其过于庞杂而给研究者带来不少困惑。

到了近现代，伦理学著作“井喷”。其中最为著名的是 John Mill（约翰·密尔）的《论自由》和 John Rawls（约翰·罗尔斯）的《正义论》。于是，我们发现人们经常会滑入各种伦理议题的进退两难的境地，比如电车难题。在这些西学中用的伦理学实践中，一方面，西方思想为今天的人们提供了一个强大的时空视角；另一方面，来自内部的情感反抗与西方伦理学思想发生了剧烈的碰撞。

近代中国的思想家们面对这些难题，往往将重点放置在对中国传世经典的形而上学思想的挖掘中，如孔子的“仁爱”思想、孟子的“义利”思想、先秦道家的“道”及唐宋时期禅宗的“空性”等。当然，也有在认识论上与西方思想一争高下的心性工夫论[②]，如牟宗三从阳明学、朱子学出发，挖掘出当代新儒家的时代表达。

对于中国伦理思想，虽然有部分学者从事这方面的研究，然而伦理学界多数学者还是选择绕开中国传统思想。这倒不是学者们有意忽略中国传统思想的价值，而是在挖掘中国伦理思想的过程中确实存在各种困难和危机。

所谓困难，主要是研究对向的选择问题。仅上古一域，孔、孟、老、庄、荀、墨、公孙龙等，就足够学者消化一生；中古一域，儒门的韩愈、欧阳修、周敦颐、张载、“二程”、朱熹、陆九渊、王阳明，禅门的孤山智圆、明教契嵩、大慧宗杲等，也足以让学者皓首穷经。至于近古和现当代，相关学者更是铺天盖

---

① 陈来：《朱子哲学研究》，生活·读书·新知三联书店，2010。

② 关于儒家工夫论，学界一般有“工夫”“功夫”两种写法，并混杂使用。本书参照朱熹的文本，采用“工夫”这一表述。陈来的《朱子哲学研究》等朱子学研究的权威著作，也多用“工夫”。引用的文本若使用“功夫”，则保留原貌。

地。其中较为有影响力的有何怀宏(《伦理学是什么》①)、赵汀阳(《论可能生活》②)等，但依然呈现出我前面所说的那种情况。从上古至今日，从西方到东方，如何在纷繁复杂的伦理学大厦中，在对中国传统思想的伦理学研究中避免出现选择困难？这是一个难点。

所谓危机，主要是中国传统思想是否符合古希腊亚里士多德设定的"伦理学体系"。中国当代"伦理学"的反向格义实际上含有一个隐性的前提语境，即亚里士多德(以下简称"亚氏")的伦理学。也就是说，后来能被称为伦理学著作的，必须符合亚氏在《尼各马可伦理学》③里对伦理学的设定。我们前面谈到的杨慧杰的《朱熹伦理学》，也面临着这个问题。亚氏关于"伦理学"的设定影响到中国传统伦理学的合法性。④ 在解释学与训诂考据学再度

---

① 何怀宏：《伦理学是什么》，北京大学出版社，2015。

② 赵汀阳：《论可能生活》，生活·读书·新知三联书店，1994。

③ ［希腊］亚里士多德：《尼各马可伦理学》，廖申白译，商务印书馆，2003。

④ 亚里士多德对伦理学没有清晰的界定，不过他点出了伦理学的基本规则，即"人的每种实践与选择，都以某种善为目的"。(亚里士多德：《尼各马可伦理学》，第3页)潘小慧认为："按亚氏的观点，道德的基本问题不是'我应当做什么？'(What should I do?)而是'我应当是什么样的人？'(What should I be?)于是，'成为'一个有德者远比'去做'一件道德上对的事还重要。"(潘小慧：《德行与伦理：多玛斯的德行伦理学》，台湾开道出版社，2009，第22页)王臣瑞认为，从字源的意义上看，伦理学来源于拉丁文Ethica，它包括社会的一切规范、惯例、典章和制度。从实质方面来说，"伦理学研究人的一切伦理事实：诸凡人行为的性质、行为的标准、良心的现象、法律的基础等，无不包罗于伦理学的范围之内"。(王瑞臣：《伦理学》，台湾学生书局，1980，第1—2页)罗国杰认为，伦理学实际上"对于个人利益同整体利益的关系、个人正当利益的保护、自我意识的发展、道德理想和道德自律、道德的自我选择、人格的尊严和道德的自我完善，进行了系统的阐述；强调道德是人类把握世界的一种特殊方式，强调伦理学的研究目的就是更广泛、更全面的意义上完善自我、完善他人和完善社会"。(陈瑛、许启贤主编：《中国伦理大辞典》，辽宁人民出版社，1989，第251页)林火旺指出，伦理学是"哲学研究的一个领域，以探讨生活方式和行为规则为其内容"。这里，他还指出"伦理学的另一个代称是道德哲学(moral philosophy)"。他认为，"伦理"与"道德"并不是同义词，"道德"只是对行为和情感之规范思考领域中的一个特殊部分，而这个完整的领域则是伦理的对象。(林火旺：《基本伦理学》，台湾三民书局股份有限公司，2017，第7页)杜保瑞、陈荣华指出："伦理学是要指出：人应该如何行为(How people ought to behave)？在这里所说的'应该的行为'，是指对人生有严肃和深远意义的行为。"(杜保瑞、陈荣华：《哲学概论》，台湾五南图书出版股份有限公司，2008，第37页)潘小慧根据多玛斯的德行伦理学的理论，指出伦理学是"从基源的人、人性、人性行为、善目的，以至于一般德行的分析，再进入本性之德之首德——智德，超性之德之首德——仁爱之德的深入探求"。(潘小慧：《德行与伦理：多玛斯的德行伦理学》，第32页)

兴盛的今天，我们必须接受能否保证“概念”的合法性和能否精确地应用“概念”的拷问。虽然在很多时候，这种拷问本身呈现为一种过于苛责的姿态，但问题并不因为可以被包容而被掩盖。于是，如何在中国传统思想下选定一个伦理学方面的“代理人”，是一个冒着极大风险的举动。

此外，西方思想与东方思想对人本身的态度有所不同。自笛卡尔以来，纯粹的客观主义态度占据了学术界的话语主动权，不管是欧洲早期的怀疑主义，还是近当代的逻辑实证主义，都以一种重客观性的理性态度而存在着。人要么沦为观察的工具，要么成为观察的材料。在这种模式下，理性以一种强大的力量对世界上的一切事务进行着各种判断，并通过概念将其牢牢固定在知识的框架上。这种重客观性的思考方式偏重于对概念的形而上挖掘，但缺少了对形而下根据的考量。对“敬”思想的研究或许可以成为化解这一难题的有效路径。

在这种思想背景下，中国传统思想在近代开始“觉醒”。以牟宗三、唐君毅、徐复观为主的当代新儒家，提出生命体悟的“生命伦理”。这一举动既道出了中西两种思想的不同之处，也道出了中国学者如果只以西方思想来诠释中国伦理将存在着巨大的风险：一是在西方思想一统天下时会产生中国伦理学何以自证合理性与合法性的问题，二是在研究对象的选择上如何确定一个具有代表性且与现当代思想相距不远的思想流派（如牟宗三就选择将宋明理学与康德的思想进行对比）。如何化解这些危机，既是对研究者研究功力的考验，也是对研究者胆识的考验。

于是，朱熹的伦理思想能否化解这些危机呢？这是一个值得深思的问题，也是我前面所谈到的朱熹伦理学的特色问题。他的独特之处在哪里？如何将其独特性挖掘出来？其伦理学与其生平事迹的关系如何？这些都是难题。解答这些难题正是本书的目标。因此，厘清朱熹思想的来龙去脉、理论积淀、伦理实践及当代应用，就是撰写本书的最大挑战。

研究朱熹的文本是十分丰富的，朱杰人等主编的《朱子全书》和《朱子全书外编》是研究朱熹思想的重要文本资料。《朱子语类》①、《四书章句集注》②虽然也收在了《朱子全书》中,但是它们中也有《朱子全书》未包含的内容,如朱熹弟子对《朱子语类》的考订。赵顺孙纂疏的《大学纂疏中庸纂疏》③、王懋竑的《朱熹年谱》④,也是研究朱熹思想的重要文本。除此之外,脱脱等的《宋史》⑤、黄宗羲的《宋元学案》⑥和《明儒学案》⑦也是对朱熹思想的有效补充。

近百年来,朱熹思想研究在中国思想界广受重视。牟宗三的《心体与性体》、钱穆的《朱子新学案》、陈荣捷的《朱子门人》⑧、冯友兰的《中国哲学史》⑨《中国哲学史新编》⑩、徐复观的《中国人性论史》⑪、劳思光的《新编中国哲学史》,都是不可回避的材料。

朱熹思想研究的热度在近三十年持续升温,陈来的《朱子哲学研究》《朱子书信编年考证》⑫、余英时的《朱熹的历史世界:宋代士大夫政治文化的研究》⑬《宋明理学与政治文化》⑭、张立文的《朱熹大辞典》《中国学术通史(宋明卷)》⑮、束景南的《朱子大传:“性”的救赎之路》⑯、顾宏义的《朱熹师友门人往还书札汇编》⑰也是本书的重要参考资料。

---

① 黎靖德编:《朱子语类》,王星贤点校,中华书局,1994。

② 朱熹:《四书章句集注》,中华书局,2011。

③ 赵顺孙纂疏:《大学纂疏中庸纂疏》,黄坤整理,华东师范大学出版社,1992。

④ 王懋竑:《朱熹年谱》,何忠礼点校,中华书局,1998。

⑤ 脱脱等:《宋史》,中华书局,1999年。

⑥ 黄宗羲:《宋元学案》,陈金生、梁运华点校,中华书局,1986。

⑦ 黄宗羲:《明儒学案(修订本)》,沈芝盈点校,中华书局,2008。

⑧ 陈荣捷:《朱子门人》,台湾学生书局,1982。

⑨ 冯友兰:《中国哲学史》,台湾商务印书馆股份有限公司,2015。

⑩ 冯友兰:《中国哲学史新编》,台湾蓝灯文化事业股份有限公司,1991。

⑪ 徐复观:《中国人性论史》,台湾商务印书馆股份有限公司,1969。

⑫ 陈来:《朱子书信编年考证》,生活·读书·新知三联书店,2007。

⑬ 余英时:《朱熹的历史世界:宋代士大夫政治文化的研究》,生活·读书·新知三联书店,2004。

⑭ 余英时:《宋明理学与政治文化》,台湾允晨文化实业股份有限公司,2004。

⑮ 张立文:《中国学术通史(宋明卷)》,人民出版社,2004。

⑯ 束景南:《朱子大传:“性”的救赎之路》,复旦大学出版社,2016。

⑰ 顾宏义:《朱熹师友门人往还书札汇编》,上海古籍出版社,2017。

朱熹的“敬”思想，自2000年以来成为部分青年学者的关注点。目前[①]在中国知网和华艺线上图书馆搜集到的资料，有黄莹暖的《朱子所理解的佛教思想：以心性意涵与修持工夫为讨论中心》[②]、赖柯助的《朱子道德哲学重定位：如何回答“道德规范性”问题》[③]、吴冬梅的《朱熹的“持敬”说读解》[④]、郑丽娟的《朱熹与山崎暗斋二家主“敬”思想的比较研究》[⑤]、蔡世晶的《朱熹“持敬”伦理思想及其当代价值》[⑥]、李月芳的《朱子“持敬”思想探析》[⑦]、颜清辉的《自家精神底挺立：试论朱熹之“敬”》[⑧]、彭朝政的《朱熹居敬的修养工夫》[⑨]、陈月的《朱熹“持敬”思想探究》[⑩]。除此之外，虽然有一些论文与本书的写作相关，但由于篇幅等原因在此就不一一罗列。

朱熹思想的核心环节是其理论的涵养体用及现实运用。这也就是说，对朱熹思想的诠释是无法离开“敬”这一维度的。朱熹曾说：

> 人虽欲仁而或不敬，则无以致求仁之功。盖心主乎一身而无动静语默之间，是以君子之于敬，亦无动静语默而不致其力焉。未发之前，是敬也固已主乎存养之实；已发之际，是敬也又常行乎省察之间。[⑪]

---

① 指2019年。

② 黄莹暖：《朱子所理解的佛教思想：以心性意涵与修持工夫为讨论中心》，博士学位论文，台湾师范大学中文系，2001。

③ 赖柯助：《朱子道德哲学重定位：如何回答“道德规范性”问题》，博士学位论文，台湾“中央大学”中文系，2014。

④ 吴冬梅：《朱熹的“持敬”说读解》，硕士学位论文，山东师范大学教育学系，2000。

⑤ 郑丽娟：《朱熹与山崎暗斋二家主“敬”思想的比较研究》，硕士学位论文，华中科技大学哲学系，2007。

⑥ 蔡世晶：《朱熹“持敬”伦理思想及其当代价值》，硕士学位论文，山东师范大学哲学系，2013。

⑦ 李月芳：《朱子“持敬”思想探析》，硕士学位论文，河北大学哲学系，2010。

⑧ 颜清辉：《自家精神底挺立：试论朱熹之“敬”》，硕士学位论文，海南大学哲学系，2014。

⑨ 彭朝政：《朱熹居敬的修养工夫》，硕士学位论文，西南政法大学哲学系，2017。

⑩ 陈月：《朱熹“持敬”思想探究》，硕士学位论文，沈阳师范大学哲学系，2018。

⑪ 黄宗羲：《宋元学案》，第1507页。

此段虽为朱熹谈论"已发未发"问题的见解,但也在另一侧面反映了朱熹一生治学的根本要义。我们似乎可以作出这样的判断:无"敬"无以见真正的朱熹。因此,不管是周濂溪还是程明道提出的仁学境界有多么高深,都很难不陷入注重个人直觉体悟的旋涡。在朱熹的理论中,他认为只有主敬穷理的天理原则才能给人以确定性的标准。这种标准的一个明显优点便是可以成为普遍的规范,并且可以让人通过学习而达到预期的效果。总的说来,朱熹的这种思想展现出了其时代意义和理论贡献。

本书以朱熹的"敬"思想为中心论点,是考虑到对朱熹伦理思想的挖掘不是一个简单的材料收集、整理的问题,也不是一个诠释考据的问题,而是要整合朱熹伦理学的形而上理论与形而下应用的问题。它甚至不是一个对古代思想史的研究问题,而是一个理论与现实相结合时是否融洽的问题,或是一个理论如何应用的现实问题。这也就是伦理学一直强调的 should be(应然性)问题。因此,众多的问题都促使本书将目光停留在朱熹的"敬"思想上。这既是对朱熹"涵养致知、居敬穷理"的现实把握,也是对"敬"思想的再度梳理。同时,这既是一种对朱熹工夫论的再探讨,也是对其知识论的再挖掘。因此,本书将面临一个挑战,也就是朱熹伦理学与知识论关系的界定与融合问题。

本书试图通过挖掘"敬"思想在历史及思想史中的不同面向,勾勒出一个活生生的朱熹,避免对朱熹的评价停留在只拥有晦涩难懂的理论骨架的层面。当然,如何既准确地表达朱熹伦理思想的原意,又使其成为一部具有可读性的书籍,将是本书面临的另一个挑战。

近 5 年来,我一直从事朱熹思想的内涵、文化传播及理论应用等方面的研究,先后发表关于朱熹思想的相关论文 60 余篇,主持国家级、省部级、市厅级等相关课题 6 项,参与相关课题 14 项,出版专著 6 部。在这些成果中,部分是关于朱熹思想发展的历史研究,主要包括南宋史研究、南宋政治史研究、南宋服装史研究及南宋军事史研究等;部分是关于朱熹思想的美学研究,主要是关于朱熹的山水美学思想的研究;部分是关于朱熹思想的比较研究,主要是朱子理学中当代儿童教育中的现实应用,朱子理学与互联网关系的探讨,以及朱子理学与马克思主义思想的交融研究。这些前期的研究工作为本书的撰写奠定了基础。

无论是对朱熹思想的形而上的研究,还是对朱熹思想的形而下应用的探讨,都离不开朱熹的“已发未发”思想。这既是朱熹思想由佛转儒的关键性标志,也是朱熹思想在理学应用上不可忽视的一个环节。在“已发未发”思想中,“敬”思想是贯通二者的思想主线。

到目前为止,学者们为朱熹伦理思想的研究提供了充分的材料,形成了比较丰富的成果。但是,本书所探讨的朱熹伦理思想中的“敬”的论题还有进一步研究的空间。关于朱熹“敬”思想的研究,已出版的著作与发表的论文并不多[①],已有的研究主要针对的是朱熹的伦理思想。

本书的研究主要针对近代分科治学后出现的“朱熹伦理问题”进行讨论。冯友兰《中国哲学史》的出版为学界研究朱熹的伦理思想提供了一个全新的视角。该书对朱熹在中国哲学历史中的贡献进行了重新定位。虽然冯友兰肯定了朱熹在中国哲学发展史上的地位,但囿于篇幅,他只是大致介绍了朱熹的主要思想,将叙述的重点停留在朱熹思想研究的本体论上,如他总结出的理、太极、气、天地人物之生成、人物之性等。钱穆的《朱子新学案》也是较早系统地阐述朱熹伦理思想的著作。但钱穆的工作以还原朱熹伦理思想为重心,对其伦理思想的分析不是其主要任务。如他自己就曾指出:

> 本书主要在一本朱子原书称述朱子。朱子殁世迄今逾七百年,著作议论涉及朱子者何限。本书虽间有称引,要是方便所及,既不愿于述朱诸人中别标宗主,更不愿于诤朱者故加排斥。[②]

---

① 对朱熹“敬”思想的研究主要有吴启超对“敬”的工夫论思想的考察与研究,信广来对“敬”的翻译(或诠释)与研究等。

② 钱穆:《朱子新学案》(第1册),第3页。

虽然其中不乏评论性文字，但其志不在此。

牟宗三的《心体与性体》（第3册）将落脚点放在朱熹思想的研究上，体量庞大，影响甚远。但他由于还是站在阳明学的立场上分析朱熹，对朱熹的评价难逃"别子为宗"①的思维框架。牟宗三曾说：

> 朱子与五峰、象山之异，根本是顺取之路与逆觉体证之路之异，并不是侊侗地"自下面做上去"与"自上面做下来"这单纯的两来往之异，亦不是从散到一与从一到散之异。只朱子这样侊侗地认先识本心仁体者为"自上面做下来"，为"从一到散"，进而复视之为只空守"一个浑沦大底物"而却两脚不着地，只要讨那个"一"而却不知并没得散钱可贯穿，人亦随着以为朱、陆之异只是如此之异，近人复随之联想到朱子是归纳，象山是演绎，遂觉朱子更平实矣。殊不知此皆侊侗仿佛似之而非之见。朱子那样认定是误解，套于自己系统中亦有便于对对方之驳斥，而随之这样说者是懒惰，并不深入真切了解其本质之差异。②

因此，关于牟宗三的理解与评价，可能还需要我们进行更为深入的思考。

劳思光的《新编中国哲学史》虽成书较晚，但影响较广。可以说，从某种意义上说，他对朱熹思想的关注要远胜于牟宗三，但他基本是站在批判朱熹的立场来谈朱熹思想的。于是，我们在他的这部著作中可以发现，他对朱熹的理论有强烈的怀疑，如：

> 宋明儒学中虽有不同理论出现，但合而观之，其基本方向或目的，皆是欲重新宣说先秦孔孟之学，故仍可视为一整体。……宋儒虽皆以

① 牟宗三：《中国哲学十九讲》，台湾联经出版事业股份有限公司，2003，第416页。
② 牟宗三：《心体与性体》（第3册），第613—614页。

归向孔孟为宗旨，但宋儒对孔孟学说之了解，乃有一最大疏误。此即：不深辨“心性论”之特性，而与形上学及宇宙论混为一团……自始即与孔孟立说之本旨有一根本距离。……此种距离，就理论意义说，不能视为一种发展或进步……①

他还说：

故学者如接受北宋以来取《易传》、《中庸》之说作为儒学正传之立场，则当承认朱熹有前无古人之大功；反之，为辨孔孟本意与《易传》、《中庸》等后出伪托之书实义不同，而发现北宋诸儒依据之误，则亦当知此种“道统面目”之勾划，亦是在朱熹手中完成；换言之，即当承认朱熹有贻误后学之大过。②

在对周濂溪到王阳明的介绍中，朱熹思想一直是作为他的反面案例而存在的。在这种思路下，他对朱熹的评价未免有失公允，因此需要对其观点进行再一次的审视。

罗光的《中国哲学思想史（宋代篇）》对朱熹思想的诠释打开了另一个研究面向。他的诠释可以理解为对朱熹气论思想的新解读。这其中包含了他对朱熹思想与西方思想的一个简单比较：

中国儒家的传统学说，到了朱熹才成了一系哲学，在结构上虽然不能和西洋的哲学系统相比，但已经有自己的体系，有形上学的基础。

…………

朱熹的天地起源说，虽和自然科学相似，也可以说是当时中国自然

① 劳思光：《新编中国哲学史》，第74页。
② 劳思光：《新编中国哲学史》，第257页。

科学的学说,但却也是哲学的宇宙源起论;因为阴阳五行,属于哲学的思想,为物体构成的因素。[①]

罗光虽然打开了朱熹思想解读的另一个面向,但他依然注重于朱熹的宇宙论和本体论。

冯友兰、牟宗三、劳思光和罗光,基本涵盖了这一时期学者对朱熹伦理思想进行研究的不同面向。他们对朱熹的研究均有一定的贡献,但对朱熹的误解也同样存在。

相较于初期学者的开创之功,接续的学者们也用不同的方式继承和修饰了前者的理论。张岱年的《中国哲学大纲》虽未单列篇章讨论朱熹的伦理学,但在其《人生论》部分精细地分析了中国古代的哲学问题和概念系统,朱熹的伦理思想自然成为其论述的主要对象。蔡仁厚的《中国哲学史》着重介绍了朱熹的性理学,在其恩师牟宗三《心体与性体》对性理学进行整理的基础上,对其进行了多维诠释。相较于牟宗三,他提升了“敬”思想在朱熹思想中的地位。余英时的《朱熹的历史世界:宋代士大夫政治文化的研究》将其伦理思想放置于“内圣外王”和“共商国是”的基础上,开创了解读朱熹伦理思想的新维度。这可谓一种全新的解读,但也受到刘述先等人的批评。

对朱熹伦理思想进行研究影响较广的当代学者,当属张立文与陈来。他们的年纪虽然与上述部分学者相近,但由于他们受业于张岱年,故将此二人放在最后。张立文收集整理了大量关于朱熹的文献资料,他主编的系列论著,对后世学者影响较大。他于 2013 年主编出版的《朱熹大辞典》,几乎囊括了朱熹思想的各个方面。陈来的《朱子哲学研究》的影响则更大。这部作品基本上也为朱熹伦理思想的研究定下了基调,也标志着朱熹思想研究达到了一个高峰。

除此之外,杨慧杰的《朱熹伦理学》是目前唯一一部关于朱熹伦理思想

① 罗光:《中国哲学思想史(宋代篇)》,台湾学生书局,1984,第 605、608 页。

的专著。全书从伦理界定、伦理学特色、善恶问题、知行问题、个人伦理、社会伦理及处境伦理等方面进行论述。该书优点颇多,也有一定的完整性与系统性。但纵观全书,其内容与其说是讨论朱熹的伦理学,不如说是讨论伦理学视角下的朱熹思想。在这部作品中,朱熹的思想被当成伦理学的材料,是一种偏重于伦理学视角下的朱熹思想研究,而不是对朱熹的伦理学开展的研究。这是需要说明的地方。

当代关于朱熹伦理思想的专著和文章,多数可包含于以上几种思维模式中,在此不一一列举,在后文书写时再逐一引入。

到目前为止,学界对朱熹"敬"思想的研究主要还是将其纳入朱熹哲学思想中进行,对其"敬"思想的整体性和系统性的研究少有触及。我们从以上的研究中可以看出,钱穆对朱熹的"敬"思想虽然有一个整体性的把握,但依然有所欠缺;牟宗三对朱熹的"敬"思想无过多关注;冯友兰、张岱年则对这一部分避而不谈;劳思光则将这一部分只归于二程,似乎认为朱熹的"敬"思想与二程的"敬"思想完全趋同,因此不需要赘述朱熹的这一思想。当然这个观点也值得商榷。

刘述先的《朱子哲学思想的发展与完成》可谓较早关注朱熹"敬"思想的著作之一。这是他在处理朱熹思想中"已发未发"问题时,关注到了黄宗羲的《宋元学案》、王懋竑的《朱熹年谱》及牟宗三的《心体与性体》。

> 由于《宋元学案》是研究理学的权威著作,入门必由之径,而错乱偏失一至于此,所以我也不能不略缀数语为学者们提出警戒。
>
> ……庚寅朱子四十一岁。王懋竑录《答吕伯恭》《答刘子澄》《答陈师德》等三书,主旨都在讨论伊川"涵养须用敬,进学则在致知"二语。①

刘述先对朱熹"敬"思想的关注,导致了一批学者将朱熹的"敬"思想纳

① 刘述先:《朱子哲学思想的发展与完成》,台湾学生书局,1982,第110、117页。

入自己的研究视野之中。

罗光也是较早关注朱熹"敬"思想的学者。罗光说：

> 宋朝理学家常讲修身的工夫，二程提出一个敬字，他们的门生注意一个静字。朱熹兼收各家的长处，又注意实践的行为，对于修身工夫，承接程颐的思想，以敬为主。在敬以内，包括有克己和静的工夫。[①]

罗光在《中国哲学思想史（宋代篇）》中关于"敬"思想的阐述，显然是受到了黎靖德《朱子语类》的影响。如《朱子语类》（卷第十二）中的以下两条：

> 尧是初头出治第一个圣人。《尚书·尧典》是第一篇典籍，说尧之德，都未下别字，"钦"是第一个字。如今看圣贤千言万语，大事小事，莫不本于敬。
>
> …………
>
> 敬，莫把做一件事看，只是收拾自家精神，专一在此。[②]

他引用了36条引文，其中31条来自《朱子语类》（其他5条来自《朱文公文集》），可见其思想的端倪。

陈来对朱熹的"敬"思想进行了更为深入的探讨。他指出：

> 程伊川虽提出"涵养须用敬，进学则在致知"，但这一方法远未能像主敬穷理在朱子哲学中占有那样的地位。而理学从北宋到南宋（朱熹之前），基本趋势是发展内向的直觉体验，这从杨时到李侗的"体验未发"尤见明显。然而，无论濂溪的孔颜乐处还是明道的仁学境界，个体

---

① 罗光：《中国哲学思想史（宋代篇）》，第786—787页。

② 黎靖德编：《朱子语类》（卷第十二），第206、215页。

> 的直觉领悟正是一种“无确定形式的天才抒发”，朱熹提出的主敬穷理的理性主义才给人以遵循学习的普遍规范，朱熹的出现使得理学中理性主义占了主导地位，这是他对民族精神不可低估的影响，了解这一点才能认识朱熹哲学的由来和意义。①

这里他明显不同于前人，将朱熹的“敬”思想与程伊川的“敬”思想进行了区分。同时，他对朱熹的“敬”思想进行了清晰的界定：

> 从杨时到李侗，把《中庸》的未发归结为思虑未发的心理体验，因而强调未发的直觉体会成了道南一派的指诀真传。然而，由于朱子与这种体验之学的格格不入，使他终于走向另一个方向，超越杨时而接承程颐，即不是从心理上，而是从哲学上探求未发，从而导出他的整个心性情学说；不是通过未发工夫获得内心体验，而是把主静之功作为主体修养的手段，以为穷理致知奠定基础。从追求未发体验的直觉主义转为主敬穷理的理性主义，才是朱子早期学术思想演进的真正线索，也是他的心性论发展的基本趋向。②

这当然是他在谈朱熹“已发未发”方面的阐述。这里他面临的是与刘述先相同的问题。

张立文的《朱熹大辞典》系统地阐述了朱熹的“敬”思想。

> 敬既是学者要首先理会的工夫，也是立脚去处，为圣门第一义。程颐以“主一”、“无适”为“敬”：“主一之谓敬”，“无适之谓一”……即精神专注于一，而不要有所游移，其深意还有通过外表的庄严整肃，使内心

① 陈来：《朱子哲学研究》，第 8 页。

② 陈来：《朱子哲学研究》，第 14—15 页。

有所"存"。存，就是"操之则存"的"存"，存心就是心不放逸，敬的工夫，涵养到纯熟，就会出现"其理著"即出现天理昭著的结果，所以敬的涵养工夫，是体认天理的重要途径。①

张立文对朱熹的"敬"思想进行了形而上的提升。

后来的蒙培元、朱汉民、吴震、冯兵等学者也提出了相应的看法。蒙培元在《论朱熹敬的学说》中指出：

朱子很强调修养工夫，在修养工夫之中，特重视敬的工夫。他认为："敬之一字，真圣学之纲领，存养之要法。""敬字工夫，乃圣门第一义，彻头彻尾，不可顷刻间断。"之所以如此，是因为敬的工夫是"万善"之根本，而达到最高的善，是儒学的根本目的。这里有一种宗教精神，敬的工夫最能体现这种宗教精神。在中国，本无独立的宗教，正是儒学承担了宗教的功能。②

朱汉民认为：

朱熹作为先秦儒学的继承者、复兴者，在道德工夫论问题上，表现出对二者的兼容态度。他所理解、诠释的道德教育过程，就是一种包含身、心两方面的工夫论体系。一方面，他主张身的工夫，强调身体的培养、礼仪的训练，认为这是修身工夫的首要"行程"与成就圣贤的根本；另一方面，他也主张心的工夫，强调精神修炼的重要性，将立志、涵养、致知等一系列涉及心的工夫，作为实践工夫的关键。这一点，非常鲜明地体现在他的"居敬"工夫论中。③

① 张立文：《朱熹大辞典》，第248页。

② 蒙培元：《论朱熹敬的学说》，《天水师范学院学报》2011年第4期。

③ 朱汉民：《朱熹论居敬工夫与身心互动》，《教育评论》2006年第1期。

吴震介绍说：

> 朱熹“敬论”既继承了程颐主敬说，而又有全面的理论整合及发挥，是其整个理学思想的重要一环。朱熹由其“心是做功夫处”的心论立场出发，极力反对在心的操舍存亡的功夫论问题上预设“另有心之本体”的前提，与此相应，其主敬功夫也就不是道德本心的直接发动，而是对心的知觉意识等各种功能的控制调整，其云“敬只是此心自做主宰处”、“以敬为主而心自存”、“将个敬字收敛个身心”都是在这个意义上说的。然朱熹主敬自有一套理路，其核心关怀在于如何解决现实人心的障蔽问题，未尝不是儒学功夫论的一种理论形态。①

冯兵指出朱熹“敬”思想的另一种面向：

> 朱熹认为“敬”与“和”为礼、乐的价值主体，并在先秦哲学的基础上作了理学式的丰富与发展，将理学与礼学作了有效的融通。而“敬”主要体现为一种工具价值，“和”则为目标价值，二者不仅具有礼乐的情感伦理特性，同时还突显了礼乐实践主“敬”的价值导向。总体看来，礼乐是朱熹沟通天理与人欲、贯通上学与下达的桥梁，其情感伦理的本质属性为朱熹的思想体系增添了湿润的气质。②

除此之外，文必方、金仁权、戴敏、程海霞、魏立明、刘雪红、郭淑新、吴伯曜和朱止泉等，都撰写过相关文章。

从上述研究中，我们既可以看出其贡献，也可以发现其不足。因此，对朱熹“敬”思想进行重新整理、研究，以弥补既往研究的不足，便是书写本书的意义和价值所在。

---

① 吴震：《略论朱熹“敬论”》，《湖南大学学报（社会科学版）》2011 年第 1 期。

② 冯兵：《予“敬”予“和”：朱熹的礼乐价值论》，《江汉论坛》2012 年第 5 期。

第一章　朱熹“敬”思想的由来

朱熹“敬”思想的本初面向便是由观象授时而带来的对上天的敬畏，这是他在体悟《易经》和孔门诸学中得到的真实的反馈。朱熹的“天理”并不是一种纯粹虚幻的形而上概念，而是对天道流行的真切表达。朱熹是一个务实主义者，这也决定了他的思考绝不只是停留在形而上的玄虚之中。

认识到一点，我们就有必要寻找其形而下实践思想的来源。地下文物的出土，无疑帮助我们将传统思维作了一次升级；我们也将研究对象由两汉提前到先秦。因此，选择《保训》作为本书的开端，是有一定合理性的。同时，《易经》的占卜之意古已有之，但这并非《易经》的全部面向。挖掘《易经》的不同解读，有助于我们理解儒家天命观的形成。

在这个背景下，我们对孔门的看法也需要转变视角：与其说孔门师徒复兴了周礼，不如说以孔子为核心的孔门诸儒建构了一种围绕“仁、义”展开的人性论。而这为以后的儒学发展奠定了基本的格调。这套思想经汉唐的传承和佛教东来的刺激，逐渐发展成宋明理学以“义、理”观为核心的新儒家观念。而这一切，又离不开孟子在传播中的升格运动，及二程等人对这种义理观的诠释。朱熹的伦理思想及“敬”思想便是在这样一个大背景下慢慢形成的。

第一节　先秦儒家与忧患伦理思想

罗光认为："敬的工夫，出自《书经》，成于《论语》，为儒家的传统工夫，只是在宋以前，儒者没有提出这个字，宋朝二程才正式提出，作为修身的主要工夫。"①罗光这里有三个直接判断：一是"敬"思想来自《尚书》；二是"敬"思想最终由儒家的《论语》来完成；三是"敬"思想被重视，是北宋时期的事情。这里，罗光指出"敬"思想来源于《尚书》，并非无中生有。他所根据的就是《朱子语类》中朱熹对"敬"的阐释：

> 尧是初头出治第一个圣人。《尚书·尧典》是第一篇典籍，说尧之德，都未下别字，"钦"是第一个字。如今看圣贤千言万语，大事小事，莫不本于敬。收拾得自家精神在此，方看得道理尽。看道理不尽，只是不曾专一。②

同样，我们可以从《尚书》中找到关于"敬"的记载：

> 乃命羲和，钦若昊天，历象日月星辰，敬授人时。分命羲仲，宅嵎夷，曰旸谷。寅宾出日，平秩东作。日中星鸟，以殷仲春。厥民析，鸟兽孳尾。申命羲叔，宅南交。平秩南讹，敬致。③

然而，我们将以上两则材料放在一起会发现，罗光认为"敬"的工夫出自《尚书》的讲法可能会受到一定挑战。如《诗经》曰：

---

① 罗光：《中国哲学思想史（宋代篇）》，第787页。

② 黎靖德编：《朱子语类》（卷第十二），第206页。

③ 阮元校刻：《十三经注疏·尚书正义》（清嘉庆刊本），中华书局，1980，第119页。

> 穆穆文王,于缉熙敬止。假哉天命,有商孙子。商之孙子,其丽不亿。上帝既命,侯于周服。[①]

虽然对于《诗经》与《尚书》中两则故事时间的先后存在一定的争议,我们一时无法得出准确的结论,但这也从侧面证明了“敬”思想的出现是比较早的。《保训》等文献的出土,至少在文本方面为罗光的判断提供了一个佐证。而对于《诗经》的起源说,还是持保守意见为好。我们不妨从《保训》的“敬”思想开始谈起。

一、《保训》和立“中”之“敬”

粗略地讲,“敬”字首次出现于周文王留给周武王的《保训》[②]中。周文王五十年(约公元前1056年)时,文王的病总是不好。文王担心自己时日不多,于是留下遗嘱。如其所说,“隹(唯)王五十年,不瘵(豫)”[③]。冯时在《〈保训〉故事与地中之变迁》将《保训》的部分原文整理如下:

> 昔岂(微)叚(遐)中于河,以遻(复)有易。有易伓(负)氒(厥)皋,岂(微)亡𢦏(害),乃追中于河。岂(微)寺(志)弗忘,逋(传)貽(贻)子孙,至于成康(汤),祗(祗)备不解(懈),甬(用)受大命。於(鸣)虖(呼)!发,敬才(哉)!
>
> 朕䎽(闻)兹不旧(久)命,未又(有)所次(羡)。今女(汝)祗(祗)备母(毋)解(懈),其又(有)所逌(由)矣,不及尔身受大命。敬才(哉)!

---

① 《十三经注疏·毛诗正义》,第504页。

② 《保训》是清华简的一部分,为战国时期所制。(李零:《读清华简〈保训〉释文》,《中国文物报》2009年8月21日)

③ 冯时:《〈保训〉故事与地中之变迁》,《考古学报》2015年第2期。

母(毋)淫！日不足隹(维)宿不羕(详)。①

李零认为,《保训》中第一个“敬”字为“小心谨慎”之意,第二个“敬”字为“恭敬从命”之意。参照“小心谨慎”“恭敬从命”这两个诠释,对“敬”字的含义在应用层面进行进一步挖掘,可得出“敬”字应该含有“畏”的含义。“敬字的原来意义,只是对于外来侵害的警戒,这是被动的直接反应的心理状态。周初所提出的敬的观念,则是主动的,反省的,因而是内发的心理状态。”②这个总结是比较中肯的。《说文解字》对“敬”的诠释是:

> 𢼊(敬)肃也。肃部曰。肃者持事振敬也。与此为转注。心部曰。忠,敬也。憼,敬也。慦,敬也。恭,肃也。惰,不敬也。义皆相足。后儒或云主一无适为敬。夫主一与敬义无涉。且文子曰。一也者,无适之道。淮南诠言曰。一者,万物之本也。无敌之道也。适即敌字,非他往之谓。从攴苟。攴,犹迫也。迫而苟也。居庆切。十一部。③

“敬”思想和其他中国远古思想都是中国远古文化的一种表现,而中国远古的一切思想多数来源于对天的追求和模仿。正如冯时所言:

> 文化源于先人们如何对于他们与天的关系的理解,或者更明确地

---

① 李零将《保训》中关于“敬”的两段话解释为:

“从前,上甲微曾向河伯借‘中’,以报有易氏之仇。有易氏背上罪名,而上甲微却毫无损失。上甲微把‘中’还给河伯,永记不忘,子孙相传, 直传到成汤。成汤小心从事,决不敢懈怠,所以得到‘大命’。

“啊,发！你一定要小心谨慎呀。我已经知道,我是活不长了,多余的生命已经一点儿没有。现在,你可要兢兢业业,千万不可懈怠,一切照规矩办事。你不能当面受此‘大命’,一定要恭敬从命,不可贪图安逸享受。白天太短,夜晚也不长,[你要努力呀]!”(李零:《读清华简〈保训〉释文》)

② 徐复观:《中国人性论史》,第22页。

③ 许慎:《说文解字注》,段玉裁注,台湾黎明文化事业股份有限公司,1974,第434页。

说,人类观测天文的活动以及他们依据自己的理念建立起的天与地或天与人的关系,实际便是文化产生的基石。因此,原始人类的天文活动以及原始的天文学不仅是文化诞生的渊薮,而且也是文明诞生的渊薮……①

这实际上也就决定了中国古代先民在农业社会的发展中,对天文学中观象授时思想的肯定。“农耕文明的发达当然需要观象授时,而敬授人时与占星术预言又是统治者维持统治的必要工具。”②由此似乎可以推断出,根植于农耕社会的一切天理、权力的根源在于人对生命延续的期盼和尊重。这也应该是中国人最早对上天产生“敬”思想的缘由,同时也是在人文中产生“敬”思想的缘由。“人与天的沟通必须依赖于人对天时的了解,这是其终获天命的根本原因。”③因此,“舜如果想成就庶万姓之所托以续帝位而践之,就必须从学习掌握天文开始。《保训》所述舜久为小人而恭求地中的故事,十分准确地阐释了原始天命观的本质特点”。④

于是,《保训》中的“敬”无论是被诠释为“小心谨慎”,还是被诠释为“恭敬从命”,它都指向“敬”的主体,即“中”。“中”由于与天的特殊关系,成为王权的典型特征。例如,对于朱熹《论语集注》中“尧曰:‘咨! 尔舜,天之历数在尔躬,允执其中。四海困穷,天禄永终。’舜亦以命禹”⑤一段,冯时认为:

这则史料借古人对于尧、舜禅让的追忆,保留了早期先民通过测求地中建立上古政治制度的基本史实,唯因先贤不明“允执其中”的真实涵义,遂使这一重要史实的真相湮灭无闻。“允执其中”之“中”与“四海困穷”之“四海”对文并举,因此“中”字的本义显然即指天地之中,也

---

① 冯时:《中国古代的天文与人文》,中国社会科学出版社,2006,《弁言》部分第1页。

② 冯时:《中国古代的天文与人文》,《弁言》部分第2页。

③ 冯时:《〈保训〉故事与地中之变迁》,第138页。

④ 冯时:《〈保训〉故事与地中之变迁》,第138页。

⑤ 《十三经注疏·论语注疏》,第2535页。

就是与四海相对的"中国"。[①]

于是,"中"便是中央、中国之称,"而中央实为立表之地"[②],故"殷商卜辞称立表即言'立中'"[③]。"表"因观象授时的历史作用,成为权力的象征。《新编中论》说:

> 昔者圣王之造历数也,察纪律之行,观运机之动,原星辰之迭中,寤晷景之长短。于是营仪以准之,立表以测之,下漏以考之,布算以追之,然后元首齐乎上,中朔正乎下,寒暑顺序,四时不忒。夫历数者,先王以宪杀生之期,而诏作事之节也,使万国之民不失其业者也。[④]

文中的"历数"指天文历算,"立表"为"历数"的实际操作。二者均为王者所重。冯时指出:"上古司历之工作,关键即在立槷表而识晷影,测求地中尤赖于此。"[⑤]也就是说,测地中不是平民百姓之事,只有王或王授权的人,才有实施这个行为的资格。这无疑赋予了"中"无比崇高的权力。

可以说,《保训》对"中"的诠释,既反映了原始君王对上天的敬畏,也反映了先民们在平稳生活的追求中演化出来的对权力的敬畏。"民众对于敬天有德者尊为君主的祈望"[⑥],便是"敬天授命,以合民欲"[⑦]思想的真实表达。于是我们说,"敬"在这里无意中也暗含了对"王权"及生存权合法性的一种最基本的窥探。正如《诗经》曰:

---

① 冯时:《〈保训〉故事与地中之变迁》,第 137 页。
② 冯时:《〈保训〉故事与地中之变迁》,第 137 页。
③ 冯时:《〈保训〉故事与地中之变迁》,第 137 页。
④ 萧登福:《新编中论》,台湾古籍出版有限公司,2000,第 409 页。
⑤ 冯时:《〈保训〉故事与地中之变迁》,第 137 页。
⑥ 冯时:《〈保训〉故事与地中之变迁》,第 138 页。
⑦ 冯时:《〈保训〉故事与地中之变迁》,第 138 页。

> 敬之敬之,天维显思,命不易哉。无曰高高在上,陟降厥士,日监在兹。维予小子,不聪敬止。日就月将,学有缉熙于光明。佛时仔肩,示我显德行。①

从这段话来看,天命是权力的来源。“敬”是君王获得权力的必要条件。同时,对“敬”思想的这种窥探,是围绕君王求“天地之中”的内心企盼而展开的。它与君王对权力的崇拜不谋而合。正如《汉书》曰:

> 阴阳家者流,盖出于羲和之官,敬顺昊天,历象日月星辰,敬授民时,此其所长也。及拘者为之,则牵于禁忌,泥于小数,舍人事而任鬼神。②

实际上,“地中”是权力的一种象征。于是,“君王得以允执其中的前提乃在于其亲躬历数,司掌天文,显然天文历数与执中治世是为因果”。③ 冯时认为,《保训》的核心思想是“教导武王遵循古鉴而求天地之中,并居中以治事,敬修信孝之德,如此方有机会受有天命”。④ 它所反映出来的“敬”思想主要表现为,以观象授时为背景而产生的一种对上天的敬畏之情。这种“敬畏”一是表现为君王对上天的敬畏,二是表现为由对上天的敬畏而映射出的

---

① 《十三经注疏·毛诗正义》,第598—599页。这句话是说:小心谨慎啊,上天是最公平的监督者,能一直保持天命真是不容易。同时要知道,不要说高高在上的,就是日常事物的升降,也在他的监视之中。我这个年轻的人,怎么敢不听从不恭敬呢?每日有成就,每月有发展,学问渐渐光明。群臣辅佐我担当大任,也表示我有治国的好德行。

② 班固:《汉书》,颜师古注,中华书局,1985,第43页。

③ 冯时:《〈保训〉故事与地中之变迁》,第137页。

④ 冯时:《〈保训〉故事与地中之变迁》,第151页。

对君王的敬畏。典型的事例就是立表之地往往是君主行使赏罚大权之地。①总之，敬畏在这里虽不同于两宋理学家的内心之“敬”，却是这种“敬”思想的萌芽。

二、《论语》与《易传》之“敬”

与《保训》相比，《论语》的“敬”思想更倾向于对人内心的“正向引导”。孔子说：“道千乘之国，敬事而信，节用而爱人，使民以时。”②这里的“敬”，便不能再被诠释为“小心谨慎”“恭敬从命”，而是先民以一种开放的胸怀迎接天命思想。

朱熹认为《论语》中所谓的“敬”，是对天命的另一种现象的表达，即“敬事”。朱熹说：“敬事而信者，敬其事而信于民也。”③这里便是将人对上天的“畏敬”转为“亲敬”。于是，我们从朱熹的解读可以看出，《论语》做的工作正是要完成从天命观向德性论的转化。

但这里我们需要厘清的是，孔子思想中这种由天命观向德性论的转化，并不能被认为是德性论代替了天命观，两者实际上依然在某种程度上共存。这也就是说，天命观像一位母亲一样分娩出德性论，但它本身并未消失。于

---

① 《史记》中司马穰苴斩庄贾的故事就体现了这一制度：“司马穰苴者，田完之苗裔也。齐景公时，晋伐阿、甄，而燕侵河上，齐师败绩。景公患之。晏婴乃荐田穰苴曰：‘穰苴虽田氏庶孽，然其人文能附众，武能威敌，愿君试之。’景公召穰苴，与语兵事，大说之，以为将军，将兵捍燕晋之师。穰苴曰：‘臣素卑贱，君擢之闾伍之中，加之大夫之上，士卒未附，百姓不信，人微权轻。愿得君之宠臣，国之所尊，以监军，乃可。’于是景公许之，使庄贾往。穰苴既辞，与庄贾约曰：‘旦日日中会于军门。’穰苴先驰至军，立表下漏待贾。贾素骄贵，以为将己之军而己为监，不甚急；亲戚左右送之，留饮。日中而贾不至。穰苴则仆表决漏，入，行军勒兵，申明约束。约束既定，夕时，庄贾乃至。穰苴曰：‘何后期为？’贾谢曰：‘不佞大夫亲戚送之，故留。’穰苴曰：‘将受命之日则忘其家，临军约束则忘其亲，援枹鼓之急则忘其身。今敌国深侵，邦内骚动，士卒暴露于境，君寝不安席，食不甘味，百姓之命皆悬于君，何谓相送乎！’召军正问曰：‘军法期而后至者云何？’对曰：‘当斩。’庄贾惧，使人驰报景公，请救。既往，未及反，于是遂斩庄贾以徇三军。三军之士皆振栗。”

② 《十三经注疏·论语注疏》，第2457页。

③ 朱熹：《四书章句集注》，第49页。

是,两者的共存也是《保训》之“敬”与《论语》之“敬”得以连接的纽带。杨龟山(杨时)说:“上不敬则下慢,不信则下疑,下慢而疑,事不立矣。敬事而信,以身先之也。”[①]天命观实际上是孔子一门德性论得以存在的理论依据。没有天命观,德性论在先秦的存在也只能停留在“隐喻”的世界中。

“敬”的工夫在儒家看来成于《论语》,应该是有据可查的。不过,这种“敬”的工夫,已经不是《保训》和《易经》中的因外在压力而产生的“敬”,而是“由外入内”的。从人性本身发出而形成的“敬”观念,是前面两种“敬”思想的升级。前者可以看成“庄敬”,这也近似于《论语》中的“恭”的观念。如子贡曰:“夫子温良恭俭让以得之。夫子之求之也,其诸异乎人之求之与。”[②]这里的“恭”便是“庄敬”之意。后者可看成“主敬”或“亲敬”,如孔子说:“事父母几谏。见志不从,又敬不违,劳而不怨。”[③]两者相比,前者侧重对上天的“畏”,后者侧重于对“自我”的“持守”。用当代心理学来说,前者偏重于“消极地接受”,后者偏重于“积极地迎合”。但其实二者在《论语》中均有所体现,不是完全两分的存在。孔子说:“居处恭,执事敬,与人忠。虽之夷狄,不可弃也。”[④]当然,如果我们说《论语》之“敬”更为强调后者,可能会避免不必要的争论。

《论语》对“敬”的强调,甚至达到本体论的层面,如孔子曰:“居上不宽,为礼不敬,临丧不哀,吾何以观之哉?”[⑤]朱熹将这句话诠释为“居上主于爱人,故以宽为本。为礼以敬为本,临丧以哀为本。既无其本,则以何者而观其所行之得失哉?”[⑥]可见,这里的“敬”有“本”的含义,而与后世学者主要将“敬”放置于工夫论层面,略有一定的不同。

总而言之,《论语》之“敬”实际上完成了人的“敬心”由内向外的一种表

---

① 朱熹:《四书章句集注》,第49页。
② 《十三经注疏·论语注疏》,第2458页。
③ 朱熹:《四书章句集注》,第73页。
④ 《十三经注疏·论语注疏》,第2507页。
⑤ 《十三经注疏·论语注疏》,第2469页。
⑥ 朱熹:《四书章句集注》,第69页。

达，这种“敬”由《保训》中最基本的“畏”演化为一种对人自我要求的“礼”。也就是说，孔子的“敬”思想的一个外在意图便是在主“敬”的思维下来恢复周礼，对周文疲敝的现象加以修正。这一切，在其与门人及后学所述的《易传》中，也有体现。

在《易传》中，儒家对“敬”思想的把握是一贯的。《论语》中有“务民之义，敬鬼神而远之”。[①] 这个“敬”便是孔子为《易经》定下的基调，也成为他解释《易传》的标准。也就是说，关于《易经》的占卜之道，孔子并不完全反对。在一定的场合（如祭祀等重大仪式），他甚至推崇占卜这一行为。严灵峰在《帛书·易传》中指出：“孔子不但好易，而且重占、卜。”[②]但孔子对“怪、力、乱、神”本能就有一种天生的警惕，这也是儒门及其后学一直坚持的理论核心。在这种思路下，孔子对《易经》的解读就不会完全放在占卜之上，甚至有远离占卜之意。《帛书·易传》里记载了一段子贡[③]和孔子之间的对话：

> 子赣曰：“夫子它日教此弟子曰：‘德行亡者，神灵之趋；知谋远者，卜筮之蘩。’赐以此为然矣。以此言取之，赐缗弋之为也。夫子何以老而好之乎？”
>
> …………
>
> 夫子曰：“君子言以榘方也，前羊而至者，弗羊而巧也。察亓要者，不[illegible]亓辞。《尚书》多于矣，《周易》未失也，且又古之遗言焉。予非安亓用也，予乐［亓］辞也。女何尤于此乎？[④]

从这段文字大致可以看出，孔子可能发现了《周易》爻辞中有观象授时

---

① 《十三经注疏·论语注疏》，第 5384 页。

② 严灵峰：《帛书易传有关几个问题》，载朱伯昆主编《国际易学研究》（第 1 辑），华夏出版社，1995，第 51 页。

③ 子赣，即孔子弟子子贡。

④ 刘彬：《帛书〈易传〉新释暨孔子易学思想研究》，中国社会科学出版社，2016，第243 页。

的痕迹，如乾卦对观象授时思想的记录[①]；也可能发现了《周易》记载的圣人先贤的故事，如王亥丧牛羊于有易、高宗伐鬼方、帝乙归妹、箕子之明夷、康侯用锡马蕃庶等。总之，这段孔子与子贡的争论，只为道明孔子之意不在占卜之上，而在于《易经》背后蕴含的德行，也就是所谓的"德义"之道。虽然我们无法判定孔子有所变化的原因，但应该可以判定孔子发现了《易经》中的"德义"思想。

李学勤认为这里的"德义"不能直接作"道德、仁义"解。[②] 但是这种说法并不一定是唯一的答案。池田知久就认为此处的"德义"应是儒家伦理思想、政治思想意义上的，这与李学勤的看法不同。同时，刘彬也认为："《要》篇后言'君子德行焉求福，故祭祀而寡也；仁义焉求吉，故卜筮而希也'，正与此相应一贯，故此'德'当即'德行'之德，'义'即'仁义'之义。"[③]

也就是说，《易传》的"敬"思想也以德性论为背景。如需卦说："自我致寇，敬慎不败也。……不速之客来，敬之终吉。虽不当位，未大失也。"[④]讼卦说："以讼受服，亦不足敬也。"[⑤]离卦说："履错然，敬之，无咎。"[⑥]《文言传》说："君子敬以直内，义以方外，敬义立而德不孤。"[⑦]这些均与《论语》的用法大致趋同。

---

① 冯时根据《彖》传中"大明终始，六位时成，时乘六龙以御天"的思想，认为乾卦爻辞代表着一年之中不同的时节。（冯时：《文明以止：上古的天文、思想与制度》，中国社会科学出版社，2018，第314—324页）

② 李学勤引《易经·系辞上》说的"是故，蓍之德圆而神，卦之德方以知（智），六爻之义易以贡。圣人以此洗心，退藏于密，吉凶与民同患。神以知来，知（智）以藏往"，认为孔子所观的"德义"，当即这里的蓍、卦之德，六爻之义。

③ 刘彬：《帛书〈易传〉新释暨孔子易学思想研究》，第250页。

④ 《十三经注疏·周易正义》，第24页。

⑤ 《十三经注疏·周易正义》，第25页。

⑥ 《十三经注疏·周易正义》，第43页。

⑦ 《十三经注疏·周易正义》，第19页。

三、天命观的确定

徐复观指出：

> 在忧患意识跃动之下，人的信心的根据，渐由神而转移向自己本身行为的谨慎与努力。这种谨慎与努力，在周初是表现在“敬”、“敬德”、“明德”等观念里面。尤其是一个敬字，实贯穿于周初人的一切生活之中，这是直承忧患意识的警惕性而来的精神敛抑、集中，及对事的谨慎、认真的心理状态。[①]

也就是说，从《保训》《易经》发展到《论语》《易传》，其思想的核心应是围绕“中”“正”而形成的“德”思想而展开的。这种思想借用子夏的说法便是“博学而笃志，切问而近思，仁在其中矣”。[②]“中”思想是孔子及其门人为修身而树立的形而上标准，而“敬”思想便是以礼的方式对“中”的持守，实际上依然是先民观象授时行为在德性论上的表现，即立表时的持中、守正思想。

行文至此，我们通过诠释《保训》形而上的“敬”，及梳理孔子天命观及德性论的实质形成，明确了他形而上思想中的“仁”思想或者“中”思想的确立，也为“敬”找到了合理的旨归。无“中”“仁”便无“敬”的根基，无“敬”则“仁”“中”难立，便无法与天沟通，更无法建立起完备的天命观。这应该就是孔子“言中伦，行中虑，其斯而已矣”[③]思想的完美表达。这种表达同样可以在《汉书》中寻找到证据：

---

① 徐复观：《中国人性论史》，第22页。

② 《十三经注疏·论语注疏》，第2532页。

③ 《十三经注疏·论语注疏》，第2529—2530页。

六艺之文,乐以和神,仁之表也;《诗》以正言,义之用也;《礼》以明体,明者着见,故无训也;《书》以广听,知之术也;《春秋》以断事,信之符也。五者,盖五常之道,相须而备,而《易》为之原。

…………

儒家者流,盖出于司徒之官。助人君、顺阴阳、明教化者也;游文于六经之中,留意于仁义之际,祖述尧、舜,宪章文、武,宗师仲尼,以重其言,于道最为高。①

徐复观说:

周初所强调的敬的观念,与宗教的虔敬,近似而实不同。宗教的虔敬,是人把自己的主体性消解掉,将自己投掷于神的面前而彻底皈归于神的心理状态。周初所强调的敬,是人的精神,由散漫而集中,并消解自己的官能欲望于自己所负的责任之前,凸显出自己主体的积极性与理性作用。②

这便是“修己以敬”③的真实表达。如果要考虑孔子的“敬”的合法性来源,必然会追溯到先民生活实践中的“中”“正”之德,而这“中”“正”之德则源于上天。而上天的“中”“正”之所以能被肯定,也在于先民农业生产中观象授时的准确性和由此形成的“王”的权威性。否则,“事君,敬其事而后其食”④的思想便不好理解,甚至会给后人带来歪曲的理解,即认为孔子在王面前如清朝的臣子一样卑躬屈膝,这显然是违背儒家思想的本意的。

因此,只有了解《保训》中的“敬”与“中”、《易经》中的观象授时思想、

① 班固:《汉书》,颜师古注,第21、27页。
② 徐复观:《中国人性论史》,第22页。
③ 《十三经注疏·论语注疏》,2514页。
④ 《十三经注疏·论语注疏》,第5471页。

“槷表”的“中”之名及“立中”,《论语》中的格言式的语句,才能进行具有合理性与合法性的解读。郭梨华指出:

孔子思想探源,从……殷周之际文化之变革中,可得知“天”、“德”、“中”三概念,确实产生了思想之沿革,其中既有传承,也有演化中的创新。“天”由宗教性之“天”转化为哲学之“天”。“德”从族群凝聚力,转化为施政恩泽于民,至西周中晚期时,更将德作为国家施政之德,转向与为政者之“正心”有关。“中”则由“观象授时”之中正垂直,转至殷商时之抽象义之“中”,与中正之德刑相关,至西周时则一方面将作为受命依据之“中”,转化为“德”,另方面在施政恩泽于民时,强调不偏私不偏颇,不以私好好之,不以私恶恶之的正直作为,为王道之准则,此即“中道”之行。

……孔子自诩为周文的继承者,在时代变革与身份之别下,对于“天”、“德”、“中”都赋予了不同于西周文化的新因素,其核心就在“德”成了人与人之间的品德、德行,“中”也纳入人之德行价值中,“天”成了生德于予之天。①

至此,本书对先秦“敬”思想的梳理基本完成。历史的轨迹有时出奇地相似,孔子这种兼容并蓄的做法,在一千多年后的南宋再一次出现,这也构成了朱熹在继承“仁”“义”“中”“道”思想并加以创新的基础,形成了以“理”为核心的形而上本体论和以“敬”为核心的形而下工夫论。

徐复观指出:

在以信仰为中心的宗教气氛之下,人感到由信仰而得救;把一切问题的责任交给于神,此时不会发生忧患意识;而此时的信心,乃是对神

① 郭梨华:《孔子哲学思想探源:以天、德、中三概念为主》,《哲学与文化》2012 年第 4 期。

> 的信心。只有自己担当起问题的责任时,才有忧患意识。这种忧患意识,实际上蕴蓄着一种坚强的意志和奋发的精神。[①]

这是他对先秦儒家与忧患伦理思想最确切的表达。还需要说明的是,这里的“神”被诠释为“天”可能会更为恰当。于是,从古代先民在农业生产生活中依靠天时演化出君权天授思想,再到孔子时的受命于天思想,形成了人在农耕社会中忧患意识的不同形式。人们由被迫消极地“敬”天“顺”天,到最后积极地“敬”天“应”天,也反映了古代先民文明思想的逐渐成熟。在这一趋势中,儒家在秦火之后再度复兴,并在佛学传入的影响下,以一种新的方式重新出现在中华大地,这便有了接下来唐宋佛学和儒学中的“敬”观念。不同于先秦的是,它的形而下部分逐渐式微,而形而上部分异常突出。这个特点既决定了它在中华大地有了新的历史际遇,也决定了它在明清之际最终走向衰落的历史必然。

第二节　唐宋佛学伦理思想的刺激

相较于两汉儒学和魏晋玄学,唐宋佛学对朱熹伦理学的影响更大。一是两汉儒学多数为宋儒所批判,宋儒希望借此开创儒家思想的新维度。二是唐宋佛教的衰微,导致了高僧大德必须寻找新的方式来为佛教保留一袭袈裟。“援儒卫释”便是佛教徒为佛教的存留而进行努力的方式。三是宋儒面临着多元的挑战和前所未有的历史机遇。如王安石与宋神宗的共商“国是”,为南宋儒者树立了榜样。这些都直接或间接导致了佛教对早期宋儒思想的形成产生了很大的影响。以上种种历史机缘促使两宋儒、释、道三教融合,这也是三教自身的内在需要。在这个大背景下,朱熹的伦理思想自然是

---

① 徐复观:《中国人性论史》,第21—22页。

三教内在逻辑发展中儒学一方的集中表现。张立文曾指出，两宋“儒教必须吸收佛道逻辑思辨、终极关切和宇宙生成理论，以补形而上之道的不足”。[①]他还说：

> 宋代的新儒家抓住宋王朝三教兼容并蓄外在学术自由的氛围和三教内在学术融合的逻辑趋势，历经百年的探索，而把三教“兼容并蓄”的学术整合的方法论争转化为对“道”同之道的探讨，即把学术整合方法落到实处，并排除了佛道的“以空为真”、“以无为为道”的进路，而辟出至道之要，不二之理的途径。[②]

于是，关于唐宋佛学对朱熹伦理思想的影响，或对朱熹“敬”思想的影响，就值得我们多加关注。在此有必要对其进行一番梳理。

一、唐宋佛学的“净”思想

丁福保、孙祖烈的《佛学精要辞典》介绍，佛学系统中也存在“敬”观念，名为“敬田”，意为“恭敬供养法僧之三宝，则生无量之福分，谓之敬田。又为三福田之一”。[③] 这里的福田之“田，生长之义。于应供养而养者而供养之，则能受诸种福报，犹如农夫播种田亩，而有秋收之利也”。[④] “敬”在佛学的“敬田”概念中早已体现，为佛家常见修行工夫的一种。但相对于“敬”，佛学对“净”或“静”的关注可能更多一些。方立天认为：

> 自早期佛教以来，为了说明众生成就正果的可能、原因，佛教的主

① 张立文：《中国学术通史（宋明卷）》，第64页。
② 张立文：《中国学术通史（宋明卷）》，第64页。
③ 丁福保、孙祖烈：《佛学精要辞典》，宗教文化出版社，1999，第537页。
④ 丁福保、孙祖烈：《佛学精要辞典》，第545页。

流派就主张心性本净说，认为众生的心性是本来清净的，只因烦恼的污染而没有显露出来而已。心性本净是众生成就理想道德，进而获得解脱的内在根据。[①]

方立天的说法可由西晋支谦和印度僧人维祇难、竺将炎译的《法句经》印证。《法句经》（卷下）说："诸恶莫作，诸善奉行，自净其意，是诸佛教。"[②]这也决定了自此以后禅宗的基本走向。同样，《增一阿含经》在诠释此戒偈时，再一次强调了这一点：

所以然者，诸恶莫作。是诸法本便出生一切善法，以生善法心意清净。是故迦叶，诸佛世尊身口意行常修清净……诸恶莫作，戒具之禁，清白之行。诸善奉行，心意清净，自净其意，除邪佛教，去愚惑想。云何迦叶，戒清净者意岂不净乎？意清净者则不颠倒以无颠倒愚惑相灭。[③]

《增一阿含经》的解读颇有朱熹的"存天理，灭人欲"的味道。

禅宗的集大成者慧能，在《六祖坛经》中提出"世人性本自净，万法从自性生"。[④] 方立天认为："这里，慧能认为世人的自性是清净的，而且万法[⑤]都在'自性'中，这自性就是'真如性'，具有万法本体的意义。"[⑥]也就是说，"人的心性既是道德本性，又是道德本体，众生的内在道德本性与外在道德本体合而为一，为众生的伦理自觉、道德修养提供了坚实的基础"。[⑦]

自慧能之后，中国佛学基本奠定了以"净"为本体的修行基调，这种基调

---

① 方立天：《中国佛教哲学要义》（下册），台湾佛光文化事业有限公司，2004，第799页。

② ［日］高楠顺次郎：《法句经》（卷下），载《大正新修大藏经》（第4卷），白马精舍印经会，1986，第567页。

③ ［日］高楠顺次郎：《增一阿含经》（卷一），载《大正新修大藏经》（第2卷），第551页。

④ ［日］高楠顺次郎：《六祖大师法宝坛经》，载《大正新修大藏经》（第48卷），第354页。

⑤ 方立天认为这里的"万法"是泛指精神与物质的存在。

⑥ 方立天：《中国佛教哲学要义》（下册），第799页。

⑦ 方立天：《中国佛教哲学要义》（下册），第799页。

围绕去恶从善、平等慈悲和自利利他三种伦理原则展开。但是，这种讲法并不严密，如果我们仔细阅读这则戒偈，可发现其中的“净”思想也暗含了“敬”的面向，比如它接下来说的“佛为尊贵，断漏无淫，诸释中雄，一群从心”和“士如中正，志道不悭，利哉斯人，自归佛者”。① 当然，我们必须承认的是，这只是一种朴素的“去执”的敬重，还没有达到理学家的那种高度。

人们在解读佛学的这一伦理思想的时候，意在提出佛学发展到北宋，其伦理学的面向已经齐备。可以说，在心性论方面，两汉的儒学无法与之抗衡。佛学强大的人性论魅力，影响了北宋早期的诸多学者，这里面既包括政治改革家王安石，也有文人墨客苏轼、黄庭坚。

王安石曾在《答蒋颖叔书》中说：

> 所谓性者，若七大是也。所谓无性者，若如来藏是也。虽无性而非断绝，故曰一性所谓无性，曰一性所谓无性，则其实非有非无，此可以意通，难以言了也。惟无性，故能变。若有性，则火不可以为水，水不可以为地，地不可以为风矣。长来短对，动来静对，此但令人勿著尔。若了其语意，则虽不著二边而著中边，此亦是著。故经曰：“不此岸，不彼岸，不中流。”②

我们知道，王安石对南宋理学家的影响是很大的。余英时曾指出王安石变法在南宋的政治文化中继续占据着中心地位。他说：

> （理学家）无论是反对还是同情，总之，王安石留下的巨大身影是挥之不去的。所以我们有充足的理由说：朱熹的时代也就是“后王安石的时代”。③

---

① ［日］高楠顺次郎：《法句经》（卷下），载《大正新修大藏经》（第4卷），第567页。

② 王安石：《王文公文集》（卷第七），唐武标校，上海人民出版社，1974，第76页。

③ 余英时：《朱熹的历史世界：宋代士大夫政治文化的研究》，第19页。

这说明,北宋儒者对南宋儒者的影响,除了共商“国是”,“文与佛合”也在一定程度上发挥着作用。因此,这一时期“文与佛合”现象的存在应该是毋庸置疑的。关于这一点我们也能在苏轼的《盐官大悲阁记》中找到迹象。苏轼说:

> 古之学者,其所亡与所能,皆可以一二数而日月见也;如今世之学,其所亡者果何物,而所能者果何事欤!孔子曰:“吾尝终日不食,终夜不寝,以思,无益,不如学也。”由是观之,废学而徒思者,孔子之所禁,而今世之所尚也。岂惟吾学者,至于为佛者亦然。斋戒持律,讲诵其书,而崇饰塔庙,此佛之所以日夜教人者也,而其徒或者以为斋戒持律不如无心,讲诵其书不如无言,崇饰塔庙不如无为。其中无心,其口无言,其身无为,则饱食而嬉而已,是为大以欺佛者也。[①]

与以上两者相比,黄庭坚对这套法门更为坚定。如其《观世音赞六首》中的一首:

> 海岸孤绝补陀岩,有一众生圆正觉。
> 八万四千清净眼,见尘劳中华藏海。
> 八万四千母陀臂,接引有情到彼岸。
> 涅槃生死不二见,是则名为施无畏。
> 八风吹播老病死,无一众生得安稳。
> 心华照了十方空,即见观世音慈眼。
> 设欲真见观世音,金沙滩头马郎妇。[②]

---

① 苏轼:《苏东坡集》,台湾商务印书馆股份有限公司,1968,第387页。

② 黄庭坚:《豫章黄先生文集》(四部丛刊本),台湾商务印书馆股份有限公司,1965,第132—133页。

北宋早期的知识分子不断与佛学接触，性善论的思想自然就被提升到一定的高度。但“缘起性空”的本体论表达，引起了古文运动中一些经世致用思想家的不满。同样，党争的矛盾和辽宋战争的频繁，也使“缘起性空”的讲法越来越失去说服力，这势必导致“明心见性”的方便法门出现同样的危机。于是，在错综复杂的儒佛纠葛中，早期的理学家逐渐看到佛学之非，但又无法从两汉的儒家文本中找到合理的依据。于是，先秦孟子思想被重视了起来。朱熹说：“某年八九岁时，读《孟子》到此，未尝不慨然奋发，以为为学当如此做工夫，当时便有这个意思。”①于是，北宋早期儒家如果想与佛教一争高下，就也必须接受性善论。这样，二者才有对话的平台。在这个背景下，孟子在北宋的升格运动便在无形中开始了。

二、孟子的升格运动

儒佛相浸带来的一个结果是，如果想要平等地讨论问题，就必须建立可以讨论的平台。其中，性善论便是一个代表。方立天指出：

> 在慧能看来，众生先天具有性善的本性，人心本善是众生伦理自觉、道德修养的出发点，而佛教徒的修持就是在自心中明见善的本性，体认最高的伦理准则。佛教这种道德源于人的天赋本性的说法，与儒家代表人物孟子的“仁、义、理、智，非由外铄我也，我固有之也”(《孟子·告子上》)的道德规范源于本性说，是完全一致的。②

禅宗发展到慧能时，儒佛相浸的现象便不可避免了。到了北宋，这种情况越来越被当时的知识分子所重视。于是，在处理孟子思想与禅宗问题时，

① 王懋竑：《朱熹年谱》，第2页。
② 方立天：《中国佛教哲学要义》(下册)，第799页。

一个疑问便突显出来:到底是北宋时期《孟子》的思想影响了禅宗,然后产生了“明心见性”的思想,还是禅宗影响了北宋学者,然后导致其对《孟子》“尽心知性”思想的重视?这是两宋理学家与佛学纠缠不清的一个主要原因,也是朱熹受到佛学影响的主要原因。因此,为了厘清以孟子学为主要立论基础的朱熹伦理学,我们就有必要对孟子学在唐宋之际的升格运动进行梳理。

正如前面所说,孟子学在两汉和魏晋时期,均不是显学。它何以在唐末和两宋发生如此重大的转变?这将与我们接下来讨论朱熹伦理学及其“敬”思想有很大的联系。在这一背景下,传统儒学必须发生相应的改变。徐洪兴指出:

> 肇端于中唐以后的儒学更新运动,实质上也就是理学的发生过程。这场运动主要是在内外两个层面上同时展开的。就内在而言,那就是抛弃传统儒学粗疏的目的论的理论形态,否定汉唐儒学的章句训诂之学,从儒家原典中发掘新的思想材料,并以之为出发点,对佛道学说中有用的思想资料进行整合,把经学引向义理之学。进而逐步地建立起以社会伦理作为宇宙万物本原的本体论哲学。就此而言,那就是强烈要求恢复儒学原有的“独尊”地位,对造成魏晋以降儒学中衰的外部因素——佛道二教以及科举时文,进行大张旗鼓的挞伐,试图使儒学重新成为人们最终的精神归宿,进而能重新全面地指导人们的社会生活。由此,就引出了唐宋之际一系列的思想、学术乃至文化上的变迁。[①]

通过方立天和徐洪兴对唐宋时期佛儒的梳理,基本可以将这一时期儒佛相浸的背景介绍清楚。另外,两宋的内外交困也使两宋学者的著作完全不同于前人那样“一空依傍、自成体系者甚少,而凭借经义传注来发挥自己

---

① 徐洪兴:《思想的转型——理学发生过程研究》,上海人民出版社,1996,第71页。

学术思想的却比比皆是"。[1] 这既构成了两宋学术思想的一个特色,也成为后人在理解两宋学术思想时,将其判定为"建构"或"重构"的学术理论的依据。

在这一背景下,对儒家经典的重新整理与排序,将必要的儒典作新的注疏,便成了两宋时期儒者的主要任务。《孟子》便是从这些经典中脱颖而出的。"在理学的发生时期,为学者们所普遍重视的儒家经典,无疑当推《周易》和《春秋》二经。"[2]北宋早期的理学家孙复曾说:"尽孔子之心者大《易》,尽孔子之用者《春秋》,是二大经,圣人之极笔也,治世之大法也。"[3]徐洪兴指出:

> 孙复拈出"心"、"用"这两点,以形容《周易》和《春秋》的重要性,可谓道出了当时学者的普遍看法。宋儒之所以会这么看重《周易》和《春秋》,原因无非是他们要借《周易》来谈"天道"、"人道",探讨"穷理尽性",论述世界和人生的哲理;要借《春秋》来谈"纲常名分",辨析"王霸义利",倡导"大一统"及"尊王攘夷"。[4]

钱穆也指出:

> 论北宋诸儒之治经,如胡瑗之于《易》与《洪范》,孙复之于《春秋》,李觏之于《周官》,此等皆元气磅礴,务大体,发新义,不规规于训诂章句,不得复以经儒经生目之。孙复书名《春秋尊王发微》、李觏书名《周

---

① 徐洪兴:《思想的转型——理学发生过程研究》,第 72 页。

② 徐洪兴指出,据《宋史·艺文志》,"宋儒治经,以《春秋》为最,举凡著作 241 部,计 2799 卷,《周易》次之,举凡著作 230 部,计 1740 卷。宋人著述,固不能尽载于《宋史·艺文志》,但考之史传,证之典籍,谓宋儒《春秋》学及《易》学最为发达,绝非扩大无根之词"。(徐洪兴:《思想的转型——理学发生过程研究》,第 73 页)

③ 石介:《徂徕石先生文集》,陈植锷点校,中华书局,1984,第 223 页。

④ 徐洪兴:《思想的转型——理学发生过程研究》,第 73 页。

礼致太平论》,即观其书名,亦可想见其治经意向之所在。其他如欧阳修、刘敞、王安石、苏轼诸人,皆研穷经术,尚兼通,而亦皆喜辟新径,创新解,立新义,与汉儒治经风规大异,此亦北宋诸儒近似先秦气味之一征。①

正如徐洪兴说的:

“四书”的重要性是逐渐地显现出来的,并不是一开始就已然如此了……在早期理学阶段中,“四书”的地位并不很高。尤其是其中的《孟子》一书,其由“子”入“经”的完成要到北宋末期,而在理学发生伊始,《孟子》连“经”的地位尚且没有,且不论还有不少学者对《孟子》一书颇多非议。②

一般认为,两宋儒家对儒家原典的重视,离不开《周易》《大学》《中庸》《论语》《孟子》这五部书。因为这五部书基本“涵盖了理学从宇宙论到心性论的整个理论体系,并且也包含了理学工夫论”。③ 但是,“在理学发生过程中,为后来理学家所特别重视的五部著作内,唯有《孟子》一书的地位变化最大”。④ 而朱熹本人对《孟子》又特别重视,如他曾说:

某从十七八岁读至二十岁,只逐句去理会,更不通透。二十岁已后,方知不可恁地读。元来许多长段,都自首尾相照管,脉络相贯串,只恁地熟读,自见得意思。从此看《孟子》,觉得意思极通快,亦因悟作文之法。⑤

---

① 钱穆:《钱宾四先生全集》,台湾联经出版事业股份有限公司,1998,第 12 页。
② 徐洪兴:《思想的转型——理学发生过程研究》,第 72 页。
③ 徐洪兴:《思想的转型——理学发生过程研究》,第 92 页。
④ 徐洪兴:《思想的转型——理学发生过程研究》,第 92—93 页。
⑤ 黎靖德编:《朱子语类》(卷第一百五),第 2630 页。

清代赵翼在其《陔余丛考》中指出：“宋人之尊《孟子》，其端发于杨绾、韩愈，其说畅于(皮)日休也。”[①]这点明了孟子学在唐宋兴起的开端。徐洪兴指出，从初唐到晚唐，孟子的地位一直是存而不显的。初唐的唐高祖、唐太宗和唐高宗，均未将孟子列入其供奉的孔门。颜渊反而被定为“亚圣”。[②] 自然，当时科举考试的明经科不包含《孟子》一书。它的地位甚至不如道家。

最早实质上发起孟子升格运动的是韩愈，他说：“故愈尝推尊孟氏，以为功不在禹下者，为此也。”[③]他认为：“孔子之徒没，尊圣人者，孟氏而已。”[④]但“孟子虽贤圣，不得位，空言无施，虽切何补”。[⑤] 这里明显将孟子抬高到了一定的地位。

徐洪兴认为韩愈抬高孟子地位理由有二：一是只有孟子得到了孔子的真传，如：“孟轲师子思，子思之学，盖出曾子。自孔子没，群弟子莫不有书，独孟轲氏之传得其宗……故求观圣人之道，必自孟子始。”[⑥]二是孟子有辟“异端邪说”的“卫道”之功，如：“扬子云云：古者杨、墨塞路，孟子辞而辟之，廓如也。”[⑦]

徐洪兴在这里点出了唐末宋初孟子复兴的两个重要原因，但这并不完善。[⑧] 孟子学的提出还应该补上辟佛的历史背景。如前所说，在面对佛家性善论的挑战下，只有孟子的性善论才有真正的攻击力。

韩愈的学生李翱之所以也赞同升格孟子的地位，是因为欲用其对抗唐

---

① 赵翼：《陔余丛考》，曹光甫校点，上海古籍出版社，2011，第72页。

② 此说法可见二程语：“孟子之于道，若温淳渊懿，未有如颜子者，于圣人几矣，后世谓之亚圣，容有取焉。如‘盍各言尔志’，子路、颜子、孔子皆一意，但有小大之差，皆与物共者也。颜子不自私己，故无伐善；知同于人，故无施劳。若圣人，则如天地，如‘老者安之’之类。”见程颢、程颐：《二程集》，王孝鱼点校，中华书局，1981，第21—22页。

③ 韩愈：《韩昌黎文集校注》，马其昶校注，台湾世界书局，2002年，第225页。

④ 韩愈：《韩昌黎文集校注》，第36页。

⑤ 韩愈：《韩昌黎文集校注》，第225页。

⑥ 韩愈：《韩昌黎文集校注》，第276页。

⑦ 韩愈：《韩昌黎文集校注》，第224页。

⑧ 除孟子外，荀子亦有辟异端邪说的讲法，所以徐洪兴的见解并不十分充分，但他指出了孟子的这个面向，是值得关注的。

末佛学的侵扰。他说："孔氏云远，杨朱恣行，孟轲拒之，乃坏于成。戎风混华，异学魁横，兄（指韩愈）尝辨之，孔道益明。"①可见辟佛才是他们升格孟子学的主要原因。

皮日休在韩、李之后，也延续了孟子学的升格运动。他指出：

> 故孟子又叠踵孔圣，而赞其道。②

> 古者杨、墨塞路，孟子辞而辟之，廓如也。故有周、孔，必有杨、墨，要在有孟子而已矣。今西域之教，岳其基而溟其源，乱于杨、墨也甚矣。如是为士，则孰有孟子哉？千世之后，独有一昌黎先生，露臂瞋视，诟于千百人内。其言虽行，其道不胜。苟轩裳之士，世世有昌黎先生，则吾以为孟子矣。③

皮日休也曾上书朝廷："圣人之道，不过乎经；经之降者，不过乎史；史之降者，不过乎子；子不异乎道者，孟子也。"④

以上是晚唐知识分子对孟子升格过程的阐述。

进入宋初，柳开等一些活跃的思想家开始对孟子予以关注。柳开受皮日休影响，推崇孟子。孙奭校勘了《孟子》，并撰成《孟子音义》二卷；范仲淹推崇尊孟思想；欧阳修提出"孔子之后，唯孟轲最知道"。⑤ 等到了孙复、石介的时候，孟子学到达了一个新的高峰。孙复说："孔子既没，千古之下，攘邪怪之说，夷奇险之行，夹辅我圣人之道者多矣。而孟子为之首，故其功巨。"⑥石介则说："孟子既没，微言遂绝。杨、墨之徒，榛塞正路。孟子正人心，息邪

---

① 董诰等：《钦定全唐书》，台湾文海出版社，1972，第 8210 页下。
② 皮日休：《皮子文薮》，萧涤非整理，中华书局，1959，第 38 页。
③ 皮日休：《皮子文薮》，第 93—94 页。
④ 皮日休：《皮子文薮》，第 95—96 页。
⑤ 欧阳修：《欧阳修全集》，杨家骆主编，台湾世界书局，1991，第 482 页。
⑥ 孙复：《孙明复小集》，载王云五主编《四库全书珍本八集》，沈阳出版社，1978，第 33 页。

说，距诐行，放淫辞，以辟杨、墨。”[①]孔子第三十五世孙孔道辅也指出：“诸儒之有功于圣门者，无先于孟子。”[②]他还在其家庙中立了孟子、荀子、扬雄、王通、韩愈“五贤堂”，“像而祠之”。

此后，二程、张横渠和王安石，在孟子的升格运动中又发挥了巨大的作用，将孟子从幕后彻底推到了前台。

三、两宋时期的儒与佛合与分辨

佛理在两宋的不同时期，呈现出不同样式的儒家化样态，这就是两宋时期的儒与佛合的表现。

> 智圆、契嵩、宗杲虽因不同的因素而浸染儒典，也因不同的目的而提出调和思想，但他们站在不同的时空参与宋代儒学之进展，却也是不争之事实。浸润在宋初儒学复兴之发端期，智圆的调和论充满了忧患意识，也对儒家的治世之道怀着高度的期待与尊重。处于北宋中期排佛鼎盛的契嵩，其会通思想除了力捍佛法命脉之外，也具体回应了当代诸儒的抨击，举凡入善成治的外王事功，或内圣本体的会通，都有精彩的发挥。到了南宋，理学兴起，心性本体思想大作，宗杲的圆通思想，除了有禅法特殊的禅观旨趣外，也呼应理学家形而上学的思考模式。[③]

佛与儒合的历史显示了儒家道统思想的鹊起，使佛学内部也发生了相应的变化。洪淑芬指出：

---

① 石介：《徂徕石先生文集》，第162—163页。

② 孙复：《孙明复小集》，第34页。

③ 洪淑芬：《儒佛交涉与宋代儒学复兴：以智圆、契嵩、宗杲为例》，台湾大安出版社，2008，第581页。

在儒学振兴的宋代,建立一完整的传道系谱具有巩固儒学历史发展及提升对儒学之向心力等积极作用,故阐述道论及表彰传道圣贤的具体功业因而变得相当重要。

在尊儒宗孔及关注复古等理念之下,智圆也十分关心儒家之道的传授,对于儒家圣贤的传道功勋及扶持正道等成就,他都能如数家珍。

…………

至于智圆论儒家的传道系谱,反而不同于韩愈,而与柳开、孙复、石介等较为接近。其传道圣贤在孔子之后,序列了孟子、荀子、扬雄、王通、韩愈、柳宗元。他将争议较大的荀子、扬雄,还有鲜为人列入道统系谱的柳宗元皆一箩网尽,此举流露智圆对传道系谱的宽松尺度。①

孤山智圆的思想实际上是北宋时期佛家思想与以孟子为首的儒家思想的一种融合。也就是说,孟子的升格运动,建立了理学的道统学说,而智圆的精细诠释,则间接捍卫了这种道统存在的合理性。他相对于柳开、孙复、石介等人,对孟子的升格运动影响更大,无怪于明教契嵩主张“然佛吾道也,儒亦窃尝闻之”。② 当然,由于宋初儒者的式微,当然容易给契嵩带来这种印象,但是这种讲法也确实值得推敲。不过,由韩愈、李翱等人发起的孟子升格运动,确实在孤山智圆这里被发扬光大。其原因有三:

一是韩愈以《孟子》为武器攻击佛学本体论及工夫论,智圆如果想要进行有效的回击,就必须熟读《孟子》。这无疑加深了他对《孟子》的理解,也在无形中扩大了《孟子》思想的传播。

二是孟子的性善论与禅宗思想十分相似,只不过二者在本体论上略有不同。这无疑吸引了智圆以《孟子》来诠释佛法。如《六祖坛经》中提出“世人性本自净,万法在自性”和“人皆有四端之心”十分相似。所以,就伦理学

---

① 洪淑芬:《儒佛交涉与宋代儒学复兴:以智圆、契嵩、宗杲为例》,第241页。

② 释契嵩:《镡津文集校注》,林仲湘、邱小毛校注,巴蜀书社,2011,第9页。

方面来看，两种论述都将人的心性看作道德本性，同时又是道德本体，它是一种内在道德本性与外在道德本体的合二为一，是一种伦理的自觉或一种道德修养。

三是孤山智圆认为孔子之后，异端纷起，正道衰微，孟子的任务正是要肩负起辟异端而扶持儒学的重大责任。这让他感到敬佩。在孤山智圆看来，孟子对儒学的捍卫，不是简单的学术争辩，而是象征着理想的政治及社会秩序的建立。在这一点上，孤山智圆与孟子的理想趋于一致，那就是实现传道圣贤的共同目标。

在孤山智圆这里，他既要坚持佛家求"净"的本体论思想，以"明心见性"的修行法门完成传道圣贤的历史使命，又要坚持援儒卫佛，抵抗韩愈辟佛思想的危害。他看似矛盾的举动实际上反映了北宋早期佛与儒合的历史必然性。可以说，无论是孟子升格运动，还是重新建立儒家道统，佛家与儒家经典的结合，无疑为后来者开辟了讨论的空间。这其中，既有契嵩的继续发扬佛法，又有张横渠和二程的激烈反佛。于是，两宋时期，佛儒之间呈现出既融合又对抗的样态，这为朱熹的伦理思想奠定了理论基础，也为他的"敬"思想的提出埋下了伏笔。

徐洪兴认为中国思想文化史上有一个通行的观点：

> 孔子以后，儒分为八，到战国中后期演变为两大分支。一支始于子夏，讲文献之学，数传而至荀子；一支始于曾参，究义理之学，二传而至孟子。这以后，荀子便是汉代经学家所尊信的大部分儒家经传的先师，而孟子则成为两宋以后道学家所崇敬的不祧之祖。儒家内部这两派的分野，也就是后世所谓的"学统"与"道统"之别，"汉学"与"宋学"之分。①

① 徐洪兴：《思想的转型——理学发生过程研究》，第93页。

这种分法虽然不一定准确，却也反映出一个事实，那就是"孟子确实与'宋学'的关系甚大，孟子其人其书的重要性，也确实是从两宋开始凸显出来的"。[①] 于是，在唐宋儒佛相浸中，孟子无疑是一条重要的主线。

可以说，无论是佛学的衰微导致的高僧大德们不得不采取援儒卫释的方式来抗争，还是儒学面对国破家亡的现实窘境而苦求生存之法，都决定了两者将目光集中于经世致用方面。在这种背景下，孟子学的魅力就被儒、佛两家发掘出来。虽然二者应用孟子文本的目的各异，甚至互相攻击，但挽救尘世的最终目标却出奇的一致。这也是在两宋大背景下，知识分子们共同的思想主题。

孟子学的升格，带来儒、佛二家关于孟子问题的正统之争。理学家道统的确立虽然最初与佛学相染，但发展到张横渠和二程时，便不可能再含混不清。于是，面对佛学内部出现的以"儒"攻儒的现象，或者以"缘起性空"为工夫的修行法门，这一时期的儒者们必须在本体论和工夫论上与其一争高下。

但是，儒佛的混杂已是既定事实，因此二程的弟子常被朱熹批评为"近禅"。如称谢上蔡"杂佛老"[②]，又称"程门高弟如谢上蔡、游定夫、杨龟山辈，下梢皆入禅学去"[③]，称"程门诸子在当时亲见二程，至于释氏，却多看不破，是不可晓。观《中庸说》中可见。如龟山云：'吾儒与释氏，其差只在杪忽之间。'"[④]可见二者并不能完全分得清。

但是，佛家的修行法门变相地为张横渠和二程的工夫论带来了启发，这就导致了他们以不同于佛家的方式来实现以"静"达"净"的以"敬"达"性"。

① 徐洪兴：《思想的转型——理学发生过程研究》，第 93 页。

② 黎靖德编：《朱子语类》（卷第一百一），第 2558 页。原文为"蔡云：'上蔡也杂佛老。'曰：'只他见识又高。'蔡云：'上蔡老氏之学多，龟山佛氏之说多，游氏只杂佛，吕与叔高于诸公。'曰：'然。这大段有筋骨，惜其早死！若不早死，也须理会得到。'"

③ 黎靖德编：《朱子语类》（卷第一百一），第 2556 页。

④ 黎靖德编：《朱子语类》（卷第一百一），第 2558 页。

第三节　周张二程“敬”思想的精神主导

对朱熹“敬”思想的产生影响较大的当数周濂溪、张横渠和二程兄弟。这四人在“敬”思想上大体上可以看成两两相应，即周濂溪与程明道主形而上的本体论证，张横渠和程伊川主形而下的应用思想拓展。这种分法虽然过于简单，但基本可以说明一个问题，那就是朱熹的二元论思想的来源，与这四个前期学者的不同路径直接相关。虽然四人处于同一时期，周濂溪短暂地做过二程的老师，但实际上，他们的治学路径很不相同。方光华、曹振明总结道：

> 从两人与二程的关系来看，周敦颐的理论探索或许早于张载。据程颐为其兄程颢所作的《行状》所说：“先生为学，自十五六时，闻汝南周茂叔论道，遂厌科举之业，慨然有求道之志。”《河南程氏粹言》卷一云：“子谓门弟子曰，昔吾受《易》于周子，使吾求仲尼、颜子之所乐！要哉此言！二三子志之。”即是说，二程早年曾从周敦颐学《易》求“道”。而《宋史·张载传》则记载，张载与二程在洛阳论学时，“比见二程深明《易》道，吾所弗及”。张载在开封讲学是宋仁宗嘉祐二年（1057）。即是说，在嘉祐初年，张载认为自己对《易》的研究尚不及程氏。由此看来，周敦颐的学术探索要比张载早一些。不过，《宋史》的记载是否可靠，一直引起学术界的不同看法。①

四人之间的关系虽然依然存在争议，但我们还是可以同意朱熹的看法的：周濂溪第一，张横渠第二，程明道第三，程伊川第四。

① 方光华、曹振明：《张载思想研究》，西北大学出版社，2015，第190页。

一、周濂溪的“爱敬”说

朱熹对周濂溪是倍加推崇的。他曾经写了一篇《濂溪先生像赞》,以表其情:

> 道丧千载,圣远言湮。不有先觉,孰开我人?书不尽言,图不尽意。风月无边,庭草交翠。①

这里的“书”指《通书》,“图”指《太极图说》;“风月无边”指程明道的吟风弄月,“庭草交翠”指窗前的草不除去。② 可见周濂溪对朱熹思想的影响之大。因此我们在谈到理学家对朱熹伦理思想的影响时,还是会以周濂溪为先。对于“敬”思想的关注,周濂溪提出“爱敬”之说。其《爱敬第十五》篇为:

> “有善不及?”设问。人或有善,而我不能及,则如之何?曰:“不及,则学焉。”答言。当学其善而已。问曰:“有不善?”问人有不善,则何以处之?曰:“不善,则告之不善。”且劝曰:“庶几有改乎,斯为君子。”答言。人有不善,则告之以不善,而劝其改。告之者,恐其不知此事之为不善也;劝之者,恐其不知不善之可改而为善也。“有善一,不善二,则学其一,而劝其二。”亦答词也。言人有善恶之杂,则学其善,而劝其恶。有语曰:“斯人有是之不善,非大恶也。”则曰:“孰无过,焉知其不能改?改,则为君子矣。不改为恶,恶者天恶之。彼岂无畏耶?乌知其不能

---

① 朱熹:《朱子全书》(第24册),朱杰人、严佐之、刘永翔主编,上海古籍出版社、安徽教育出版社,2002,第4001—4002页。

② 对朱熹的评价,杨祖汉解释道,程明道曾问周濂溪,为什么窗前的草不除去。周濂溪回答:“与自家意思一般。”意思就是青草的生生不息,就如同自己的生命一般有生机。(杨祖汉:《民族文化大觉醒:宋元学案》,台湾时报文化出版事业有限公司,1981,第56页)

改！”此亦答言。闻人有过，虽不得见而告劝之，亦当答之以此。冀其或闻而自改也。有心悖理谓之恶，无心失理谓之过。故君子悉有众善，无弗爱且敬焉。善无不学，故悉有众善；恶无不劝，故不弃一人于恶。不弃一人于恶，则无所不用其爱敬矣。[①]

在周濂溪看来，“爱敬”是劝恶从善、成就君子全部善行的关键。他的“爱敬”实际是一种“诚敬”，他的“敬”思想本质上是根植于“诚”思想之上的。就如黄宗羲所言，“周子之学，以诚为本”。[②] 周濂溪在《通书》开篇就谈道：“诚者，圣人之本。诚者，至实而无妄之谓，天所赋、物所受之正理也。”[③]因此，杨祖汉总结道：“周濂溪的学问，主要是一个‘诚’字。他认为诚便是天道，是一切存在物的根源。”[④]这绝不为过。

周濂溪的“诚敬”思想的产生主要来源于两个方面：一是复兴先秦儒学精神，二是迎接佛老对儒学的冲击。

首先，复兴先秦儒学精神是他哲学思想的主要任务。洪淑芬指出：

就宋初“尊儒复古”之学风而言，这个时期的儒学复兴以对抗五代以来“文衰道弊”[⑤]之风为主。因此，提倡宗经载道之文是当时尊儒复古之学者的任务，而借由儒家的“仁义五常”来重建社会秩序也是他们的

① 周敦颐：《周敦颐集》，陈克明点校，中华书局，1990，第26—27页。这段话大致意思是，别人有善行而自己不如他，就向他学习。如果某人有不善的行为，就告诉他不善。并且，要规劝他说：“这还是可以改正的，改正了就是君子。”如果某人的行为有一种是善的，另一种是不善的。那么，就学习他的善行，规劝他改掉不善的行为。假如有人说：“这人有这样不善的行为，难道不是大奸大恶？”那就可以回应他说：“谁没有过错？又怎么知道他不能改？改正了，就是君子。不改，才是恶。”如果成为恶人，天都会讨厌他。这能让他不害怕吗？这样，他怎么敢不改正？所以君子具有全部善行，时时处处都透露出仁爱和恭敬之心。

② 黄宗羲：《宋元学案》，第523页。

③ 周敦颐：《周敦颐集》，第13页。

④ 杨祖汉：《民族文化大觉醒：宋元学案》，第60页。

⑤ 洪淑芬认为，所谓的“文衰”，指的是华而无根的雕章丽句之诗文；“道弊”，指的是社会风气的败坏以及儒家的衰微。

共识。所以,这个时期的“道论”,主要以“五常”为论述核心,“文论”则以“文道合一”为理想,两者的目的都在于经世致用及拯衰救弊。①

因此,对于周濂溪而言,恢复先秦礼法,是他不可回避的责任。他说:

古者圣王制礼法,修教化,三纲正,九畴叙,百姓大和,万物咸若……后世礼法不修,政刑苛紊,纵欲败度,下民困苦。谓古乐不足听也,代变新声,妖淫愁怨,导欲增悲,不能自止。故有贼君弃父,轻生败伦,不可禁者矣。废礼败度,故其声不淡而妖淫;政苛民困,故其声不和而愁怨。妖淫,故导欲而至于轻生败伦;愁怨,故增悲而至于贼君弃父。呜呼!乐者古以平心,今以助欲;古以宣化,今以长怨。古今之异,淡与不淡,和与不和而已。不复古礼,不变今乐,而欲至治者远矣!复古礼,然后可以变今乐。②

由此可见对于周濂溪而言,他生活的时代同样面临着与“周文疲敝”相似的困境,礼崩乐坏是他重拾儒学的主要原因。

其次,应对佛学对儒学的冲击。这个我们在前面谈论孤山智圆的时候已经讲过。作为北宋儒家的代表人物,及从他与张横渠、二程的交往来看,他应该也是持辟佛态度的。张永俊认为:“周濂溪,其主静立极、乾元资始、诚仁合一之义,虽启伊洛一派之渊源。然而其本人的思想,实融会儒道者,故既不讳道,亦不辟佛。”③这种讲法显然值得商榷。他的思想应该是有辟佛的一面的,只不过是一种较为柔和的对抗姿态。周濂溪在《题大颠壁》诗中说:

---

① 洪淑芬:《儒佛交涉与宋代儒学复兴:以智圆、契嵩、宗杲为例》,第585页。

② 周敦颐:《周敦颐集》,第28—30页。

③ 张永俊:《二程学管见》,台湾东大图书股份有限公司,1988,第51—52页。

退之自谓如夫子，原道深排佛老非。

不识大颠何似者，数书珍重更留衣。①

可见他有辟佛的端倪。但他与张横渠、二程的反佛不同的是，他可能存在融佛老的一种面向，如他的《宿大林寺》诗云：

公程无暇日，暂得宿清幽。

始觉空门客，不生浮世愁。

温泉喧古洞，晚磬度危楼。

彻晓都忘寐，心疑在沃州。②

这一点与朱熹非常相似。

周濂溪的“敬”思想最终要完成的目标就是排除异端，回到先秦儒家的礼仪规范之中。

二、张横渠的辟佛之“敬”

对朱熹伦理思想影响较大的一个理学家便是张横渠。从某种意义说，张横渠对朱熹的影响要远远大于周濂溪。他理论中的二元框架和气论思想，直接影响了朱熹理气论的形成。同时，他以《周易》作为立论根基，上接先秦天文思想，下与朱熹的哲学思想对接。因此可以判断，他的辟佛思想，以及对于“敬”思想的理解，也影响了朱熹伦理思想的形成。

同周濂溪复兴先秦儒学精神相似，张横渠的目的也是重树儒家道统。与周濂溪的理论不同的是，他虽然也以《周易》作为立论根据，却主张《周易》

---

① 周敦颐：《周敦颐集》，第 67 页。

② 周敦颐：《周敦颐集》，第 74 页。

的现实功用。因此,张横渠的思想中也存在两个面向:一是经世致用,二是辟佛老。

如果我们说周濂溪对《周易》的关注偏重于形而上的“道”(即“诚”思想),那么张横渠对《周易》的关注则偏重于形而下的“器”(即“气”思想[①])。这既是二者的明显区别,也是他经世致用思想的体现。当然,这与张横渠的人生经历有关。张岱年指出:

> 张载少时喜谈兵,当时宋代西部边境常受到西夏割据势力的侵扰,张载曾经计划联络一些人组织武装力量夺回洮西地方,他写信给当时陕西招讨副使范仲淹……范仲淹对他说:“儒者自有名教可乐,何事于兵?”劝张载读《中庸》。张载读了《中庸》,认为不够,又阅览了一些佛教道家的书籍,但仍不满意;他博览群书,研究了天文和医学,逐渐从佛教道家的影响下相对地解放出来。他比较用力研究的是《周易》,他以《易传》为根据来建立自己的哲学体系,对佛教道家的唯心论进行了批判。这就是张载一生学术研究的道路。[②]

张岱年对张横渠的总结性评价源于《宋史》,评论虽略有微词,但大体上还原了张横渠的理论背景。因此,可以说经世致用就是他所有理论的核心。

对于辟佛老而言,如果说周濂溪是温和的批评家,那么张横渠就是激烈的反佛者。张横渠曾以天命观提出质疑:“释氏语实际,乃知道者所谓诚也,天德也。其语到实际,则以人生为幻妄,(以)有为为疣赘,以世界为荫浊,遂厌而不有,遗而弗存。”[③]他认为,佛道等“异端”思想,特别是关于宇宙、人性和道德修养等的“精微”理论,及孤山智圆、明教契嵩等人的援儒卫释思想,对儒学的正统地位产生了压倒性的影响。张横渠说:

---

① 到王夫之时,“器”明显已经等同于“气”,但在张载这里,“气”依然是一团混沌的存有。

② 张载:《张载集》,章锡琛点校,中华书局,1978,《序》第1页。

③ 张载:《张载集》,第65页。

浮屠明鬼，谓有识之死受生循环，遂厌苦求免，可谓知鬼乎？以人生为妄（见），可谓知人乎？天人一物，辄生取舍，可谓知天乎？孔孟所谓天，彼所谓道。惑者指游魂为变为轮回，未之思也。大学当先知天德，知天德则知圣人，知鬼神。今浮屠极论要归，必谓死生转流，非得道不免，谓之悟道可乎？悟则有义有命，均死生，一天人，惟知昼夜，通阴阳，体之不二。自其说炽传中国，儒者未容窥圣学门墙，已为引取，沦胥其间，指为大道。（乃）其俗达之天下，至善恶、知愚、男女、臧获，人人着信，使英才间气，生则溺耳目恬习之事，长则师世儒宗尚之言，遂冥然被驱，因谓圣人可不修而至，大道可不学而知。故未识圣人心，已谓不必求其迹；未见君子志，已谓不必事其文。此人伦所以不察，庶物所以不明，治所以忽，德所以乱，异言满耳，上无礼以防其伪，下无学以稽其弊。自古诐、淫、邪、遁之词，翕然并兴，一出于佛氏之门者千五百年，自非独立不惧，精一自信，有大过人之才，何以正立其间，与之较是非，计得失！①

佛学思想间接导致儒家本有的天命观、人性论产生了消极避世的趋向。因此，不管孤山智圆、明教契嵩、大慧宗杲如何援儒卫释，他们的理论核心都是“卫释”，这就导致他们必须坚守“净”的本体论。在张横渠看来，他们的“明心见性”意虽精微，但“未识圣人心”，导致了“人伦所以不察，庶物所以不明，治所以忽，德所以乱，异言满耳，上无礼以防其伪，下无学以稽其弊”，这是张横渠无法接受的。他用天命观批评佛家：

释氏不知天命而以心法起灭天地，以小缘大，以末缘本，其不能穷而谓之幻妄，真所谓疑冰者欤！②

---

① 张载：《张载集》，第 64—65 页。

② 张载：《张子全书》，林乐昌编校，西北大学出版社，2015，第 19 页。

他接着用人性论来表示怀疑,指出:

释氏妄意天性,而不知范围天用,反以六根之微因缘天地。明不能尽,则诬天地日月为幻妄,蔽其用于一身之小,溺其志于虚空之大。此所以语大语小,流遁失中。其过也,尘芥六合;其蔽于小也,梦幻人世。谓之穷理可乎?不知穷理而谓之尽性可乎?谓之无不知可乎?尘芥六合,谓天地为有穷也;梦幻人世,明不能究所从也。[①]

也就是,他希望通过反佛来达到挽救人才、挽救时局的目的。朱熹也指出:

今世俗有一等卑下底人,平日所为不善,一旦因读佛书,稍稍收敛,人便指为学佛之效,不知此特粗胜于庸俗之人耳。士大夫学佛者,全不曾见得力,近世李德远辈皆是也。今其徒见吾儒所以攻排之说,必曰,此吾之迹耳,皆我自不以为然者。如果是不以为然,当初如何却恁地撰下?又如伪作《韩欧别传》之类,正如盗贼怨捉事人,故意摊赃耳。[②]

可以说,张横渠的反佛,从另一方面突显了他的“敬”思想。

他反对佛家的消极净空,主张“敬斯有立,有立斯有为”。[③] 他认为:“‘敬,礼之舆也’,不敬,则礼不行。‘恭敬撙节退让以明礼’,仁之至也,爱道之极也。”[④]也就是说,在张横渠看来,礼为“直斯清,挠斯昏,和斯利,乐斯安”[⑤],是学子达到圣人之道的关键环节。同时,礼也是达到“至诚”的主要途径,“至诚,天性也;不息,天命也。人能至诚则性尽而神可穷矣,不息则命行

① 张载:《张子全书》,第19页。
② 黎靖德编:《朱子语类》(卷第一百二十六),第3039页。
③ 张载:《张载集》,第36页。
④ 张载:《张载集》,第36页。
⑤ 张载:《张载集》,第36页。

而化可知矣。学未至知化，非真得也”。[①] 否则，“己不勉明，则人无从倡，道无从弘，教无从成矣”。[②] 然而佛家主张废周礼，灭法度。朱熹曾说：

> 夷狄之教入于中国，非特人为其所迷惑，鬼亦被他迷惑。大乾庙所以塑僧像，乃劝其不用牲祭者。其他庙宇中，亦必有所谓劝善大师。盖缘人之信向者既众，鬼神只是依人而行。[③]

“牲祭”是自周代以来儒家供养祖先的重要组成部分，这是维护周礼的关键环节。在朱熹看来，禅宗劝其“不用牲祭”，表面上是劝其以不杀生为德，实则是行破坏周礼之实。《论语·阳货》中，宰我想要修改周礼的“三年之丧”，曾被孔子视为“予之不仁也！”[④]禅宗想除去牲祭的做法，明显违反了周礼，自然被张横渠和朱熹反对。朱熹曾说：“释氏之教，其盛如此，其势如何拗得他转？吾人家守得一世再世，不崇尚他者，已自难得。三世之后，亦必被他转了。”[⑤]这里，朱熹认为自己的辟佛方向与欧阳修是一致的，“本朝欧阳公排佛，就礼法上论”。[⑥]

在张横渠这里，敬与礼是天然联合在一起的。“‘敬而无失’，与人接而当也；‘恭而有礼’，不为非礼之恭也。”[⑦]他内心的理想便是从“敬”上来的。他说：“古之小儿便能敬事，长者与之提携，则两手奉长者之手，问之掩口而对，盖稍不敬事便不忠信，故教小儿且先安详恭敬。”[⑧]

但这里需要特别强调的是，虽然张横渠与先秦《周易》都有“敬”的观念，

---

① 张载：《张载集》，第 63 页。
② 张载：《张载集》，第 36 页。
③ 黎靖德编：《朱子语类》（卷第一百二十六），第 3038 页。
④ 孟子等：《四书五经》，中华书局，2009，第 39 页。
⑤ 黎靖德编：《朱子语类》（卷第一百二十六），第 3041 页。
⑥ 黎靖德编：《朱子语类》（卷第一百二十六），第 3038 页。
⑦ 张载：《张载集》，第 45 页。
⑧ 张载：《张载集》，第 335 页。

但他的“敬”在佛学的刺激下,已经不是朴素的“敬畏天”之敬,而是人心之敬,是礼法之敬,因为在他的思想中“天无心,心都在人之心”。[①] 他更为关注的是人心问题。也就是说,张横渠所关注的是偏重于形而下的器(即“气”思想)。

三、二程的“敬”思想

周濂溪的主诚爱敬思想虽然只给出一种形而上的指引,没有点明具体的工夫论。这一点,离不开他的“敬”思想涵摄于“诚”思想之中这个原因。张横渠对“敬”思想谈论得不多,但他提出的“心统性情”为朱熹的“敬”思想找到了讨论的平台。也就是说,只有到了程伊川这里,朱熹的“敬”思想才能找到真正的源头。朱熹曾说:

> 周先生只说“一者,无欲也”,然这话头高,卒急难凑泊。寻常人如何便得无欲?故伊川只说个敬字,教人只就这敬字上捱去,庶几执捉得定,有个下手处,纵不得,亦不至失。要之,皆只要人于此心上见得分明,自然有得尔。[②]

朱熹对于“敬”思想的真正关注,源于他在思考“已发未发”问题时二程思想带来的思想火花。

刘述先指出,己丑年(1169),朱熹与蔡季通“言未发之旨,问辨之际,忽然自疑。遂急转直下,而有新说之发端与完成”。[③] 这样,朱熹终于转入中和新说的道路。己丑之前,朱熹依然努力谋求李延平的道南之说与张南轩的湖湘心法的融合,这使他“总感觉到自己常常有急迫浮露之病,无复雍容深

---

① 张载:《张载集》,第256页。

② 黄宗羲:《宋元学案》,第1545—1546页。

③ 刘述先:《朱子哲学思想的发展与完成》,第96页。

厚之风"。[1] 己丑之后，他才"找到毛病的症结乃在'阙却平日涵养一段工夫'"。[2] 于是，他转而采用程伊川的"涵养须用敬，进学则在致知"的理论，并以此来调和道南之传与湖南心法之间的隔阂。[3] 这段经历，朱熹在回答程允夫的书信中介绍得十分详细：

> 去冬走湖湘，讲论之益不少。然此事须是自做工夫于日用间行住坐卧处，方自有见处。然后从此操存，以至于极，方为己物尔。敬夫所见，超诣卓然，非所可及。近文甚多，未暇录，且令写此一铭去，此尤胜他文也。密院阙期尚远，野性难驯，恐不堪复作吏，然亦姑任之，不能预以为忧耳。[4]

可以说，程伊川的"涵养须用敬，进学则在致知"是朱熹"敬"思想的主要来源，而周濂溪和张横渠只是从侧面影响了朱熹"敬"思想的形成。

对于这个问题，大致可以从以下两个角度来诠释：

一是我们可以从"主敬以立其本，穷理以进其知"这个方面去理解。朱熹指出：

> 先生之学，其大要则可知已。读是书者，诚能主敬以立其本，穷理以进其知，使本立而知益明，知精而本益固，则日用之间，且将有以得乎先生之心，而于疑信之传可坐判矣。[5]

这就是说，朱熹的"主敬以立其本，穷理以进其知"实际上就是对程伊川

① 刘述先：《朱子哲学思想的发展与完成》，第 90 页。
② 刘述先：《朱子哲学思想的发展与完成》，第 90 页。
③ 刘述先：《朱子哲学思想的发展与完成》，第 90 页。
④ 朱熹：《朱子全书》（第 22 册），第 1871 页。
⑤ 朱熹：《朱子全书》（第 24 册），第 3625 页。

思想的继承和升级。陈来就曾指出:“所谓‘主敬以立其本,穷理以进其知’实际上就是程颐‘涵养须用敬,进学则在致知’的翻本。”[①]这种说法其实是有一定的合理性的。从另一个角度来看,朱熹的这种“变更”,也是对《中庸》之义的再诠释。

> 《中庸》未发、已发之义,前此认得此心流行之体,又因程子“凡言心者,皆指已发”之云,遂目心为已发,而以性为未发之中,自以为安矣。比观程子《文集》、《遗书》,见其所论多不符合,因再思之,乃知前日之说虽于心性之实未始有差,而未发、已发命名未当,且于日用之际欠却本领一段工夫。盖所失者,不但文义之间而已。因条其语,而附以己见,告于朋友,愿相与讲焉。恐或未然,当有以正之。[②]

二是我们可以从“已发未发”的发展史的角度来分析。朱熹的“已发未发”思想由道南学说向程伊川思想的回归,看似是他学术思想的一个重大改变,实际上是他完成了对早年禅宗思想影响的一次大清理。无论是道南一脉的修行方式,还是湖湘学派的察识心法,都似乎是以一种“近禅”的方式与朱熹早年的“修禅”经历相契合。于是,他虽然真心从学道南一脉,但李延平的“默坐澄心”的传道法门,始终无法让朱熹领悟儒门的真谛。[③] 朱熹与陈淳谈“未发”时说:

> 或问:“延平先生何故验于喜怒哀乐未发之前而求所谓中?”曰:“只是要见气象。”陈后之曰:“持守良久,亦可见未发气象。”曰:“延平即是

① 陈来:《朱子哲学研究》,第 211 页。

② 朱熹:《朱子全书》(第 23 册),第 3266 页。

③ 朱熹曾说:“延平李愿中先生老矣,尝从学于罗仲素先生,先生归自同安,不远数百里徒步往从之。其为学,大抵穷理以致其知,反躬以践其实,而以居敬为主。”(黄宗羲:《宋元学案》,第 1504 页)也就是说,实际上李延平间接地向朱熹传达了程伊川的“敬”思想。

此意。若一向这里,又差从释氏去。”①

朱熹求道湖湘,企图从张南轩的“察识涵养”工夫中找到解决之道,却又让其陷落于“已发未发”的摇摆之中,他只能回到程伊川这里,将修养的工夫论回到主敬本身,才使他“冻解冰释”。有一点需要指出的是,程伊川的辟佛思想是十分坚定的,如:

释氏之学,更不消对圣人之学比较,要之必不同,便可置之。今穷其说,未必能穷得他,比至穷得,自家已化而为释氏矣。今且以迹上观之。佛逃父出家,便绝人伦,只为自家独处于山林,人乡里岂容有此物?大率以所贱所轻施于人,此不惟非圣人之心,亦不可为君子之心。释氏自己不为君臣父子夫妇之道,而谓他人不能如是,容人为之而己不为,别做一等人,若以此率人,是绝类也。至如言理性,亦只是为死生,其情本怖死爱生,是利也。②

因此,他主张的“主敬”工夫实际上是对禅学工夫的一种有效的否定。朱熹此时对程伊川的“主敬”工夫感兴趣,实际上是他正在做清除理学思想中最后一丝禅学残余思想的工作,真正回到儒门中来。朱熹指出:

二先生所论敬字,须该贯动静看。方其无事而存主不懈者,固敬也,及其酬酢不乱者,亦敬也,故曰“毋不敬,俨若思”,又曰“事思敬”,“执事敬”,岂必以摄心坐禅而谓之敬哉!③

从这两段文本中可见程伊川对禅宗批评之彻底,他的“主敬”工夫直指

① 黎靖德编:《朱子语类》(卷第一百三),第2604页。
② 程颢、程颐:《二程集》,第149页。
③ 黄宗羲:《宋元学案》,第1564页。

禅学的“明心见性”工夫。到己丑之悟后,朱熹更加坚定了程伊川的主“敬”思想。正如他自己所说:

> 比因朋友讲论,深究近世学者之病,只是合下欠却持敬工夫,所以事事灭裂。其言敬者,又只说能存此心,自然中理,至于容貌词气,往往全不加工。设使真能如此存得,亦与释、老何异?①

到这里,朱熹基本上完成了他“佛与儒异”的辨析,这为他以后的思想奠定了基础,也清除了佛学给他设置的障碍。

小 结

从出土文献中战国时期的《帛书》的“敬”观念,到《周易》乾卦的“观象授时”,再到孔子及其门人对二者的融合而形成的天命观,我们发现儒家的“敬”思想并非一种单纯的形而上观念,而是儒家对古老智慧的一种思想总结。先人通过“观象授时”确定了农耕生产生活的可能性,建立了以天文为核心的农耕文明。在这一基础上,权力的出让导致了“王权受命于天”的朴素思想,原始的政治模式开始形成。这种模式经过千百年的转化,发展成以《易经》记载的伦理系统。于是,周文王对《易经》进行重新整理后,衍化出一套完整的儒家礼仪系统。而这个系统便来源于《帛书》。我们虽无法判定《帛书》中记载的故事与《易经》成书的先后,但无论如何,都可证明最早的知识系统和伦理学系统均源于天文知识的发展和总结。于是,儒家便寻找到了天命观存在的客观性证明。在这个背景下,孔子及其门人发展了《易经》的理论,将《易经》的神秘部分存而不论,发掘出其内在的天道人性论,达到

① 王懋竑:《朱熹年谱》,第50页。

“志于道，据于德，依于仁，游于艺”的儒家境界。

唐宋佛教发展的式微，及韩愈和李翱等人辟佛思想的影响，引起了孤山智圆等人的“援儒卫释”运动。在这场运动中，《孟子》和《中庸》由唐末的式微，至北宋逐渐被儒家所重视，到二程时已完成“子学”向“经学”的转变。其间，佛学的影响是不可磨灭的。正因为如此，儒佛两门在彼此斗争时又互相促进，引起了北宋诸儒对两汉儒家思想的大胆改革，形成了不同于汉学的新儒学体系。这个大背景中，“净”“静”和“敬”在北宋儒家伦理思想中被逐渐突显出来。佛家的“净”本体成为北宋儒者攻击的重要标靶。周濂溪、张横渠的动静观及“敬”思想的雏形，都是为了解决“净”本体而带来的治世困扰。于是，孤山智圆、明教契嵩等人虽然“援儒”，但对“净”本体的坚守是其不可能放弃的理论根基。于是，这种工夫论上的“精微”反倒让北宋的儒家掀起反佛的狂潮。张横渠与二程便是典型的代表。

在这一背景下，程伊川提出了“涵养须用敬，进学则在致知”的工夫进路，确实在一定程度上将儒家工夫论提升到一个新的高度。他的“敬”观念虽与先秦的“敬”思想（如《易经》）存在着千丝万缕的联系，但其向内心的体悟远远超过了对上天的敬畏。正如朱熹所说：“敬有甚物？只如‘畏’字相似。不是块然兀坐，耳无闻，目无见，全不省事之谓。只收敛身心，整齐纯一，不恁地放纵，便是敬。”①由对天的敬畏转化为对内心的坚守，这是程伊川伦理思想的一大进步。这一点，被后来的朱熹所继承。“敬字工夫，乃圣门第一义，彻头彻尾，不可顷刻间断。敬之一字，真圣门之纲领，存养之要法。一主乎此，更无内外精粗之间。”②不过，“敬”思想与《中庸》的“已发未发”思想的结合，又让程伊川“敬”思想的两个面向被弟子们以不同的方式继承，程门后学遂出现了多有近禅的窘境。如朱熹曾说：

---

① 黄宗羲：《宋元学案》，第 1544 页。
② 钱穆：《朱子新学案》（第 2 册），第 401 页。

> 敬非是块然兀坐,耳无所闻,目无所见,心无所思,而后谓之敬。只是有所畏谨,不敢放纵。如此则身心收敛,如有所畏。常常如此,气象自别。存得此心,乃可以为学。①

这便是“敬”思想在“未发”时期的体现。当然,对“敬”思想的两个面向的解释势必要求思考伦理学思想中的形而上的思辨理论与形而下的实践思想。朱熹的伦理思想也努力做到两种思想的有效融通。

朱熹的伦理思想是一种融合儒释道的思想结晶,对前秦朴素的知识论与唐宋之际的伦理学思想进行了有效的结合。这里既可以看到形而上与形而下的两层结构,又可揭示出以理气为本体论的哲学思想、理与礼的伦理指向及理与诗的美学思想。

可以说,朱熹的“敬”思想最终完成了从天道观向人性论的理学体系的转变。正如朱熹所说:“在天为命,禀于人为性,既发为情。此其脉理甚实,仍更分明易晓。唯心乃虚明洞彻,统前后而为言耳。”②这需要我们对其两层结构作进一步的说明。

---

① 黎靖德编:《朱子语类》(卷第十),第211页。
② 黎靖德编:《朱子语类》(卷第五),第90页。

第二章　朱熹对“敬”思想的发展

朱熹说：“《大学》所以说格物，却不说穷理。盖说穷理则似悬空无捉摸处。只说格物，则只就那形而下之器上，便寻那形而上之道，便见得这个元不相离，所以只说‘格物’。”[①]我们从这句话可以看到，他的理论中充满二元结构。

第一节　朱熹伦理思想的二元结构

由于受到了周濂溪的“诚”观念、张横渠的“气”理论，以及二程对《大学》《中庸》《孟子》的推崇等的影响，朱熹的思想中充满了二元对立的结构。[②] 正是这些二元结构的存在，使我们在理解他的理论时，经常发现他的理论前后不一致。如他谈到的“理先气后”的问题，最早他强调本体论意义上“理先气后”，后来却发展成“理气不离不杂”。这种“冲突”现象在其理论中的频繁出现，实际上就是他理论中二元结构的表现。

一般认为，朱熹的思想是以理、气二者为本原的二元结构。这种二元结构在其伦理思想中，表现为理气、性情、动静、敬静等，构建了一种寻求中道[③]

---

① 黎靖德编：《朱子语类》（卷第六十二），第1498页。

② 这种二元结构类似“阴阳”二元模式，表现为一体而二分的样态。

③ “中道”可以理解为“中庸之道”，但又不仅仅是“中庸之道”。如果用“中庸之道”，形而上学的意味就重了很多。这里用“中道”，就是形而下学的表示。

的二元结构。当我们用二元思维来理解朱熹的伦理思想时,极易得出这样的结论:朱熹的伦理思想是不纯粹的。实际上,这可能是由于不同的学者在理解朱熹思想本意时选择了不同的面向。其实,朱熹在编排“四书”序目的时候已经将这个问题表达清楚了,这也可以说明他为什么在《大学》上用力最深。

朱熹“四书学”基本上隐藏着这样一条脉络,即以《大学》为开端,以《中庸》为结尾,以《论语》《孟子》为中间层次。这种编排隐含着朱熹“治学求‘中’”的思想。从中可以看到程伊川所讲的“不偏不倚”的影子。这也说明了宋代“立表测影”的“求中”思想依然被人们重视。朱熹深受这种“观象授时”思想的影响,这对他建构“四书学”有一定的积极意义。只有看到了这一层,我们才能明白朱熹的二元结构是以二元为表象进而寻求中道的理论本质。这种做法非常类似于亚里士多德在《尼各马可伦理学》“德性表”中出现的结构:不及—德性—过度。[①] 这种二元结构实际反映出“形而上—中庸—形而下”的模式。于是,当我们用这种思想来看待朱熹的思想时,便可发现其存在如下结构:理—中和—气,无极—中和—太极,性—中和—情,已发—中和—未发,静—敬(中和)—动。这种围绕中和、中道而展开的二元结构,体现了朱熹理学本体论与知识论的二元结构,即本体论—伦理学—知识论。

可以说,没有作为哲学本体论的“理气”“太极”思想,则无法言说朱熹伦理思想的来源;没有对朱熹形而上思想和形而下实践的认识,则看不清朱熹伦理思想合理性的原因。明清学者颜元之所以认为朱熹的伦理思想只是“平时袖手谈心性,临危一死报君王”,戴震之所以认为朱熹的伦理思想有“以理杀人”的问题,均可能是因为没有看清朱熹伦理思想里的“中”思想。想要真正了解朱熹的伦理工夫论,他的本体论与知识论思想也需要被进一步挖掘。只有这样,朱熹的“中”思想才能被体现出来。这就是说,朱熹的伦理思想是紧紧围绕“中”而表现出来的二元结构,而这种“中”思想在形下的

---

① [希腊]亚里士多德:《尼各马可伦理学》,第333页。

实践中又表现为“敬”思想，这构成了朱熹伦理思想的核心和主轴，如其所说：“敬之一字，圣学所以成始而成终者也。”①

一、朱熹思想中二元结构的建立

（一）理气二元结构的本体论依存

理气二元是学界对朱熹本体论思想最常见的表达。一般认为，朱熹的理气论源于北宋周敦颐（周濂溪）的《太极图说》和《通书》，以及张载（张横渠）的气学理论。可以说，朱熹首先确认的是太极本体或理本体的合法性存在。只有坚持这个前提，他的理气观念才可能具有知识性的存在面向，这也是其伦理学存在的基础。清楚了这一点，我们就能理解鹅湖寺中他与陆九渊（陆象山）的争辩，绝不只是一场无足轻重的输赢游戏，而是一场关于知识本体论的卫道之争。

冯友兰指出：“朱子之形上学，系以周濂溪之《太极图说》为骨干，而以康节所讲之数，横渠所说之气，及程氏弟兄所说形上形下及理气之分融合之。”②“所谓道，即指抽象的原理或概念；所谓器，即指具体的事物。”③他根据的是朱熹以下几条洞见：

> 形而上者，无形无影是此理；形而下者，有情有状是此器。④

> “无极而太极”，不是说有个物事光辉辉地在那里。只是说这里当初皆无一物，只有此理而已。……惟其理有许多，故物亦有许多。⑤

---

① 赵顺孙纂疏：《大学纂疏中庸纂疏》，第 17 页。
② 冯友兰：《中国哲学史》，第 763—764 页。
③ 冯友兰：《中国哲学史》，第 764 页。
④ 黎靖德编：《朱子语类》（卷第九十五），第 2421 页。
⑤ 黎靖德编：《朱子语类》（卷第九十四），第 2387 页。

“无极而太极”,只是说无形而有理。[1]

冯友兰的解读是:“以现在哲学中之术语言之,则所谓形而上者,超时空而潜存(Subsist)者也;所谓形而下者,在时空而存在(Exist)者也。”[2]冯氏的这种解读,基本上遵从了本体论和知识论两个角度。它揭示了朱熹理气论的二元存在。实际上,朱熹认为不仅天然之物各有其理,人为之物亦各有其理。这里,朱熹的关注点绝非伦理学之上的道德之理,而是宇宙万物构成的本体之理或知识之理。我们从他和弟子以下的问答也可以看得出来:

问:“枯槁之物之亦有性,是如何?”曰:“是他合下有此理。故云天下无性外之物。”因行街,云:“阶砖便有砖之理。”因坐,云:“竹椅便有竹椅之理。枯槁之物,谓之无生意,则可;谓之无生理,则不可。”

…………

问:“理是人物同得于天者。如物之无情者,亦有理否?”曰:“固是有理,如舟只可行之于水,车只可行之于陆。”[3]

借助冯友兰的解读,可以发现朱熹是以知识论的角度来论述其理气观的,体现了他理论体系中“形式上的二元论”中“本体论的一元论”。于是,朱熹的本体论要先肯定太极、理、性的存在,才能衍生出知识论的理气关系和性情关系。从朱熹早年对“理先气后”前后矛盾的解答上便可了解,他时而主张“理先气后”,时而主张“理气不离不杂”,这都是其混淆本体论和知识论的表现,也就是以上所说的二元结构。陈来指出:“在朱熹哲学体系来看,格物致知属于‘知’的范畴,虽然格物致知也是人的一种行为,但其性质与目的

---

① 黎靖德编:《朱子语类》(卷第九十四),第2365页。
② 冯友兰:《中国哲学史》,第764页。
③ 黎靖德编:《朱子语类》(卷第四),第61页。

属于明理知理而不是行理循理，而正心诚意以下才算是行。”①除此之外，朱熹提出的将人分为“天命之性”和“气质之性”，也是这种思想的体现，如“天命之性，本未尝偏。但气质所禀，却有偏处，气有昏明厚薄之不同”。②

（二）知识论中的“敬”思想

朱熹“敬”思想暗含“穷理”的知识论问题。朱熹说：“万事皆在穷理后。经不正，理不明，看如何地持守，也只是空。”③可以说，“持敬”需有“穷理”工夫。这其实是朱熹的“先致知而后涵养”④的另一种表达。陈来指出：

> 知先行后是朱子知行学说的代表性观点，但是我们知道，朱熹所讲的知行也常用以指“致知与涵养”这对关系……众所周知，“涵养须用敬，进学则在致知”，这是朱子终身服膺的程颐一句名言，前人皆以此为朱子生平学问大旨。照这个思想说，涵养致知、居敬穷理作为道学家培养自我的两种基本方法，并进互发，谈不上有先后的，可见，在“知先行后”这一公式中，并不是上表中属于“行”的一列中的任何一概念都可以“代入”的。⑤

陈来这里点明了朱熹“敬”思想的知识论面向，也就是朱熹所说的“持敬观理”的思想。朱熹说：“主敬、穷理虽二端，其实一本。”⑥“穷理”是“敬”的一个主要方面，甚至在某种程度上可以趋同。他说：“学者若不穷理，又见不得道理。然去穷理，不持敬，又不得。不持敬，看道理便都散，不聚在这

① 陈来：《朱子哲学研究》，第367页。
② 黎靖德编：《朱子语类》（卷第四），第64—65页。
③ 黎靖德编：《朱子语类》（卷第九），第152页。
④ 黎靖德编：《朱子语类》（卷第九），第152页。
⑤ 陈来：《朱子哲学研究》，第365页。
⑥ 黎靖德编：《朱子语类》（卷第九），第150页。

里。”[①]对于朱熹的这个观念,陈来指出:“致知与主敬被归为知行问题。”[②]于是,朱熹的“敬”思想就不单纯只是一个“工夫方法”,它暗含着朱熹“工夫论”的真理方向,即天理。

朱熹的知行观虽不比笛卡尔知识论思想更纯粹,但从其用“穷理”的方法来获取“天理”知识的模式来看,朱熹具有完整的知识论构架。总体来说,正如陈来所说的:

> 朱熹在知行形式下讨论的问题可以主要分为几个:致知与力行,这是指人的道德认识与对这些道德观念的践履、实行的相互关系。致知与涵养,这是指充广知识和修身养性作为道学“为己之学”两种基本方法间的相互关系。致知与主敬,是讲主体的修养在格物致知过程中的作用。[③]

致知与主敬确实是朱熹知识论体系中不可或缺的两个组成部分。朱熹本人对这种探索方法也十分看重。可见,朱熹知识论中对“敬”思想的侧重符合本体论中对“理气”的偏好。甚至可以说,“敬”思想就是朱熹知识论体系中的核心概念,这就如同“怀疑”是笛卡尔方法论的核心概念一样。

(三)伦理学中的“敬”思想

不得不承认,朱熹的知识论中杂糅着伦理学的成分,这是他与笛卡尔最大的不同之处。不管我们如何强调朱熹“敬”思想的本体论面向和知识论面向,它的最终归宿必定为伦理学。这可能是对“思索义理,涵养本原”[④]的真正理解。他的“致知”,最后也要服务于“力行”。从朱熹整体的理论架构来

---

① 黎靖德编:《朱子语类》(卷第九),第151页。
② 陈来:《朱子哲学研究》,第365页。
③ 陈来:《朱子哲学研究》,第366页。
④ 黎靖德编:《朱子语类》(卷第九),第149页。

看,他的所有心性之学最终都要服务于“内圣外王”的治世理念。当明白这一层面后,再来看他的本体论、知识论,其实最终都落到了伦理学上面。也只有落到伦理学上面,他才能真正地“力行”。这也是朱、陆在理论建构中的明显不同。①

朱熹认为,“持敬是穷理之本;穷得理明,又是养心之助”。②“敬”思想在朱熹这里是一个 should be(应该)的工夫存在。也就是说,在他的伦理学体系中,“敬”是必要条件。它除了在认识真理的知识论层面发挥着作用,在“求放心”的现实“力行”中也不可或缺。朱熹关于“敬”思想的伦理学面向的侧重要远大于其对知识论方面的阐述。可以说,理的“敬”工夫思想是朱熹“四书学”的核心体系架构,更是其伦理学思想中内圣外王的核心。朱熹说:

> 敬者,一心之主宰,而万事之本根也。知其所以用力之方,则知小学之不能无赖于此以为始;知小学之赖此以始,则夫大学之不能无赖乎此以为终者,可以一以贯之而无疑矣。盖此心既立,而由是格物致知以尽事物之理,则所谓尊德性而道问学;由是诚意正心以修其身,则所谓先立其大者而小者不能夺;由是齐家治国以及乎天下,则所谓修己以安百姓,笃恭而天下平。是皆未始一日而离乎敬也,然则敬之一字,岂非圣学始终之要也哉?③

在朱熹看来,只有在做工夫的时候时刻涵养“敬”,才能完成“一心具万

① 这里不是说陆九渊没有外王的思想,我们可从《陆九渊集》中了解到大量陆九渊的治世理念与实际行动。但直指本心的方法让他的理论与他的力行无法有效地融合。也就是说,如果按照陆九渊的“易简工夫”的讲法,聪敏之人或有所成,但与陆九渊的工夫方法无关;相反,蠢钝之人便无法从陆九渊的“易简工夫”中得到有效的帮助。也就是说,陆九渊给了一套知识体系,却无法建构一套完整的伦理学方法。

② 黎靖德编:《朱子语类》(卷第九),第 150 页。

③ 朱熹:《朱子全书》(第 6 册),第 506—507 页。

理”[①]的伦理实践。这也正是他的伦理力行工夫论所必须坚守的。

> 学者工夫,唯在居敬、穷理二事。此二事互相发。能穷理,则居敬工夫日益进;能居敬,则穷理工夫日益密。譬如人之两足,左足行,则右足止;右足行,则左足止。又如一物悬空中,右抑则左昂,左抑则右昂,其实只是一事。[②]

以上诸条再次证明了朱熹伦理学中存在二元结构。

综上所述,无论是本体的理和气的二元结构、致知和力行的二元结构,还是持敬和穷理的二元结构,均印证了朱熹伦理学中二元结构的真实存在。

二、“理”与“礼”的二元结构

(一)“理”的标准

张立文认为,中国传统文献中的“理”大致有以下九种含义:“一是理为治理,引申为规律;二是理为义、为礼;三是理为名理;四是理为无或有;五是理为空理;六是理为天理;七是理为心;八是理为气;九是理为公理。”[③]他的这种解读基本上统摄了“理”在中国哲学思想中的所有含义。除此之外,“理”的概念还出现了当代意义上的解读:

> 第一,理是自然万物的本体或存在的根据,指脱离主体“心”而存在的形上者,是自然现象、社会现象之所以然的根据;第二,理是事物的规

---

① 黎靖德编:《朱子语类》(卷第九),第 154 页。
② 黎靖德编:《朱子语类》(卷第九),第 150 页。
③ 张立文:《理》,台湾汉兴出版社,1994,第 1—4 页。

律；第三，理是主体意识；第四，理是道德伦理观念、原则、规范。[①]

这种当代的解读与宋明理学的解读颇为相近，特别是与朱熹对“理”的解读十分相似。不同的是，此解法中以西方概念为主体，抛弃了中国传统中常用的概念，如行文中会用主体、自然现象、社会现象、规律、道德伦理观念、原则、规范等。可以说，这是一种充满西方科学概念的解读，但这种解读同样反证朱熹的“理”不似后世学者所诠释的那样，仅停留在“天理”这狭窄的层面。

张立文在对宋明理学的阐述中，将“理”诠释为天理论哲学。他指出宋明理学的发展脉络，即由佛家的“空理”和道家的“虚理”（玄理）演变成宋明的“实理”。如二程说的“理者，实也”。[②] 可以说，他对“理”的诠释是较为中肯的，基本上抓住了宋明理学，特别是南宋理学的核心。然而，如果只简单地将南宋理学思想圈定于“实理”这个范围内，对以朱熹为代表的理学家有失公允。张立文特意将宋明理学对“理”的诠释分为两个部分，一是理为天理，一是理为心。他将“理为心”的这种诠释归于陆（九渊）、王（阳明）。他的这种诠释基本遵从朱、陆二极对立的传统研究思路，从“差异”的角度将宋明理学对“理”的解读一分为二。然而，陆九渊绝不是简单地将“理”等同于“心”，他的“理”同样有“天理”的含义；而朱熹的“理”不是简单地等同于“天理”“实理”，他的“理”同样也有“心”的面向。可以这样说，朱熹的“心”从“道问学”的角度来看，本身就是“实理”。从历史的角度来看，朱熹的任务在于区分佛家与道家的空理、虚理，而空理、虚理又常以“佛心”“道心”的方式传播。他要重新诠释“心”这一概念，或者说以一种不同于佛、道的方式诠释“人心”“道心”。他的“心”概念要想成立，就必须挂靠于“理”或“道”这样的核心概念上。

① 张立文：《理》，第4—5页。

② 程颢、程颐：《二程集》，第125页。

通过揭示心与理的二元存在,指出了朱熹的伦理学中有一种“伦理心”的标准。朱熹的伦理学是不可能脱离“心”的伦理本质结构而存在的。他虽不赞同陆九渊的“心即理”,但他的“心统性情”也在另一个角度上说明了人的伦理行为要遵循“性”的天道,以达到“虚灵明觉”,进而让人的伦理行为符合“天道”。这就是说,朱熹的伦理学实际是建立在“理—性—心—行”上的一种以“理”为标准的伦理学体系中的。

(二)“礼”的实践

《大戴礼记》[①]曰:

> 礼有三本:天地者,性之本也;先祖者,类之本也;君师者,治之本也。无天地焉生,无先祖焉出,无君师焉治,三者偏亡,无安之人。故礼,上事天,下事地,宗事先祖而宠君师,是礼之三本也。[②]

戴德在这里,已经将“礼”的来源与作用阐释清楚了。可见,“礼”不是一个形而上的超验的存在,而是先民在人世间对天地、性命的一种实践的“敬”实践。“礼”与“理”在此便有了同一的倾向。

“礼”同时反映了以朱熹为主的儒家安身立命的实践本色。王文锦认为:“从《礼记》这部书里,可以看到儒家对人生的一系列见解和态度。《王制》《礼运》谈到了儒家对国家、社会制度的设想。”[③]《礼运·第九》说:

> 大道之行也,天下为公,选贤与能,讲信修睦。故人不独亲其亲,不独子其子,使老有所终,壮有所用,幼有所长,矜寡孤独废疾者皆有所

① 戴德和他的从兄之子戴圣,同是西汉时期的礼学名家,世称“大戴”“小戴”。《大戴礼记》又名《大戴礼》《大戴记》,相传是戴德选编的;《小戴礼记》又名《小戴礼》《小戴记》,相传是戴圣选编的。

② 王聘珍:《大戴礼记解诂》,王文锦点校,中华书局,1983,第17页。

③ 王文锦译解:《礼记译解》,中华书局,2001,《前言》第5页。

养,男有分,女有归。货恶其弃于地也,不必藏于己;力恶其不出于身也,不必为己。是故谋闭而不兴,盗窃乱贼而不作,故外户而不闭。是谓大同。[①]

这段表述显然是一种“理”思想映射下的“礼”的形而下实践,即“礼”的实践。它将天理具体化,使之成为一个人人可以遵循的行为准则。《说文解字》将“礼”解释为“履也。所以事神致福也。从示,从豊,豊亦声”。[②] 所谓“履也”,《说文解字注》解释为“履,足所依也。引申之凡所依皆曰履,此假借之法”。[③] 从这一点来看,“礼”的本质应该含有形而下实践的层面,这与形而上的“理”遥相呼应。于是,我们便可以从中寻找出“理”与“礼”连接的桥梁,此便为“敬”。

《小戴礼记》开篇《曲礼》首句为“毋不敬,俨若思,安定辞,安民哉!”[④]“敬”字为《小戴礼记》的开篇。程明道说:“‘毋不敬,俨若思,安定辞,安民哉’,君德也。君德即天德也。”[⑤]他甚至指出:“‘毋不敬’,可以对越上帝。”[⑥]可见,“敬”为“礼”的存在之基,也是“礼”的运行之则。《小戴礼记》云:“贤者狎而敬之,畏而爱之。”[⑦]这基本奠定了“敬”对“礼”的要求。于是,“敬以直内,义以方外,敬义立而德不孤”。[⑧] 这构成了朱熹的“敬”之根本。

(三)“理”与“礼”的交融

《河南程氏遗书·师说》指出:

---

① 王文锦译解:《礼记译解》,第258页。

② 许慎:《说文解字(文白对照)》,李翰文译注,九州出版社,2006,第4页。

③ 许慎:《说文解字注》,第3页。

④ 王文锦译解:《礼记译解》,第1页。王文锦将此句解释为:“不要不敬,仪容要端庄稳重,若有所思,措辞要安详确定,这样才能安定民心呀!”

⑤ 程颢、程颐:《二程集》,第117页。

⑥ 程颢、程颐:《二程集》,第118页。

⑦ 王文锦译解:《礼记译解》,第1页。王文锦将此句解释为:“对有德才的人要亲近而尊敬,畏服而爱慕。”

⑧ 程颢、程颐:《二程集》,第117页。

> 礼者,理也,文也。理者,实也,本也。文者,华也,末也。理是一物,文是一物。文过则奢,实过则俭。奢自文所生,俭自实所出。[①]

“理”与“礼”在宋明理学这里有明显的融合倾向。朱熹说:“礼者,天理之节文,人事之仪则。”[②]在朱熹的伦理学系统中,天理必须存在形而下的面向,才会有意义。这种意义,一方面说明朱熹的伦理学是围绕着天理展开的伦理学,一方面说明朱熹的伦理学是通过“礼”来实践的伦理学。他的这种二元结构,亦在说明以心性论为主体的伦理学,一是要有不变的“天理”内核,即确定无误的伦理标准;二是要对这个“标准”进行捍卫,以保证人们在日常实践中不能离标准过远。

他的这种天理标准,可以表述为“仁之理”。[③] 正如他所说:“仁者,仁之本体;礼者,仁之节文;义者,仁之断制;知者,仁之分别。”[④]很明显,这里朱熹强调了孔子的“仁”概念,以“仁”为天理的一种内省标准;在“仁”这一本体上,他的伦理工夫便可以展开,即所谓的“礼者,仁之发;智者,义之藏”。[⑤] 这种“仁之理”标准的建立,实际上为人们的行为规范提供了参考的标尺。如朱熹和董铢(字叔重)讨论“礼者,天理节文”:

> 铢曰:“顷以先生所教思之:礼者,天理节文之自然,人之所当行者。人若知得是合当行底,自甘心行之,便自不拘迫。不拘迫,所以和,非是外面讨一个和来添也。”曰:“人须是穷理,见得这个道理合当用恁地,我

---

① 程颢、程颐:《二程集》,第125页。

② 黎靖德编:《朱子语类》(卷第六),第101页。

③ 在朱熹的理论中,仁体的表达与“道”有一定关联。如黄榦有一次记录道:“问:‘仁与道如何分别?’曰:‘道是统言,仁是一事。如“道路”之“道”,千枝百派,皆有一路去。故《中庸》分道德曰,父子、君臣以下为天下之达道,智仁勇为天下之达德。君有君之道,臣有臣之道。德便是个行道底。故为君主于仁,为臣主于敬。仁可唤做德,不可唤做道。’”[黎靖德编:《朱子语类》(卷第六),第100—101页]

④ 黎靖德编:《朱子语类》(卷第六),第109页。

⑤ 黎靖德编:《朱子语类》(卷第六),第122页。

自不得不恁地。如宾主百拜而酒三行，因甚用恁地？如入公门鞠躬，在位踧踖，父坐子立，苟不知以臣事君，以子事父，合用为此，终是不解和。譬之今人被些子灯花落手，便须说痛。到灼艾时，因甚不以为苦？缘它知得自家病合用灼艾，出于情愿，自不以为痛也。”铢因问：“如此，则这和亦是自然之和。若所谓‘知和而和’，却是有心于和否？”曰：“‘知和而和’，离却礼了。‘礼之用和’，是礼中之和。‘知和而和’，是放教和些。才放教和，便是离却礼了。”①

又如朱熹与国秀谈“博文约礼”时说：

如讲明义理，礼乐射御书数之类，一一着去理会。学须博，求尽这个道理。若是约，则不用得许多说话，只守这一个礼。日用之间，礼者便是，非礼者便不是。②

这两段文字均表明了朱熹思想中“理”与“礼”的融合关系。其实，朱熹谈“克己复礼”时说：“礼是自家本有底，所以说个‘复’，不是待克了己，方去复礼。克得那一分人欲去，便复得这一分天理来；克得那二分己去，便复得这二分礼来。”③这里将“理”与“礼”的关系表达得更为直白。实际上，朱熹主张的通过“修身齐家治国”以符合天理的做法，就是通过“礼”来达到“天理”的实践。这时“理”与“礼”虽然形为二，但是实为一。朱熹说：“所以言礼者，谓有规矩则防范自严，更不透漏。”④可见在朱熹眼中，“礼”与“理”融合同一是十分重要的，这也就是他的“礼是体”⑤思想的表达。

朱熹强调形而上“天理”思想的形而下表达——礼，并不只是一种伦理

① 黎靖德编：《朱子语类》（卷第二十二），第514—515页。
② 黎靖德编：《朱子语类》（卷第三十三），第833页。
③ 黎靖德编：《朱子语类》（卷第四十一），第1047页。
④ 黎靖德编：《朱子语类》（卷第四十一），第1043页。
⑤ 黎靖德编：《朱子语类》（卷第六），第101页。

学的确认,而是在伦理实践中,表现出对出世伦理思想的抗争。朱熹说:

> 然而世间却有能克己而不能复礼者,佛老是也。佛老不可谓之有私欲。只是他元无这礼,克己私了,却空荡荡地。他是见得这理元不是当。克己了,无归着处。①

很显然,在朱熹这里,“天理”标准与“礼”的践行达到了有机的结合。这种结合,是朱熹“敬”思想中“和合”思想的表达。朱熹说:“礼是严敬之意。但不做作而顺于自然,便是和。和者,不是别讨个和来,只就严敬之中顺理而安泰者便是也。礼乐亦只是如此看。”②至此,朱熹的“理”“礼”与“敬”思想便不可分离。

三、“静”与“动”工夫的二元结构

我们上面谈到理、气的二元结构,也谈了理、礼的二元结构,实际上都是在为我们下面谈到的伦理工夫中动静的二元结构做铺垫,以便在梳理朱熹“敬”思想的路上不至于走得过偏。谈朱熹的“敬”思想,不能离开他的理、气二元,这是“敬”工夫的本体指向;也不能离开理、礼二元,这是“敬”工夫的实践指向。这两种指向,均需落到“动的工夫论”与“静的工夫论”上。这样才可以实现完美的结合。曾春海指出:“对朱子而言,‘敬’系贯动静,参日用的践仁之方,所谓:‘学者当知孔门所指求仁之方,日用之间,以敬为主’。”③因此,“动”“静”是朱熹“敬”思想的两个特殊面向,它们揭示了朱熹伦理学的特色和内涵。朱熹伦理学的动静观念与其“已发未发”思想有关,也与湖湘学派的“察识涵养”思想、道南学派的“默坐澄心”思想相关。

---

① 黎靖德编:《朱子语类》(卷第四十一),第 1048 页。
② 黎靖德编:《朱子语类》(卷第二十二),第 516 页。
③ 曾春海:《朱熹哲学论丛》,台湾文津出版社有限公司,2001,第 77 页。

（一）“静”之工夫论

朱熹“静”的工夫论主要指他从学李延平时所习得的“默坐澄心”工夫。李延平的“默坐”工夫显然继承了道南学派一贯的工夫传统。这从朱熹与弟子的问答中可见一丝端倪。

> 问：“前承先生书云：‘李先生云：“赖天之灵，常在目前。”如此，安得不进？盖李先生为默坐澄心之学，持守得固。后来南轩深以默坐澄心为非。自此学者工夫愈见散漫，反不如默坐澄心之专。’”先生曰：“只为李先生不出仕，做得此工夫。若是仕宦，须出来理会事。向见吴公济为此学，时方授徒，终日在里默坐。诸生在外，都不成模样，盖一向如此不得。”问：“龟山之学云：‘以身体之，以心验之，从容自得于燕闲静一之中。’李先生学于龟山，其源流是如此。”曰：“龟山只是要闲散，然却读书。尹和靖便不读书。”①

杨龟山、尹和靖是朱熹攻击的两个主要对象。朱熹曾说：“程门高弟如谢上蔡、游定夫、杨龟山辈，下梢皆入禅学去。”②从中可以知道，道南学派与佛家在修养论方面应该是十分相似的。

朱熹早年向李延平求教后曾得出一个结论：“元来此事与禅学十分相似，所争毫末耳。然此毫末却甚占地位……”③可以说，以李延平等为代表的道南学派的修养工夫，确实与道谦禅师的工夫论极为相近。④ 也许正是这个

---

① 黎靖德编：《朱子语类》（卷第一百一十三），第 2741 页。

② 黎靖德编：《朱子语类》（卷第一百一），第 2556 页。

③ 朱熹：《朱子全书》（第 25 册），第 4748 页。原文为：“某块坐穷山，绝无师友之助，惟时得钦夫书问往来，讲究此道，近方觉有脱然处。潜味之久，益觉日前所闻于西林而未之契者，皆不我欺矣。幸甚幸甚！恨未得质之高明也。元来此事与禅学十分相似，所争毫末耳。然此毫末却甚占地位。今学者既不知禅，而禅者又不知学，互相排击，都不札着痛处，亦可笑耳。”

④ 陈来指出：“朱熹早年曾从开善道谦禅师（大慧弟子）下工夫，对禅宗‘里面体认’非常熟悉。（见延平与罗博文书）”（陈来：《朱子哲学研究》，第 185 页）

原因,朱熹才能很快接受李延平的思想。也就是说,朱熹伦理学中这种“静”的工夫论与佛、道两教有一定的关联。正因为有这种关联,朱熹日后才对此种工夫进行批评和抛弃。除此之外,他对这种工夫有一种天然的警惕,这便是他对道家工夫思想的一种清醒的认识。朱熹说:

因论道家修养,有默坐以心缩上气而致闭死者。曰:“心缩气亦未为是。某尝考究他妙诀,只要神形全不挠动。故老子曰:‘心使气则强。’才使气,便不是自然。只要养成婴儿,如身在这里坐,而外面行者是婴儿。但无工夫做此。其导引法,只如消息,皆是下策。”①

总体来说,朱熹对这种“静”的工夫还是持一种保守的态度。为了将这个问题说清楚,我们不妨对朱熹关于“静”的工夫进行简单的梳理。朱熹说:

人若于日间闲言语省得一两句,闲人客省见得一两人,也济事。若浑身都在闹场中,如何读得书!人若逐日无事,有见成饭吃,用半日静坐,半日读书,如此一二年,何患不进!②

这便是朱熹“半日静坐,半日读书”的主静工夫的由来。然而这并非朱熹对主静工夫的积极表态。实际上,朱熹对这种“静”的工夫一直不满。朱熹说:“若以为截然有一时是未发时,一时是已发时,亦不成道理。今学者或谓每日将半日来静做工夫,即是有此病也。”③于是,他在谈学、思问题时做了一些调整:

只是未能如此,便去学做。如未识得这一个理,便去讲究,要识得,

① 黎靖德编:《朱子语类》(卷第一百二十五),第3003页。
② 黎靖德编:《朱子语类》(卷第一百一十六),第2806页。
③ 黎靖德编:《朱子语类》(卷第六十二),第1509页。

也是学;未识得这一个书,便去读,也是学;未晓得这一件事,去问人如何做,便也是学。问人,便是依这本子做去;不问人,便不依本子,只鹘突杜撰做去。学是身去做,思只是默坐来思。①

这里虽然对“默坐”工夫持肯定的态度,但也只是停留在“思”这个维度上。在朱熹的伦理工夫中,虽然他并未完全关闭“默坐”的工夫法门,但显然他有意无意中限制了它的应用范围。《朱子语类》记载说:

问择之云:“先生作《延平行状》,言‘默坐澄心,观四者未发已前气象’,此语如何?”曰:“先生亦自说有病。”后复以问。先生云:“学者不须如此。某少时未有知,亦曾学禅,只李先生极言其不是。后来考究,却是这边味长。才这边长得一寸,那边便缩了一寸,到今销铄无余矣。”②

对于这个问题,朱熹将其修改为“今以半日看义理文字,半日类《礼书》,亦不妨”。③ 这或许更贴近朱熹后来的治学本意。若我们将朱熹主静的工夫论做下面这种选取,可能更符合他最初的想法。朱熹说:

谓虽未曾说出来时,存于心中者,已断是如此了,然后用得戒慎恐惧存养工夫。所以必用如此存养者,犹恐其或有时间断故耳。④

然而这明显已经是一种主“敬”的工夫了,这需要留到后面再详加讨论。陈来指出:

① 黎靖德编:《朱子语类》(卷第二十四),第584页。
② 黎靖德编:《朱子语类》(卷第一百四),第2620页。
③ 黎靖德编:《朱子语类》(卷第一百四),第2192页。
④ 黎靖德编:《朱子语类》(卷第九十七),第2489—2490页。

> 理学家因出入佛教禅宗,也注意到这一心理体验,然而与佛教不同,他们企图把这种内心体验作为提高人的品格境界和心性修养的手段。这是由于,内心体验的结果很大程度上与主体的潜意识有关,即体验者为这种体验规定的目的:是追求宗教心理境界,还是追求道德心理境界。①

这或许是朱熹关注延平“默坐澄心”工夫的另一个面向的表达。实际上,朱熹的“默坐澄心”的工夫也可被看成他“已发未发”思想中“未发”体验的一个显著特征。

(二)“动”之工夫论

朱熹“动”的工夫论主要指他求教胡五峰、张南轩时所习得的“察识”工夫。李延平等道南学派的“默坐澄心”并未让朱熹真有所获,相反这种主静的工夫使朱熹加大了对儒家和佛家的“明心见性”工夫的疑惑。于是,当了解到湖湘学派存在着不同于道南学派的主“动”工夫,朱熹便起了造访张南轩的念头。在朱熹看来,张南轩的“察识涵养”工夫可能是他寻求到的解决疑惑的有效方案。陈来指出:“张栻向朱熹介绍的湖湘之学主要是察识端倪的内容。”②

朱熹与张南轩见过三次面③,其中也有书信往来,其目的则在于企求化解心中之惑。“延平卒后,烦扰朱子者为未发之问题。”④我们同样可以从朱熹的诗中看到他这种忧虑之情:

---

① 陈来:《朱子哲学研究》,第185页。

② 陈来:《朱子哲学研究》,第199页。

③ 根据刘述先的记载,其中两次见面匆忙,一次共登衡山。刘述先:《朱子哲学思想的发展与完成》,第79—80页。

④ 刘述先:《朱子哲学思想的发展与完成》,第89页。

> 昔我抱冰炭，从君识乾坤。始知太极蕴，要眇难名论。
> 谓有宁有迹，谓无复何存？惟应酬酢处，特达见本根。
> 万化自此流，千圣同兹源。旷然远莫御，惕若初不烦。
> 云何学力微？未胜物欲昏。涓涓始欲达，已被黄流吞。
> 岂知一寸胶，救此千丈浑！勉哉共无致，此语期相敦。①

由此可见他去拜访张南轩时心中的疑虑之深。其实，朱、张二人早已相识，此次朱熹去找张南轩，应该是带着关于"已发未发"的问题去的。这也就决定了他在此诗中一开始就用"冰炭"之感来表露自己的疑问。可以说，李延平确实对朱熹由佛门返回儒门有接引之功，但他的"默坐澄心"也确实让朱熹在内心体悟上出现了矛盾。他一时不知如何去化解这些工夫上的冲突。

总体来说，李延平的"默坐澄心"的工夫论与朱熹的个人体悟无法契合，由此他才产生求道南轩之心。朱熹"从南轩处较进一步学到了湖湘一派的心法，得益非浅"。② 这时，朱熹的伦理工夫论不再停留于主静的"默坐澄心"，而开始向张南轩的"察识涵养"转移。于是，用牟宗三认为的"横的静摄系统"③来形容这一时期的朱熹思想较为合适。

朱熹伦理学的"察识涵养"，可从他与张南轩的书信中见到端倪：

> 人自有生即有知识，事物交来，应接不暇，念念迁革，以至于死，其间初无顷刻停息，举世皆然也。然圣贤之言，则有所谓未发之中，寂然不动者。夫岂以日用流行者为已发，而指夫暂而休息，不与事接之际为

---

① 朱熹：《朱子全书》（第 20 册），第 387 页。

② 刘述先：《朱子哲学思想的发展与完成》，第 81 页。

③ 牟宗三：《心体与性体》（第 3 册），第 71 页。牟宗三虽一直认为朱熹的思想系统为"横的静摄系统"，而杨时等道南学派等为纵贯系统，但这种说法值得商榷。特别是他提出的朱熹"对凡自纵贯系统而立言者皆斥之为禅"（第 72—73 页）的讲法，也值得再思考。不过，将朱熹在遇到张南轩之前的思想系统判定为"横的静摄系统"，较为合理。

未发时耶?尝试以此求之,则泯然无觉之中,邪暗郁塞,似非虚明应物之体,而几微之际,一有觉焉,则又便为已发,而非寂然之谓。盖愈求而愈不可见,于是退而验之于日用之间,则凡感之而通,触之而觉,盖有浑然全体应物而不穷者。是乃天命流行、生生不已之机,虽一日之间万起万灭,而其寂然之本体则未尝不寂然也。所谓未发,如是而已,夫岂别有一物,限于一时,拘于一处,而可以谓之中哉?然则天理本真,随处发见,不少停息者,其体用固如是,而岂物欲之私所能壅遏而梏亡之哉?故虽汨于物欲流荡之中,而其良心萌蘖,亦未尝不因事而发见。学者于是致察而操存之,则庶乎可以贯乎大本达道之全体而复其初矣。不能致察,使梏之反复,至于夜气不足以存而陷于禽兽,则谁之罪哉?周子曰:“五行,一阴阳也;阴阳,一太极也;太极,本无极也。”其论至诚,则曰:“静无而动有。”程子曰:“未发之前更如何求?只平日涵养便是。”又曰:“善观者,却于已发之际观之。”二先生之说如此,亦足以验大本之无所不在、良心之未尝不发也。①

此为朱熹与张南轩讨论中和旧说的第一书。牟宗三和刘述先在各自的著作中将其全文引用,可见此书信在朱熹“已发未发”问题上的重要性。同时,此书信也将朱熹的“察识涵养”工夫介绍得十分详尽。为了将这个问题说清楚,我们可以借助牟宗三的解读:

此书所论,要点是以“天命流行,生生不已之机”为未发之中体。此中体亦得曰“天理本真”,亦得曰本心或良心。至于工夫则是“致察而操存”此本心或良心,由“良心萌蘖”、“因事而发见”而“致察而操存之”。“致察”是致察此良心之发见,“操存”是操存此本心或良心。能“致察而操存之,则庶乎可以贯乎大本达道之全体而复其初矣”。此句是落在

---

① 朱熹:《朱子全书》(第21册),第1315—1316页。

“致中和”上说。①

牟宗三认为，朱熹在李延平处体会到“未发之中，寂然不动”中的“天理本真”之体，也就是本心或良心。对于朱熹体会到的“致察而操存之，则庶乎可以贯乎大本达道之全体而复其初矣”工夫，牟宗三进一步指出：

> 此书言致察是察此良心之发见，操存是存此本心良心而不令放失。如此言工夫，是孟子“求放心”之路。（“学问之道无他，求其放心而已矣。”）“致察而操存之”，则本心呈现。“贯乎大本达道之全”，此即“扩而充之”“沛然莫之能御”之义。致察与操存唯施于此本心，亦明道“学者须先识仁……识得此理，以诚敬存之而已”之义。胡五峰一系亦是此路。如胡五峰言“先识仁之体”，胡广仲、胡伯逢、吴晦叔等言“观过知仁”，“先有知识”，皆是表示致察与操存唯施于此本心，工夫唯是在使此本心呈现上用。因而有“先察识后涵养”之说。先察识者即“学者须先识仁”“先识仁之体”之谓也。察、存虽可同时，然在义理次序上说“先察识后涵养”并无过。此先后之语唯在明工夫之本质的关键，非于涵养有所轻忽也。朱子此书所说，其辞语所表示之方向亦是此路。②

在这里，牟宗三将朱熹“动”的工夫论揭示了出来。朱熹也正是在这种思路的作用下，由“默坐澄心”转为“察识涵养”。张南轩的“动”的工夫论虽有一定的说服力，但还是无法让朱熹参透湖湘学派的工夫法门。这一时期，朱熹的思想明显是混乱的。刘述先总结道：

> 朱子此时从南轩处较进一步学到湖湘一派的心法，得益非浅。其

---

① 牟宗三：《心体与性体》（第3册），第83页。
② 牟宗三：《心体与性体》（第3册），第85—86页。

实他仍未必真正就把握到五峰一系的思想型态,以是在表面上,这一派入手的方法与他素常体验的彼此相合而已。“惟应酬酢处,特达见本根”,这决不是默坐澄心的先培养隔离的智慧的方法。朱子的“万化自此流,千圣同兹源”,与南轩的“超然会太极,眼底无全牛”,显然有一契合。由此可见,两人论学,始违而终合。①

刘述先最后认定说:“经过这番讲论之后,朱子忽有所悟,乃有致南轩之几通书信论及中和,即所谓中和旧说者。”②但我们明显可以发现,这个“忽有所悟”,只是道南之说和湖湘之说形成了暂时的平衡而已。

总之,与张南轩相见后,朱熹在一定程度上与张南轩达成心灵感通。但是他又深感湖湘的“察识心法”不如李延平的境界高深,这就导致他无法放弃李延平传给他的道南学派的静坐心法。两种思想在朱熹心中矛盾地共存着,这让他颇为困惑。但他一时也找不到化解这种思想冲突的途径。可以说,朱熹此时内心的纠结并未帮他解决道南学派的问题,反而加深了他对两种思想共存的怀疑。

第二节　主静和主动工夫的分离与融合

朱熹伦理学的二元结构,决定了我们在讨论他的“敬”思想时也必须紧扣形而上与形而下两个面向。他的伦理学的形而上面向主要表现为对“未发”思想的坚守,而形而下面向则主要表现为“已发”思想的“中节”。一般认为,朱熹的思想经过己丑之悟后,他的“未发”工夫已经完全被“已发”工夫替代。学者们重视他在己丑年与蔡季通讨论时,“言未发之旨,问辨之际,忽

① 刘述先:《朱子哲学思想的发展与完成》,第 81 页。
② 刘述先:《朱子哲学思想的发展与完成》,第 81 页。

然自疑。遂急转直下,而有新说之发端与完成”[1],认为此时朱熹开始走上了中和新说的道路。这种理解并非没有道理,却忽视了一个问题:从此之后,“未发”思想是否为朱熹所抛弃,还是“未发”思想继续与朱熹纠缠在一起?也就是说,此时“已发”和“未发”,不能只被看成时间前后的关系,还应该看到它们在朱熹思想中同时存在这一层。而关于这一点,必须将“已发未发”问题放置于朱熹伦理学的二元结构的理论中方可知晓。

我们在前文大量阐述朱熹伦理学的二元结构,其目的就在于为“已发”和“未发”的讨论进行理论铺垫。实际上,“已发”与“未发”,它们分别代表了朱熹伦理学的二元存在样态,这也决定了我们对朱熹伦理学的分析,不能像对其他伦理学家的思想一样,只关注其中一个面向,而必须同时考虑两个面向。于是,“已发”和“未发”问题,便成为理解朱熹伦理学的内涵,及朱熹伦理学的核心——“敬”思想的关键。

一、朱熹伦理思想中的“未发”工夫

(一)“未发”问题的由来

朱熹的“未发”思想可追溯到《中庸》中的“喜怒哀乐之未发,谓之中;发而皆中节,谓之和”。[2] 朱熹思想中对“已发未发”问题的处理又被后世学者称为“中和”问题。陈来指出:

> 朱熹早年的中和思想曾经有过两次重要演变,第一次即序中所谓“一日喟然叹曰”的见解,学者一般称为“中和旧说”(王白田《年谱》以中和旧说悟于乾道丙戌,故亦称丙戌之悟);第二次即序中所说“己丑之

---

① 刘述先:《朱子哲学思想的发展与完成》,第96页。

② 朱熹:《四书章句集注》,第20页。

春"的"冻解冰释"，一般称为己丑之悟。[①]

朱熹的"未发"思想，即学者们所称的"中和旧说"，常被认为只源于李延平的道南指诀。[②] 实际上，除了李延平的道南思想，两宋以来禅宗的"援儒卫释"[③]思想也不能被忽视。钱穆在整理两宋思想史时就指出一例：

> 契嵩以一僧人，极重儒道，盛推《中庸》，而曰学《中庸》主要在学礼乐。其言礼乐，所指不在佛门，而更要在俗世所谓之王道。其重学、重礼乐、重王道，皆于程朱为近，与陆王为远。[④]

从某种程度上说，道南思想与禅宗思想是朱熹"未发"思想的直接来源。于是，对朱熹未发思想的阐释，需要从这两个方面进行论述。

1.道南学派

关于道南学派，他们"默坐澄心"的工夫法门，坚守"放心"的工夫依旧，有着独特的工夫次第。可以说，在静坐中体悟天理，确实是一种"易简"的方法。我们从陆九渊的诗句"易简工夫终久大，支离事业竟浮沉"中可以了解他的思想。因此，在坚持儒家本心，又直指人心方面，道南学派与陆九渊可谓异曲同工。

可以说，道南学派坚持"未发"的修养工夫，关注点只在坚守住儒家本心，即天理应然；在此基础上，抑制住佛家的"净"的本体论，似乎就可以完

① 陈来：《朱子哲学研究》，第188页。

② 陈来指出："李侗从学罗从彦时，罗从彦引导李侗'于静中看喜怒哀乐未发时作何气象'，这是继承了程门杨时一派'体验于未发之前'的修养宗旨，意思是说要努力体验喜怒哀乐没有发作时的内心状态。理学认为真正体验到这种状态，加以保持，并在感情发作时使之中节，人就可以达到一个道德的境界。故朱熹曾指出'此乃龟山门下相传指诀'。"陈来：《朱子哲学研究》，第188—189页。

③ 钱穆：《钱宾四先生全集》，第116页。

④ 钱穆：《钱宾四先生全集》，第131页。

成工夫次第。在这一派的工夫法门中,佛家在某种程度与其达到了“佛与儒合”,却是各正性命式的融合。因此,在这一时期很难爆发激烈的儒佛对抗。

这就是说,主张坚持“未发”工夫,既坚持了儒家的“天理性命”,又融合了百姓的“易简工夫”需求,这似乎是一条可行的路。但这种工夫,与佛老之法十分相似,这成为朱熹一直批判道南学派“近禅”的主要原因。他称游定夫的学说为“七圣皆迷”[①]之说。朱熹说:“游氏‘守静以复其本’,此语有病。守静之说,近于佛老,吾圣人却无此说。”[②]他称谢上蔡“杂佛老”[③],并说“程门高弟如谢上蔡、游定夫、杨龟山辈,下梢皆入禅学去”[④]。他更认为“道南之祖”杨龟山有畏佛之嫌:“龟山张皇佛氏之势,亦如李邺张皇金虏也。”[⑤]朱熹的弟子也评论说:“游定夫之说,多入于释氏。龟山亦有分数。”[⑥]对杨龟山的后学,他又指出几近于禅。他在与董铢的对话中,将这一现象披露殆尽:

> 问:“龟山言:‘道非礼,则荡而无止;礼非道,则梏于器数仪章之末。’则道乃是一虚无恍惚无所准则之物,何故如此说‘道’字?”曰:“不可晓。此类甚多。”因问:“如此说,则似禅矣。”曰:“固是。其徒如萧子庄、李西山、陈默堂皆说禅。龟山没,西山尝有佛经疏追荐之。唯罗先生却是着实子细去理会。某旧见李先生时,说得无限道理,也曾去学禅。李先生云:‘汝恁地悬空理会得许多,而面前事却又理会不得!道亦无玄妙,只在日用间着实做工夫处理会,便自见得。’后来方晓得他

---

① 程门诸公都爱说玄妙,游氏便有“七圣皆迷”之说。见《朱子语类》(卷第六十三),第1533页。

② 黎靖德编:《朱子语类》(卷第六十),第1433页。

③ 黎靖德编:《朱子语类》(卷第一百一),第2558页。原文为:“蔡云:‘上蔡也杂佛老。’曰:‘只他见识又高。’蔡云:‘上蔡老氏之学多,龟山佛氏之说多,游氏只杂佛,吕与叔高于诸公。’曰:‘然。这大段有筋骨,惜其早死!若不早死,也须理会得到。’”

④ 黎靖德编:《朱子语类》(卷第一百一),第2556页。

⑤ 黎靖德编:《朱子语类》(卷第一百一),第2574页。

⑥ 黎靖德编:《朱子语类》(卷第一百一),第2556页。

说,故今日不至无理会耳。"[①]

可见道南一脉,受禅学影响甚深。这是朱熹对先辈的看法。对于他的学生,他更加强调这种工夫的问题:

> 某向年过江西与子寿对语,而刘淳叟、尧夫独去后面角头坐,都不管,学道家打坐。被某骂云:"便是某与陆文言不足听,亦有数年之长,何故恁地作怪。"[②]

可见朱熹对"未发"工夫的警惕。

2.援儒卫释

道南一脉中受禅宗思想影响的人物较多,这与当时禅学发展中契嵩一脉主张的入世思想难以分离。实际上,不仅是契嵩,其弟子宗杲的"儒佛相浸"思想,也在两宋影响巨大。禅宗主张关注《中庸》,对道南一脉的影响不可忽视。钱穆曾认为:"盖自唐李翱以来,宋人尊《中庸》,似无先于智圆者。"[③]也就是说,禅宗对《中庸》的关注要早于北宋儒家。契嵩说的"然佛吾道也,儒亦窃尝闻之"[④],也许是这种思想的进一步表达。洪淑芬甚至认为,"他对《中庸》的阐述可谓冠乎当时的群儒"。[⑤] 在这个背景下,余英时等认为,《中庸》在北宋时期应该是从佛家流回儒门的。[⑥]

同时,陈来指出:"从杨时到李侗,道南一派极力推崇《中庸》的伦理哲

---

① 黎靖德编:《朱子语类》(卷第一百一),第2568页。
② 黎靖德编:《朱子语类》(卷第一百二十),第2911—2912页。
③ 钱穆:《钱宾四先生全集》,第107页。
④ 释契嵩:《镡津文集校注》,第13页。
⑤ 洪淑芬:《儒佛交涉与宋代儒学复兴:以智圆、契嵩、宗杲为例》,第372页。
⑥ 余英时:《朱熹的历史世界:宋代士大夫政治文化的研究》,第86页。

学，尤其注重其中的未发已发说。”①我们将这两件事放在一起，关于禅宗对道南学派的影响就不难理解了。朱熹说：

> 程门诸子在当时亲见二程，至于释氏，却多看不破，是不可晓。观《中庸说》中可见。如龟山云：‘吾儒与释氏，其差只在秒忽之间。’某谓何止秒忽？直是从源头便不同！②

对于谢上蔡，朱熹指出：“上蔡之学，初见其无碍，甚喜之。后细观之，终不离禅底见解。”③从以上可以看出，禅宗对《中庸》的关注，也是朱熹“未发”思想的来源。

实际上，“未发”的工夫常为佛家所体悟。孤山智圆对《中庸》的理解，运用了儒佛会通的思想，他将儒家的“中庸”与佛学的“中道”关联起来。我们略举两例以示其意。《中庸》说：

> 子曰：“道之不行也，我知之矣，知者过之，愚者不及也；道也不明也，我知之矣，贤者过之，不肖者不及也。”④

《四十二章经》说：

> 有沙门夜诵经，甚悲！意有悔疑，欲生思归。佛呼沙门，（佛）问之：

---

① 陈来指出：“朱熹早年最重要的老师是李侗（延平），李侗学出罗从彦（豫章），罗从彦受业于二程高弟杨时（龟山）。龟山—豫章—延平—考亭这一传承系统一般称为道南学派。然而，如果仅仅从师承着眼，不能理解道南的特点及道南发展到朱熹出现的重大变化，就不能认识理学由北宋到南宋的发展，也就不能认识朱熹出现的意义以及朱熹早期思想演变的基本线索。”（陈来：《朱子哲学研究》，第183页）

② 黎靖德编：《朱子语类》（卷第一百一），第2558页。

③ 黎靖德编：《朱子语类》（卷第一百一），第2559页。

④ 朱熹：《四书章句集注》，第25页。

“汝处于家,将阿修为?”对曰:“恒弹琴。”佛言:“弦缓何如?”曰:“不鸣矣。”“弦急何如?”曰:“声绝矣。”“急缓得中何如?”“诸音普善。”佛告沙门:“学道犹然,执心调适,道可得矣。”①

我们将《中庸》与《四十二章经》进行对比便会发现,《中庸》的“过犹不及”类似于佛理中的“中道”思想,而《四十二章经》中的“急缓得中”也类似于儒学中的“中庸”思想。洪淑芬指出:“就方法上的运用而言,儒之‘中庸’与佛之‘中道’确实有异曲同工之处。”②

因此,道南学派和禅宗对《中庸》的重视,应是“未发”思想的来源之一。

(二)“未发”问题的“主静”工夫进路

杨慧杰认为:“朱子辟佛、老,守静与静坐遂成为他所辟的理由之一……由儒家看,一切求静遗物的修养,都是不近人情的矫作。”③杨慧杰的判断或许值得商榷。“未发”的工夫进路往往以静坐的方式呈现,它表现为一种以“默坐澄心”的方式来达到“求放心”的实践工夫取向。在朱熹看来,这是一种直达心性本体的工夫。朱熹曾说:“静坐自是好。近得子约书云:‘须是识得喜怒哀乐未发之本体。’此语尽好。”④可见,静坐并不是朱熹辟佛老的缘由。朱熹确实对“明心见性”之法心存怀疑,但这不代表朱熹放弃了“守静”和“静坐”的工夫。朱熹谈涵养时曾说:“某如今虽便静坐,道理自见得。未能识得,涵养个甚!”⑤可见,他对静坐的工夫进路是十分在意的。

朱熹认为,人如果一直在喧闹的环境中,是无法静下心来读书的。他曾经提议人在无事可做的时候,“半日静坐,半日读书”。如果一个人能坚持这样一至两年,学问必大有长进。在今天看来,朱熹的这种方法是可行的。我

---

① [日]高楠顺次郎:《四十二章经》,载《大正新修大藏经》(第17卷),第723页。
② 洪淑芬:《儒佛交涉与宋代儒学复兴:以智圆、契嵩、宗杲为例》,第378页。
③ 杨慧杰:《朱熹伦理学》,第94—95页。
④ 黎靖德编:《朱子语类》(卷第一百四),第2622页。
⑤ 黎靖德编:《朱子语类》(卷第九),第152页。

们的学习既需要努力,也需要适当的休息。这也就是所谓的"劳逸结合"。但这里,还是要注意一个"度"的问题。所谓"半日",是一个"度"的限制。它不是一个确定的时间上的表达,而是一个中庸式的限度。否则,一直"静坐",慢慢就流入禅中去了。这一点是需要注意的。除此之外,朱熹在谈读书问题时,颇为注重"静坐"工夫。他说:

今人看文字,多是以昏怠去看,所以不子细。故学者且于静处收拾教意思在里,然后虚心去看,则其义理未有不明者也。

昔陈烈先生苦无记性。一日,读《孟子》"学问之道无他,求其放心而已矣",忽悟曰:"我心不曾收得,如何记得书!"遂闭门静坐,不读书百余日,以收放心;却去读书,遂一览无遗。

…………

读书闲暇,且静坐,教他心平气定,见得道理渐次分晓。这个却是一身总会处。且如看《大学》"在明明德"一句,须常常提醒在这里。他日长进,亦只在这里。人只是一个心做本,须存得在这里,识得他条理脉络,自有贯通处。①

当然,为了防止后世对"静坐"工夫的误用,他也提出了相应的警告:

问:"尝学持敬。读书,心在书,为事,心在事,如此颇觉有力。只是瞑目静坐时,支遣思虑不去。或云,只瞑目时已是生妄想之端。读书心在书,为事心在事,只是收聚得心,未见敬之体。"曰:"静坐而不能遣思虑,便是静坐时不曾敬。敬只是敬,更寻甚敬之体?似此支离,病痛愈多,更不曾做得工夫,只了得安排杜撰也。"②

① 黎靖德编:《朱子语类》(卷第十一),第177—178页。

② 黎靖德编:《朱子语类》(卷第一百二十),第214页。

朱熹如此重视“静坐”工夫,那这种“静坐”如何进行呢?朱熹说:

曰:“静坐只是恁静坐,不要闲勾当,不要闲思量,也无法。”问:“静坐时思一事,则心倚靠在事上,不思量,则心无所倚靠,如何?”曰:“不须得倚靠。若然,又是道家数出入息,目视鼻端白一般。他亦是心无所寄寓,故要如此倚靠。若不能断得思量,又不如且恁地,也无害。”①

实际上,朱熹从未放弃道南学派的“静坐”工夫,而是将这个“未发”工夫加以整理和限定。朱熹说:“‘明道教人静坐,李先生亦教人静坐。盖精神不定,则道理无凑泊处。’又云:‘须是静坐,方能收敛。’”②下面我们将朱熹的“静坐”工夫进路略作整理:

静坐无闲杂思虑,则养得来便条畅。

或问:“疲倦时静坐少顷,可否?”曰:“也不必要似禅和子样去坐禅方为静坐。但只令放教意思好,便了。”

始学工夫,须是静坐。静坐则本原定,虽不免逐物,及收归来,也有个安顿处。譬如人居家熟了,便是出外,到家便安。如茫茫在外,不曾下工夫,便要收敛向里面,也无个着落处。

…………

静坐非是要如坐禅入定,断绝思虑。只收敛此心,莫令走作闲思虑,则此心湛然无事,自然专一。

…………

今虽说主静,然亦非弃事物以求静……动时,静便在这里。动时也有静,顺理而应,则虽动亦静也……惟动时能顺理,则无事时能静;静时

---

① 黎靖德编:《朱子语类》(卷第一百二十),第2885页。

② 黎靖德编:《朱子语类》(卷第十二),第216页。

能存，则动时得力。须是动时也做工夫，静时也做工夫，两莫相靠，使工夫无间断，始得。若无间断，静时固静，动时心亦不动，动亦静也……动、静，如船之在水，潮至则动，潮退则止，有事则动，无事则静。①

可见，朱熹谈静坐工夫，是对“未发”本体的一种坚守。而这种坚守，在他谈“诚意”时亦有表现：

诚意，只是表里如一。若外面白，里面黑，便非诚意。今人须于静坐时见得表里有不如一，方是有工夫。如小人见君子则掩其不善，已是第二番过失。②

又如：

“自诚明，谓之性。”诚，实然之理，此尧舜以上事。学者则“自明诚，谓之教”，明此性而求实然之理。经礼三百，曲礼三千，无非使人明此理。此心当提撕唤起，常自念性如何善？因甚不善？人皆可为尧舜，我因甚做不得？立得此后，观书亦见理，静坐亦见理，森然于耳目之前！③

朱熹的“主静”思想也被其弟子接受：

道夫言：“罗先生教学者静坐中看‘喜怒哀乐未发谓之中’，未发作何气象。李先生以为此意不惟于进学有力，兼亦是养心之要。而《遗书》有云：‘既思，则是已发。’昔尝疑其与前所举有碍，细思亦甚紧要，不可以不考。”直卿曰：“此问亦甚切。但程先生剖析毫厘，体用明白；罗先

① 黎靖德编：《朱子语类》（卷第十二），第216—218页。
② 黎靖德编：《朱子语类》（卷第十六），第334页。
③ 黎靖德编：《朱子语类》（卷第六十四），第1567页。

生探索本源,洞见道体。二者皆有大功于世。善观之,则亦‘并行而不相悖’矣。况罗先生于静坐观之,乃其思虑未萌,虚灵不昧,自有以见其气象,则初未害于未发。苏季明以‘求’字为问,则求非思虑不可,此伊川所以力辨其差也。”①

(三)“未发”工夫的价值

主静的“未发”工夫既然没有被朱熹抛弃,就说明它本身有存在的价值。首先,主静是本体的坚守。朱熹说:“静为主,动为客。静如家舍,动如道路。”②其次,主静是“察识涵养”等“已发”工夫的基础,无静难动。朱熹说:“人身只有个动、静。静者,养动之根;动者,所以行其静。动中有静,如‘发而皆中节’处,便是动中之静。”③再次,主静是为学次第的一个层级,是师者判定后学是否入道的一个方便法门。朱熹说:“静便定,熟便透。”④朱熹在与门人的对答中,对这个观点进行了阐述:

问:“动、静两字,人日间静时煞少,动时常多。”曰:“若圣人动时亦未尝不静,至众人动时却是胶扰乱了。如今人欲为一事,未尝能专此一事,处之从容不乱。其思虑之发,既欲为此,又欲为彼,此是动时却无那静也。”⑤

可见,“主静”工夫不是在朱熹己丑之悟后便可被替代的工夫取向。因此,我们在面对朱熹的己丑之悟时,切记不要滑落至“顿悟”的工夫陷阱。虽然,从朱熹自己给出的文本中,说他与蔡季通讨论时“言未发之旨,问辨之

① 黎靖德编:《朱子语类》(卷第一百二),第2596页。
② 黎靖德编:《朱子语类》(卷第十二),第219页。
③ 黎靖德编:《朱子语类》(卷第十二),第219页。
④ 黎靖德编:《朱子语类》(卷第十二),第219页。
⑤ 黎靖德编:《朱子语类》(卷第十二),第219页。

际，忽然自疑。遂急转直下，而有新说之发端与完成”[1]，但这并不能说明朱熹在察识到“已发”工夫后，就断然抛弃了道南学派的“未发”工夫。朱熹说：“看文字罢，常且静坐。”[2]“（程子）见人要多虑，且教人收拾此心耳。初学亦当如此。”[3]也就是说，“未发”的工夫价值实际上在朱熹的伦理工夫论中一直存在。陈来说：

> 所谓体验未发，是要求体验者超越一切思维和情感，以达到一种特别的心理体验。其基本方法是最大限度地平静思想和情绪，使个体的意识活动转而为一种心理的直觉状态，在这种高度沉静的修养中，把注意力完全集中到内心，成功的体验者常常会突发地获得一种与外部世界融为一体的浑然感受。因而，道南宗旨在本质上看是直觉主义的，从理学家常常谈到这种体验来看，这种体验在个体表现上虽有种种差别，其实在性则不必怀疑。[4]

因此，“未发”和“已发”工夫在朱熹这里不能被视为前后关系，而应被视为主次关系。也就是说，在已丑之悟之前，“未发”的工夫法门是朱熹伦理工夫的主要方面；在已丑之悟之后，“已发”工夫是朱熹伦理工夫的主要方面。二者的区分大致如此。

朱熹在治学过程中，一直强调“静时不思动，动时不思静。静中动，起念时。动中静，是物各付物”。[5] 在这里，朱熹对主静的作用没有怀疑，只是对主静的工夫指向作了规定。朱熹说：

---

① 刘述先：《朱子哲学思想的发展与完成》，第 96 页。

② 黎靖德编：《朱子语类》（卷第一百一十六），第 2794 页。

③ 黎靖德编：《朱子语类》（卷第一百一十五），第 2779 页。

④ 陈来：《朱子哲学研究》，第 184 页。

⑤ 黎靖德编：《朱子语类》（卷第十二），第 219 页。

> 大率为学虽是立志,然书亦不可不读,须将经传本文熟复。如仲思早来所说专一静坐,如浮屠氏块然独处,更无酬酢,然后为得;吾徒之学,正不如此。遇无事则静坐,有书则读书,以至接物处事,常教此心光瞻瞻地,便是存心。岂可凡百放下,只是静坐!向日蜚卿有书,亦说如此。某答之云:“见有事自那里过,却不理会,却只要如此,如何是实下工夫!”①

朱熹只是强调佛家静坐或主静工夫的指向不是“专一静坐”,而是“无事则静坐”。他之前骂刘淳叟、尧夫“静坐”,不是因为他们静坐,而是因为他们“独去后面角头坐,都不管,学道家打坐”。② 先生会客,门人不理会,这在朱熹看来是很无礼的行为。他们被骂,不是静坐工夫出了问题,而是静坐的时机出现了问题。所以朱熹才说他们“学道家”。两宋时期佛、道之间的静坐法门实际差别不大,只是目标不同。所以这里朱熹骂门人“学道家”,也隐含着朱熹说他们“学佛家”之义。

综上,我们将朱熹的“未发”的主静工夫的由来、工夫进路及存在价值梳理完毕。我们既看到了“主静”工夫的为学意义与价值,也从朱熹的批评中看到了“主静”工夫存在的诸多问题。为了解决这些问题,朱熹将目光指向了己丑之后的“已发”问题,即“察识涵养”问题。

二、朱熹伦理思想中的“已发”工夫

朱熹虽然肯定了自道南学派以来的主静工夫,但在教授弟子及个人的思考之中,依然发现了主静工夫的诸多问题。朱熹说:

---

① 黎靖德编:《朱子语类》(卷第一百一十五),第 2775 页。

② 黎靖德编:《朱子语类》(卷第一百二十),第 2911 页。

明道亦说静坐可以为学，谢上蔡亦言多着静不妨。此说终是小偏。才偏，便做病。道理自有动时，自有静时。学者只是‘敬以直内，义以方外’。见得世间无处不是道理，虽至微至小处亦有道理，便以道理处之。不可专要去静处求。所以伊川谓“只用敬，不用静”，便说得平。也是他经历多，故见得恁地正而不偏。若以世之大段纷扰人观之，若会静得，固好；若讲学，则不可有毫发之偏也。如天雄、附子，冷底人吃得也好；如要通天下吃，便不可。[①]

在已丑之悟前，主静的工夫法门一直让朱熹无法顿见。于是，求教湖湘便成为他工夫进路的第二个选择。这时对主静工夫的不满，是促使他求教湖湘学派察识涵养工夫的动因。但这里便有三个问题需要解决：一是朱熹“已发”工夫产生的时间该如何界定？是他选择求道湖湘之时，还是已丑之悟时？这其实是一个顿教与渐教的问题。二是朱熹的“已发”工夫是一个阶段，还是分为两个阶段？也就是说，如果我们将求道湖湘当成朱熹“已发”思想的第一个阶段，已丑之悟后是第二个阶段，是否具有合理性与合法性？三是朱熹的“已发”工夫只是其“敬”思想的代名词，还是包括其他内容？这些都需要我们一一澄清。

（一）“已发”工夫的时间界定

朱熹“已发”工夫的时间界定，是他选择求道湖湘之时，还是刘述先指出的与蔡季通讨论时“言未发之旨，忽然自疑”的已丑之悟之时，这是需要讨论的。刘述先给出的结论是“急转直下，而有新说之发端与完成”。这似乎没有给出一个清晰的结论。

一个需要被我们重视的问题是，朱熹的思想难以用顿教的方式来阐释。“格物致知”的内心体悟，才是他求学的主要工夫次第。由此来看，刘述先在

① 黎靖德编：《朱子语类》（卷第一百二），第 2596—2597 页。

这里的表述，明显是用了顿教的判定方法。在朱熹看来，"顿悟之说，非学者所宜尽心也，圣人所不道"。[①] 同时，顿教工夫一直为朱熹所反对。朱熹说：

某也曾见丛林中有言"顿悟"者，后来看这人也只寻常。如陆子静门人，初见他时，常云有所悟；后来所为，却更颠倒错乱。看来所谓"豁然顿悟"者，乃是当时略有所见，觉得果是净洁快活。然稍久，则却渐渐淡去了，何尝倚靠得！[②]

同样，他反对陆九渊的求道工夫。在关于"顿悟"的问题上，朱熹与弟子有一段对话：

许行父谓："陆子静只要顿悟，更无工夫。"曰："如此说不得。不曾见他病处，说他不倒。大抵今人多是望风便骂将去，都不曾根究到底。见他不是，须子细推原怎生不是，始得，此便是穷理。既知他不是处，须知是处在那里；他既错了，自家合当如何，方始有进。"[③]

这里，朱熹对陆九渊及其门人的批评虽不及上面那样直白，但也代表了当时学人对陆九渊及其门人采取"主静"以求"顿悟"方便法门的质疑。朱熹说：

陆子静云："读书讲求义理，正是告子义外工夫。"某以为不然。如子静不读书，不求义理，只静坐澄心，却似告子外义。[④]

需要注意的是，朱熹在这里所反对的，不是"静坐澄心"的工夫，而是以

① 黎靖德编：《朱子语类》（卷第九），第 159—160 页。
② 黎靖德编：《朱子语类》（卷第一百一十四），第 2763 页。
③ 黎靖德编：《朱子语类》（卷第一百二十四），第 2983 页。
④ 黎靖德编：《朱子语类》（卷第五十二），第 1264 页。

“静坐澄心”达到“顿悟”的求学思路。朱熹说:“行事上固要见,无事时亦合理会。如看古人书,或静坐,皆可以见。”[①]可见,以静坐为特征的“未发”工夫并没有被朱熹抛弃,他抛弃的是类似佛家的“顿教”工夫。

当讨论到这一层,朱熹“已发”工夫的起点,就绝非与蔡季通谈话时的那一“悟”,而是在求道湖湘的时候就已经开始,只是一时未解而已。朱熹这种“渐教”的方式,在他从四见延平到己丑之悟的佛儒转化中,亦可显见。[②]

也就是说,朱熹在对道南学派“默坐澄心”的主静工夫产生困惑的时候,造访湖湘是他“已发”工夫的开始,而己丑之悟应该是“已发”工夫的完成。

刘述先认为,朱熹与张南轩见面应该在隆兴元年(1163)冬,他依据的是钱穆在《朱子新学案》第2册[③]中的记载。他给出的另一个证据是《朱子语类》中的一句话:“上初召魏公,先召南轩来。某亦赴召至行在……”[④]实际上,我们根据这两条线索,无法确定朱熹与张南轩第一次会面的时间。即使《朱子语类》这段描述证明二人见面了,也并不能证明二人是第一次相见,更不能证明湖湘学派的“察识涵养”工夫在这时为朱熹第一次所闻。实际上,朱熹与湖湘学派并非截然不同的两个求学脉络。

湖湘学派起于胡安国,他与其子胡寅、胡宏等因不满朝廷政策,由福建武夷山五夫里镇迁往湖南衡山附近定居,潜心研究理学,并授徒讲学,后迁至湖南湘潭创建碧泉书院,开创了湖湘学派。胡安国被称为“武夷先生”。而朱熹十四岁后主要从学的胡宪(字原仲),是胡安国的侄子。胡宪“长从从父胡安国学”[⑤],颇受胡安国的赞赏。亲访武夷山五夫里可知,二人的住址、宗祠均十分相近。胡宪必然会在朱熹面前谈及胡安国、胡五峰之学,所以湖湘学派并不是朱熹在见到张南轩后才有所接触。也就是说,对于湖湘学派的“察识涵养”工夫,朱熹一开始就是知道的。但出于何种原因让其不能对

---

① 黎靖德编:《朱子语类》(卷第一百一十八),第2842页。
② 陈永宝:《朱熹的理学世界》,台湾翰芦图书出版有限公司,2019,第74—103页。
③ 钱穆:《朱子新学案》(第2册),2011,第161—162页。
④ 黎靖德编:《朱子语类》(卷第一百三),第2608页。
⑤ 脱脱等:《宋史》,第13463页。

此加以重视,我们很难得知。也正因为如此,他到湖南,看到湖湘学派传人张南轩对“察识涵养”工夫的精通后,才产生求道湖湘之愿。

可以说,胡安国与胡宪之间定然有书信往来。二者本就师出一源,或者说胡宪之学本就源于胡安国,这个事实不能被忽视。因此,当刘述先将朱熹与张南轩的见面判定为隆兴元年冬,只能说是从“文字中找到的证据”。

道传三载,确实会形成门人弟子之间的传承差别,这也是两宋关于道统之争的一个来源。但是就道南学派、湖湘学派和朱熹早年的佛学思想而言,三者并非截然无关。道南学派的工夫进路中,佛学的印记十分明显,但他们显然又是辟佛的;湖湘学派虽与佛学相争,但也与其有着千丝万缕的联系;至于道南学派与湖湘学派,又是“剪不断,理还乱”的关系。于是,当我们梳理到这一层,便可见朱熹“已发”工夫的启蒙时间,就不那么容易判断了。

(二)“已发”工夫的阶段界定

朱熹的“已发”工夫应该是一个过程,而不是一时之悟。如果我们把朱熹的“已发”工夫看成一种渐教,它应该可分为两个阶段:第一个阶段为朱熹求道张南轩前后,第二个阶段是由己丑之悟到捕捉程伊川“敬”思想的前后。

1.湖湘学派的“察识涵养”工夫

朱熹与湖湘学派的渊源最保守的估计应在其二十九岁便已开始。《朱子年谱》(以下简称《年谱》)云:

> 二十八年戊寅(一一五八),二十九岁。春正月,见李先生于延平。……熹顷至延平,见李愿中丈,问以一贯忠恕之说,与卑意不约而合。又《与范直阁书》云:熹奉亲屏处,山间深僻,亦可观书。又得胡丈来归,朝夕有就正之所,穷约之中,此亦足乐矣。冬十一月,以养亲请祠。十二月,差监潭州南岳庙。①

① 王懋竑:《朱熹年谱》,第15页。

此处的潭州,指的是今天的湖南地区。此为朱熹二十九岁之事。明显的证据出现在己卯年(1159),当时朱熹三十岁。

熹初得括苍吴任写本一篇,后得吴中版本一篇,二家之书,皆温陵曾恬天隐所记。最后得胡文定公家写本二篇。凡书四篇,以相参校。胡氏上篇五十五章,记文定公问答。下篇四十七章,与版本吴氏本略同,然时有小异,辄因其旧,定著为二篇。①

此处记载为朱熹得《论语说》的经过。朱熹早在二十九岁时就已受到了湖湘学派的影响,这是毋庸置疑的。这与朱熹求道延平在时间上有一定的重合。陈来指出:

《朱子年谱》李洪本皆有“绍兴二十三年癸酉,二十四岁,夏,始受学于延平李先生之门”。清人王懋竑则改“始受学于延平李先生”为“始见李先生于延平”,王氏之意,朱子癸酉夏见延平时并未师事受学,这个问题且留下节再辨。朱子早年出入佛老,癸酉见延平之后,才逐渐转归河洛之学,对此朱子自述甚明,惟其间具体节次前人多有争议,本节亦欲就此加以梳明。

严格地说,癸酉夏朱子见李侗于延平并非“始见”,因为朱熹祭李侗文中说:“熹也小生,丱角趋拜,恭惟先君,实共源派。訚訚侃侃,敛衽推先,水壶秋月,谓公则然。”这说明朱子少年时曾随父亲见过李侗,朱熹还说过“先子与之游数十年,道谊之契甚深”(《答范直阁》,《文集》三十七)。李侗字愿中,称延平先生。朱松曾从罗从彦游,李侗为罗弟子,故与朱松为同门,此所以朱子有道谊源派之说。由此看来,癸酉夏朱子赴同安途中见延平时执通家子之礼,是较为合乎情理的。

① 王懋竑:《朱熹年谱》,第16页。

洪本《年谱》云:“初先生学无常师,出入于经传,泛滥于释老者几十年。年二十四见延平,洞明道要,顿悟异学之非,尽能掊击其失,由是专精致诚,剖微穷深,昼夜不懈。”王白田以此条为李果斋元本所有,存于《考异》之中,以示不敢妄删之意。但此条所说癸酉顿悟异学之非的说法,揆之朱子自述,并不相合。朱熹多次谈到过他早年为学次第及见延平前后的情况。①

我们从陈来这里的辨析来看,朱熹受教延平较早,但接触湖湘学派时也未超过三十岁。也就是说,朱熹在接触道南学派的思想时,湖湘学派的思想已经在他身上悄然发生作用。其实,我们从胡安国与胡宪二人的亲属关系,及朱熹与胡宪的师承关系来看,朱熹应该早就接触过湖湘学派的“察识涵养”之法,只是早年未得到直接的家传之本。这里,我们将朱熹与湖湘学派的渊源进行梳理,其目的就在于将朱熹的“已发”思想的来源从以往的“顿悟”方式中解放出来。

当然,朱熹求教张南轩是其“察识涵养”工夫的真正来源。这也让朱熹觉得略有所得。朱熹与张南轩见过三次面,也多有书信往来,其目的在于通过交流来化解心中之惑。刘述先指出:“延平卒后,烦扰朱子者为未发之问题。”②他指出:

南轩继承湖湘一派先察识后存养的看法,朱子则心中盘旋着延平默坐澄心之遗教,那么范念德所报导的,两先生论《中庸》之义三日夜而不能合,未必不是事实。③

① 陈来:《朱子哲学研究》,第41—42页。

② 刘述先:《朱子哲学思想的发展与完成》,第89页。

③ 刘述先:《朱子哲学思想的发展与完成》,第81页。

刘述先还说：

> 他自己的体验与延平的体验本不相类，乃造成一些矛盾，难以委决。他本人的体验以心为已发实近于南轩，但又感觉到延平之重涵养不为无理，于是提出来与南轩切磋，则彼此观念不可能完全一致，岂不是一件很自然的事。①

朱熹与张南轩虽在此时达到了一种契合，但李延平的道南系统的“未发”工夫与胡五峰、张南轩的“已发”工夫，明显让这一时期的朱熹感到困惑。他既觉得李延平的“默坐澄心”的工夫法门有一定的道理，又发现湖湘的“察识涵养”更合己意。但这两种工夫明显是矛盾的两种路径，这让朱熹离开张南轩时，看似略有所得，实际加深了他的疑虑。

2.程伊川的“主敬涵养”

“已发”的另一个阶段，也就是发展到中和新说时，它才成熟。这是朱熹“已发”思想的第二个阶段。在这一阶段中，朱熹的略有所悟让其捕捉到程伊川“敬”的工夫的价值。在此之后，朱熹的“已发”思想趋于完善。

朱熹的“已发未发”说内容如下：

> 《中庸》未发、已发之义，前此认得此心流行之体，又因程子“凡言心者，皆指已发”之云，遂目心为已发，而以性为未发之中，自以为安矣。比观程子《文集》、《遗书》，见其所论多不符合，因再思之，乃知前日之说虽于心性之实未始有差，而未发、已发命名未当，且于日用之际欠却本领一段工夫。盖所失者，不但文义之间而已。因条其语，而附以己见，告于朋友，愿相与讲焉。恐或未然，当有以正之。
>
> …………

① 刘述先：《朱子哲学思想的发展与完成》，第81页。

右[①]据此诸说,皆以思虑未萌、事物未至之时,为“喜怒哀乐之未发”。当此之时,即是心体流行,寂然不动之处,而天命之性,体段具焉。以其无过不及,不偏不倚,故谓之中。然已是就心体流行处见,故直谓之性则不可。吕博士论此大概得之。特以中即是性,赤子之心即是未发,则大失之。故程子正之。盖赤子之心,动静无常,非寂然不动之谓,故不可谓之中。然无营欲知巧之思,故为未远乎中耳。未发之中,本体自然不须穷索。但当此之时,敬以持之,使此气象常存而不失,则自此而发者,其必中节矣。此日用之际本领工夫。其曰“却于已发之处观之”者,所以察其端倪之动,而致扩充之功也。一不中则非性之本,然而心之道或几乎息矣。故程子于此,每以“敬而无失”为言。又云:“人道莫如敬,未有能致知而不在敬者。”又曰:“涵养须是敬,进学则在致知。”以事言之,则有动有静。以心言之,则周流贯彻,其工夫初无间断也,但以静为本尔。向来讲论思索,直以心为已发,而所论致知格物,亦以察识端倪为初下手处,以故缺却平日涵养一段功夫。其日用意趣,常偏于动,无复深潜纯一之味,而其发之言语事为之间,亦常躁迫浮露,无古圣贤气象,由所见之偏而然尔。程子所谓“凡言心者,皆指已发而言”,此却指心体流行而言,非谓事物思虑之交也。然与《中庸》本文不合,故以为未当而复正之,固不可执其已改之言而尽疑论说之误,又不可遂以为当而不究其所指之殊也。周子曰:“无极而太极。”程子[②]又曰:“‘人生而静’以上不容说,才说时便已不是性矣。”盖圣贤论性,无不因心而发,若欲专言之,则是所谓无极而不容言者,亦无体段之可名矣。未审诸君子以为如何?[③]

---

① 原书为竖排,故称“右”,相当于此处的“上面”。

② 刘述先认为此处指程明道。

③ 朱熹:《朱子全书》(第23册),第3266—3269页。

这是一段很长的引文。刘述先将其引出无非是为了说明朱熹前后两书①之间的主要区别。如他所说：“此说与致湖南诸公一书内容几完全相同，只书中未录伊川语耳。看来此说为原稿，后辞语略有改易，乃成为《与湖南诸公论中和第一书》，此原稿乃保留于杂著之中，实则乃同一书文也。”②从中可以看出，重视伊川成为朱熹“已发”思想的新阶段。张南轩的工夫论虽然给朱熹一定的启发，但又总是给朱熹一种“气象浮浅，涵养不足”的感觉，这让其对湖湘之学有所不满。朱熹的这种不满情绪，间接导致了朱熹与蔡季通谈话时产生的“己丑之悟”。而这种“顿悟”的感觉，标志着朱熹“已发”思想到了一个新的层次。自此，“已发未发”在“敬”的工夫论的会通下，开始在朱熹的伦理工夫中发挥作用。

这实际上反映出朱熹从求道延平到己丑之悟这段时间思考的结果。这是朱熹儒学思想的发展和成熟。在这里，朱熹既回应了禅宗心性论在道南学派身上的印记，又弥补了湖湘学派在“察识涵养”方面的不足。可以说，这是朱熹对道南之学与湖湘之学的一次总结，也是他的理论的正式奠基。

---

① “两书”是指《已发未发说》和《与湖南诸公论中和第一书》。《与湖南诸公论中和第一书》的内容为：“《中庸》未发、已发之义，前此认得此心流行之体，又因‘程子凡言心者，皆指已发而言’，遂目心为已发、而以性为未发。然观程子之书，多所不合，因复思之，乃知前日之说，非惟心、性之名命之不当，而日用工夫全无本领，盖所失者不但文义之间而已。按《文集》、《遗书》诸说，似皆以思虑未萌、事物未至之时，为喜怒哀乐之未发。当此之时，即是此心寂然不动之体，而天命之性，当体具焉。以其无过不及，不偏不倚，故谓之中。及其感而遂通天下之故，则喜怒哀乐之性发焉，而心之用可见。以其无不中节，无所乖戾，故谓之和。此则人心之正，而情性之德然也。然未发之前不可寻觅，已觉之后不容安排，但平日庄敬涵养之功至，而无人欲之私以乱之，则其未发也，镜明水止，而其发也，无不中节矣。此是日用本领工夫。至于随事省察，即物推明，亦必以是为本。而于已发之际观之，则其具于未发之前者，固可默识。故程子之答苏季明，反复论辨，极于详密，而卒之不过以敬为言。又曰：‘敬而无失，即所以中。’又曰：‘人道莫如敬，未有致知而不在敬者。’又曰：‘涵养须是敬，进学则在致知。’盖为此也。向来讲论思索，直以心为已发，而日用工夫，亦止以察识端倪为最初下手处，以故阙却平日涵养一段工夫，使人胸中扰扰，无深潜纯一之味，而其发之言语事为之间，亦常急迫浮露，无复雍容深厚之风。盖所见一差，其害乃至于此，不可以不审也。程子所谓‘凡言心者，皆指已发而言’，此乃指赤子之心而言，而谓‘凡言心者’，则其为说之误，故又自以为未当，而复正之。固不可以执其已改之言，而尽疑诸说之误；又不可遂以为未当，而不究其所指之殊也。不审诸君子以为如何？”［朱熹：《朱子全书》（第23册），第3130—3131页］

② 刘述先：《朱子哲学思想的发展与完成》，第99页。

(三)“已发未发”工夫的核心内涵

朱熹在《已发未发说》中摘抄了二程的大量语录,为“已发未发”工夫做了详尽的介绍:

《文集》[①]云:“中即道也。”又曰:“道无不中,故以中形道。”

又云:“‘中即性也’,此语极未安。中也者,所以状性之体段,如天圆地方。”

又云:“中之为义,自过不及而立名。若只以中为性,则中与性不合。”

又云:“性、道不可合一而言。中止可言体,而不可与性同德。”

又云:“‘中者性之德’,此为近之。”又云:“不若谓之性中。”

又云:“‘喜怒哀乐之未发谓之中’,赤子之心,发而未远乎中,若便谓之中,是不识大本也。”

又云:“赤子之心,可以谓之和,不可谓之中。”

《遗书》云:“只喜怒哀乐不发便是中。”

又云:“既思便是已发,喜怒哀乐一般。”

又云:“当中之时,耳无闻,目无见,然见闻之理在始得。”

又云:“未发之前谓之静则可。静中须有物始得。这里最是难处。能敬则自知此矣。”

又云:“‘敬而无失’,便是‘喜怒哀乐未发谓之中’也。敬不可谓之中,但‘敬而无失’即所以中也。”

又云:“‘中者,天下之大本。’天地间亭亭当当、直上直下之理,出则不是。惟‘敬而无失’最尽。”[②]

---

① 指《河南程氏文集》。

② 刘述先认为此条为明道语,非伊川语。

又云：“存养于未发之前则可，求中于未发之前则不可。”

又云：“未发更怎生求？只平日涵养，便是涵养久，则喜怒哀乐发而中节。”

又云：“善观者却于已发之际观之。”①

这里，朱熹已经注意到“敬”的问题。可以说，在“已发”工夫领域，“敬”思想是最容易被朱熹捕捉的。如上文中的“敬而无失”。然而，二程在这里不单单诠释了“敬”在“已发”工夫中的作用，而且对“敬”思想的本体论，即“中”进行了阐释。这里的“中”，需要我们重视。

其实，我们在第二章谈《保训》的“敬”思想时已经谈过这个问题。这里的“中即道也”“道无不中，故以中形道”“中即性也”“中之为义”“中者性之德”“中者，天下之大本”等，揭示了二程对《中庸》里“已发未发”思想的本体论定位。

在二程的“已发未发”思想里，确实需要一个“中”的本体存在，这也是他们认为的《中庸》思想的实质。这种思想从形而上的层面来看，具有一定的意义。也就是说需要一个标准，一个被参照而立身的存在，才能使“已发未发”两种工夫有效地结合在一起。很显然，天地之“中”和其衍生出来的“中庸”与“中道”，成为这种形而上标准的最佳选择。

在谈《保训》时我们谈过，古人求天地之中，通过“立中”来达到“观象授时”的日常生产生活需要。“观象授时”思想中的“立中”，要求“表”②不偏不倚，如此才能接受上天“授时”。也就是说，我们的“时”来源于上天。而上天给出之“理”则是不可改变的“天道”，求“中”之法是“人道”向“天道”靠拢的一种工夫方法。在二程这里，这种“中”明显暗设了“人道”的“本”“性”“德”及“赤子之心”。“中”作为形而上学被二程所“立”，也为二程的“敬”思想找

① 朱熹：《朱子全书》（第23册），第3266—3267页。

② “表”为一种测太阳影子的工具。“立中”就是“立表”。

到了形而上的依托,这一点被朱熹所继承。朱熹在己丑之悟后建立“四书学”,最终形成了以《中庸》思想为基础的理论结构。我们不能判断朱熹理学思想是否均来自《礼记》(包括《大戴礼记》和《小戴礼记》),但《中庸》在朱熹的思想里的核心地位,是不能撼动的。

三、“未发”与“已发”的“敬”的桥梁

(一)“敬”思想的弥合

朱熹在与弟子对答时曾说:

问:“苏季明问,静坐时乃说未发之前,伊川以祭祀‘前旒、黈纩’答之。据祭祀时,恭敬之心,向于神明,此是已略发,还只是未发?”曰:“只是如此恭敬,未有喜怒哀乐,亦未有思,唤做已发,不得。然前旒黈纩,非谓全不见闻。若全不见闻,则荐奠有时而不知,拜伏有时而不能起也。”①

朱子与弟子的对答揭示出“主静”与“主动”两种工夫分离而产生的荒谬。如果只重视静坐工夫,未有“喜怒哀乐,亦未有思”,谈不到什么“敬”工夫,更不会有什么“已发未发”之争。在朱熹看来,道南学派和湖湘学派各持一端,才会出现一个近禅、一个涵养不足的问题。朱熹指出,唯有将“已发未发”问题与“敬”思想相关联,才能清除这一弊端。朱熹说:

今人皆不肯于根本上理会。如“敬”字,只是将来说,更不做将去。根本不立,故其他零碎工夫无凑泊处。明道、延平皆教人静坐。看来须

---

① 黎靖德编:《朱子语类》(卷第九十六),第2468页。

是静坐。①

朱熹认为,“敬”工夫是沟通形而上的理论与形而下的实践的关键桥梁。无“敬”,则“主动”工夫与“主静”工夫均会出现问题。

问:“敬通贯动静而言。然静时少,动时多,恐易得挠乱。”曰:“如何都静得!有事须着应。人在世间,未有无事时节;要无事,除是死也。自早至暮,有许多事。不成说事多挠乱,我且去静坐。敬不是如此。若事至前,而自家却要主静,顽然不应,便是心都死了。无事时敬在里面,有事时敬在事上。有事无事,吾之敬未尝间断也。且如应接宾客,敬便在应接上;宾客去后,敬又在这里。若厌苦宾客,而为之心烦,此却是自挠乱,非所谓敬也。故程子说:‘学到专一时方好。’盖专一,则有事无事皆是如此。程子此段,这一句是紧要处。”②

朱熹将“敬”工夫的作用与意义对弟子们讲解明白了。“敬”是“专一”的内在工夫和外在表现。无“专一”,何来“尊德性”和“道问学”之心性修养工夫,更何来治国平天下的德行资本。朱熹和门人也认识到,“敬”是“仁”的主要构成要件。无“主敬”,难达“仁”。

问:“主敬时私欲全不萌,此固是仁。或于物欲中打一觉悟,是时私欲全无,天理尽见,即此便是仁之全体否?”曰:“便是不如此。且如在此静坐时,固敬。应事接物,能免不差否?只才被人叫时,自家便随他去了。须丁应事接物上不错,方是。这个便是难。”③

---

① 黎靖德编:《朱子语类》(卷第十二),第 210 页。
② 黎靖德编:《朱子语类》(卷第十二),第 212—213 页。
③ 黎靖德编:《朱子语类》(卷第十二),第 213 页。

无论是贯通伦理的“主动”与“主静”工夫,还是要达到儒家“仁”思想的具体实践,“敬”思想在朱熹的伦理世界里,都是一个关键的存在。没有“主敬”,“已发未发”在克己复礼过程中,要么工夫不够,要么近禅走偏。这也是朱熹在己丑年回到程伊川的“主敬”工夫的主要原因。

(二)“敬”思想的融通

“未发”与“已发”构成了朱熹“敬”思想中的两个面向。在朱熹的工夫论中,“静坐涵养”与“察识应物”都不可或缺。朱熹说:

> 人也有静坐无思念底时节,也有思量道理底时节,岂可画为两涂,说静坐时与读书时工夫迥然不同!当静坐涵养时,正要体察思绎道理,只此便是涵养,不是说唤醒提撕,将道理去却那邪思妄念。只自家思量道理时,自然邪念不作。“言忠信,行笃敬”,“立则见其参于前,在舆则见其倚于衡”,只是常常见这忠信笃敬在眼前,自然邪妄无自而入,非是要存这忠信笃敬,去除那不忠不敬底心。今人之病,正在于静坐读书时二者工夫不一,所以差。①

可见“静坐涵养”对祛除“邪妄”,以达到邪念不作,是十分重要的。这里,朱熹强调了“行笃敬”的一个前提便是要恪守“忠信笃敬”的内省工夫,而不是凡事都“唤醒提撕”。朱熹在谈读书的问题时,时常强调这一点。同时,朱熹也指出:

> 虽说主静,亦不是弃事物以求静。既为人,亦须着事君亲,交朋友,绥妻子,御僮仆。不成捐弃了,闭门静坐,事物来时也不去应接,云:“且待我去静坐,不要应。”又不可只茫茫随他事物中走。二者中须有个商

① 黎靖德编:《朱子语类》(卷第十二),第217—218页。

量倒断，始得。这处正要着力做工夫，不可皮肤说过去。①

这里，他又强调“察识应物”的作用。他认为，“主静”工夫不能抛弃事物。如果去物主静，那与佛家的明心见性工夫就十分相近了。道南学派之所以频繁受到朱熹“近禅”的批评也应源于此。

实际上，从朱熹对“大学”与“小学”的态度中就可以看出来，朱熹对内在修身和外在应物持有一贯的态度，这也从侧面印证了朱熹在处理“已发”和“未发”工夫的关系上的一贯看法。朱熹谈大学修养工夫时说：“学之大小固有不同，然其为道则一而已。是以方其幼也，不习之于小学，则无以收其放心，养其德性，而为大学之基本。”②这是朱熹为“大学”与“小学”定的基调，他接着说：

> 及其长也，不进之于大学，则无以察夫义理，措诸事业，而收小学之成功。是则学之大小所以不同，特以少长所习之异宜，而有高下浅深先后缓急之殊，非若古今之辨义利之分，判然如薰莸冰炭之相反而不可以相入也。今使幼学之士，必先有以自尽乎洒扫、应对、进退之间，礼、乐、射、御、书、数之习，俟其既长，而后进乎明德、新民，以止于至善，是乃次第之当然，又何为而不可哉？③

朱熹将“大学”与“小学”的共通关系进行了阐释，意在说明两种看似不同的为学之道，其实为一。而这个“一”，就与朱熹所主张的“敬”思想相关联了。

> （朱熹）曰：“幼学之士，以子之言而得循序渐进，以免于躐等陵节之

① 黎靖德编：《朱子语类》（卷第四十五），第1161页。
② 赵顺孙纂疏：《大学纂疏中庸纂疏》，第16页。
③ 赵顺孙纂疏：《大学纂疏中庸纂疏》，第16—17页。

病,则诚幸矣。若其年之既长,而不及乎此者,欲反从事于小学,则恐其不免于扞格,不胜勤苦难成之患;欲直从事于大学,则又恐其失序无本,而不能以自达也,则如之何?”曰:“是其岁月之已逝者,则固不可得而复追矣,若其功夫之次第条目,则岂遂不可得而复补耶?盖吾闻之,敬之一字,圣学所以成始而成终者也。”①

朱熹是用“敬”思想来贯通、连接“大学”与“小学”的,这与我们前面提到的朱熹用“敬”思想来弥合“已发”和“未发”工夫如出一辙。我们不妨假设,朱熹在己丑之悟后,悟到了“敬”思想对“已发”和“未发”的连接作用。同样,受这种思路的启发,朱熹编撰“四书”期间,也将这种方法用在了“大学”与“小学”之上。如果这种假设成立,那么朱熹的伦理思想便可以看成下面这样的路径:求道延平,悟佛道之非,复归儒学—造访湖湘,察识涵养,体道南之误—己丑之悟,悟敬学之真,承接二程—编撰“四书”,以敬贯中和,以求仁体义用。

也就是说,朱熹以《中庸》中的“已发未发”思想为基础,通过“默坐澄心”“察识涵养”,逐渐体悟到“涵养须用敬”,完成了“主动”与“主静”的有机结合。这种结合,标志着朱熹的“敬”思想的最终确立。也正是因为这种确立,“四书”中的《大学》与《中庸》达到了有机统一。于是,以《大学》为首,经《论语》《孟子》直至《中庸》的“四书学”建构完成。

(三)“敬”思想的扩展与总结

朱熹说:

“为人君,止于仁;为人臣,止于敬。”止于仁敬者,静也;要止于仁与

① 赵顺孙纂疏:《大学纂疏中庸纂疏》,第17页。

敬者，便是动。只管是一动一静，循环无端，所以谓“动极复静，静极复动”。①

朱熹指出了“敬”的工夫论面对“仁体”的动、静两个面向，强调了两者在“敬”工夫上的统一。这种“统一”，在朱熹的话语里表述为“主一”。朱熹在对《仁说》篇目的解读中说：“敬是涵养操持不走作。”②这个“敬”在“涵养操持不走作”中便为“主一”。对于“主一”，朱熹说：

心只要主一，不可容两事。一件事了，更加一件，便是贰；一件事了，更加两件，便是叁。“勿贰以二，勿叁以三”，是不要二三；“不东以西，不南以北”，是不要走作。③

这里的“勿贰以二，勿叁以三”，朱熹认为“都只是形容个敬”。④ 对于“敬”，朱熹解释道：

敬须主一。初来有一个事，又添一个，便是来贰他成两个；元有一个，又添两个，便是来叁他成三个。“不东以西，不南以北。”只一心做东去，又要做西去；做南去，又要做北去，皆是不主一。上面说个心不二三，下面说个心不走作。⑤

黄百家说：“其（朱熹）为学也，主敬以立其本，穷理以致其知，反躬以践其实。而博极群书，自经史著述而外，凡夫诸子、佛老、天文、地理之学，无不

① 黎靖德编：《朱子语类》（卷第十二），第219页。
② 黎靖德编：《朱子语类》（卷第十二），第214页。
③ 黎靖德编：《朱子语类》（卷第一百五），第2635页。
④ 黎靖德编：《朱子语类》（卷第一百五），第2635页。
⑤ 黎靖德编：《朱子语类》（卷第一百五），第2635页。

涉猎而讲究也。其为间世之巨儒,复何言哉!”[①]这里对朱熹的为学及其伦理工夫下了判定。刘蕺山在谈朱熹中和的“敬”思想时更是指出:“故中和只是一理,一处便是仁,即向所谓立大本行达道之枢要,然求仁工夫只是一敬,心无动静、敬无动静也。”[②]

对朱熹伦理学中的“敬”思想的研究,离不开朱熹对《中庸》“已发未发”问题的讨论。关于朱熹早年“未发”思想所遭遇的主要难题,陈来指出:

> 由于未能在体验上把握未发,必须在理论上加以追溯,而理学前驱中关于未发已发的学说纷纭各异,特别是二程和他们的弟子之间(包括程颐本人前后之间)在已发未发学说上的观点互相矛盾难以统一。如龟山一系强调“体认未发气象”,注重未发时的工夫,这与程颐所谓“善观者却于已发之际观之”强调已发工夫的说法就不一致。又如湖南主先察识,察识已属已发,而这与程颐强调“存养于未发之前”的说法无法协调。此外,龟山说“当于喜怒哀乐未发之际以心体之,则中之义自见”,这种把未发的工夫归结为某种“体认”的思想与程颐所说“未发更怎生求,只平日涵养便是”也有抵触。就是程颐自己,既说“存养于未发之前”,又讲“善观者却于已发之际观之”,两者的矛盾也很明显。他甚至说过“凡言心者皆指已发而言”,照这样看,既然心任何时候都是已发,又如何去存养于未发呢?加之程颐又说:“喜怒哀乐之未发,中也,寂然不动者也,故曰天下之大本。发而中节谓之和,和也,言感而遂通者也,故曰天下之达道。”这样,所谓未发者应当是“寂然不动”的,到哪里去找这个寂然不动者呢?[③]

陈来并未将朱熹的困惑框定在儒门内的思想不统一。这是事实,但不

① 黄宗羲:《宋元学案》,第1505页。
② 黄宗羲:《宋元学案》,第1508页。
③ 陈来:《朱子哲学研究》,第189—190页。

完备。为了厘清这个问题，我们还是需要回到“道南指诀”中来看。朱熹指出，李延平从学于罗从彦（罗从彦从学于杨龟山），喜欢终日危坐，以此来验证“喜怒哀乐未发之气象”。李延平认为这种方法可以从“静中体认大本未发时气象分明”，也能达到“处事应物自然中节”，完成求道的可能。这就是所谓的“道南指诀”。很显然，这套方法在李延平处很受用，他遂以此法来教导朱熹。

从这里可以看出，让朱熹困惑的是，道南的工夫如杨龟山的“体认未发气象”与程颐的“善观者却于已发之际观之”说法不一致，湖湘的先主察识（“察识”属“已发”）与程颐强调“存养于未发之前”的说法无法协调，杨龟山的“当于喜怒哀乐未发之际以心体之，则中之义自见”与程颐所说的“未发更怎生求，只平日涵养便是”也有抵触，等等。

于是，“静中体验未发”的真传工夫，如果没有处理好理、气、心、性、情五者的关系，是很难被解释清楚的。朱熹一味批评程门后学“近禅”，其理论根据基本也在于此。

对于“已发未发”的问题，我们也可以从“主敬以立其本，穷理以进其知”这个方面去理解。朱熹指出：

> 先生①之学，其大要则可知已。读是书者，诚能主敬以立其本，穷理以进其知，使本立而知益明，知精而本益固，则日用之间，且将有以得乎先生之心，而于疑信之传可坐判矣。②

陈来指出：“所谓‘主敬以立其本，穷理以进其知’实际上就是程颐‘涵养须用敬，进学则在致知’的翻本。”③实际上这就是对《中庸》“未发”和“已发”之义的再诠释。

---

① 指程伊川。

② 朱熹：《朱子全书》（第24册），第3625页。

③ 陈来：《朱子哲学研究》，第211页。

《中庸》未发、已发之义,前此认得此心流行之体,又因程子“凡言心者,皆指已发”之云,遂目心为已发,而以性为未发之中,自以为安矣。比观程子《文集》、《遗书》,见其所论多不符合,因再思之,乃知前日之说虽于心性之实未始有差,而未发、已发命名未当,且于日用之际欠却本领一段工夫。盖所失者,不但文义之间而已。因条其语,而附以己见,告于朋友,愿相与讲焉。恐或未然,当有以正之。[①]

又可以从心、性、情的角度来分析:

己丑之悟所谓未发已发包含两个方面的意义,一是指心的未发已发,一是指性情的未发已发。这两方面并不是一回事。有不少学者以为朱熹哲学中心之未发便是性,心之已发便是情,严格地说,是绝对不可以的。心之未发指思虑未萌时心,心之已发指思虑已萌时心。思虑未萌时的心与性之间,思虑已萌时的心与情之间是不能画等号的。虽然一方面未发时心与性,已发之心与情在时间上平行,即性未发为情时心亦未发,性已发为情时心亦已发。而另一方面,性未发时不可谓无心,性仍具在心中,所以未发时心不等于性;已发时心可以宰制情感,所以并不等同于情,如果说思虑情感未发生时只是性,没有心,或思虑情感已发时只是情,更无心,那么心贯未发已发就无法成立了。[②]

他求道湖湘,从张南轩处习得的“察识涵养”,也使其摇摆于“已发未发”之间,回到程伊川,将修养的工夫论回到主敬本身,才能使朱熹“冻解冰释”。

① 朱熹:《朱子全书》(第23册),第3266页。
② 陈来:《朱子哲学研究》,第209页。

第三节　朱熹“敬”思想的使命

一、朱熹的伦理学与其“敬”思想

（一）“敬”的伦理学意涵

朱熹的伦理学，可被看成一种以形而下实践为依托的“格物致知”式的修身之德。于是，朱熹的伦理学也可被看成一种“以‘居敬’和‘持敬’作为内心的涵养工夫”[①]的伦理学。张立文指出：

> 朱熹从人性中推出“天理”，进而把“理”作为宇宙的本体、万事万物的主宰，作为人们在行动中必须遵循、服从的“绝对命令”，从而把道德律令提到了本体论的高度，把伦理道德建立在理性的基础上。朱熹理学伦理思想的完备，标志着正统儒家伦理思想的发展达到了最高的阶段。[②]

张立文指出了朱熹理学中伦理思想的特征与内涵。亚里士多德认为：“人的目的也就是我们的实践的生命的目的。”[③]伦理学重视“自愿或意愿（voluntary）或非自愿或非意愿（involuntary）的区分，强调了意愿或意志的重要”。[④] 大体上说，伦理学是以人的幸福为最终目的的实践活动。从这一点来看，朱熹的伦理思想是与亚氏的伦理思想较为契合的。

---

① 张立文：《朱熹大辞典》，第234页。

② 张立文：《朱熹大辞典》，第234页。

③ ［希腊］亚里士多德：《尼各马可伦理学》，《序》第17页。

④ ［希腊］亚里士多德：《尼各马可伦理学》，《前言》第7页。

潘小慧指出:

> 原始儒家所呈现的世界观或宇宙观是一种“和谐”论,是以“天人合德”的方式表述。这种和谐,就是德性生命的创造。也就是说,人不是孤立的人,人是在“世界”之中的人,人与世界有一个紧密的关系。因此,认识自己基本上无法在孤独中达成,必须与他人合作;而个人要被了解,必须在他的全部社会关系以及他人的协助下才能做到。①

她最后点出:“儒家哲学的本质是一种‘人学’,而人学即是‘仁学’。”②

从以上的解读中可以看出,朱熹的伦理学体系最终也是要达到“天人合德”的道德境界,也就是建立他的“理”的伦理本体论。朱熹伦理学中的“天理”标准在人身上的体现便是“仁”的观念。也就是说,“仁”的达成是朱熹伦理学的最终目的。于是,由对“天理”的向往落到对“仁”心的掌握,这就需要人在意愿或意志上做工夫,这构成了朱熹的一种工夫论。这种工夫论促使人们在行动中遵循和服从天理的“绝对命令”,以“敬”的道德律令把他心中的伦理道德牢牢建立在“天理”的基础上。而这个过程,就是“敬”的工夫论。

(二)“敬”对“情”的工夫论

“情”本来没有善恶可言,但人在“欲望”的干扰下促使“情”有了变恶的可能。“欲望”其实是“情”的一种,但与“情”略有不同。它们一隐一显。如不加以控制,恶念便会产生。因此,朱熹常说的“人心惟危,道心惟微;惟精惟一,允执厥中”,便是对这种现象的描述。“人欲”如果超过一定的限度,便陷入“恶”中。这时,“欲”就转变为恶,此时“欲”的道心全无。这自然是朱

① 潘小慧:《迈向整全的人:儒家的人观》,《应用心理研究》2001年第9期。

② 潘小慧:《迈向整全的人:儒家的人观》。

熹一生力图“存天理，灭人欲”的直接目的。

黄宗羲指出：

孔子之所谓克己复礼，《中庸》所谓致中和，尊德性，道问学，《大学》所谓明明德，《书》曰“人心惟危，道心惟微，惟精惟一，允执厥中”，圣人千言万语，只是教人存天理，灭人欲。人性本明，如宝珠沉溷水中，明不可见，去了溷水，则宝珠依旧自明。自家若知得是人欲蔽了，便是明处。只是这上便紧紧着力主定，一面格物，今日格一物，明日格一物，正如游兵攻围拔守，人欲自销铄去。①

这里是说，“人欲”是让人本心沉沦的主要外在因素。朱熹给出这个观点，实际上是帮助我们找到了如何让“宝珠”朗现的工夫法门，这便是他提出“主一工夫”：

学者须是主一上做工夫。若无主一工夫，则所讲底义理无安着处，都不是自家物事。工夫到时，才主一，便觉意思好，卓然精神。不然，便散漫消索了，没意思。做工夫只自脚下便做将去。固不免有散缓时，但才觉，便收敛将来。渐渐做去，但得收敛时节多，散缓之时少，便是长进处。故孟子说：“学问之道无他，求其放心而已。”所谓求放心者，非是别去求个心存着。只才觉，放心便在此。孟子又曰：“鸡犬放，则知求之；心放，则不知求。”某尝谓：鸡犬犹在外面，才放了，须去外面捉将来。若是自家心，更不用别求，才觉，便在这里。鸡犬放，犹有求不得时；自家心，则无求不得之理。②

① 黄宗羲：《宋元学案》，第 1544 页。

② 黄宗羲：《宋元学案》，第 1543—1544 页。

“主一工夫”是朱熹“敬”思想的主要方法之一。这是一种“敬以直内”的工夫。但是在朱熹看来,“敬”必须有一个现实的格物对象,这便是“情”。“情”是一种外在存在,可以帮助朱熹将“敬”的工夫落到实处。也就是说,对“情”的伦理学研究,最终都要回到以“主敬”为主的工夫论上。这便是朱熹“性情论”伦理学的一个显著特点。

(三)主敬澄明的伦理学

朱熹的伦理学面对的一个现实问题,便是以温和的方式和佛学划清界限。也就是说,朱熹在己丑之悟前,一直受到禅宗的“明心见性”的工夫论及“主净”的本体论的困扰。这些困扰,使他在对比道南一派的“默坐澄心”和湖南一派的“察识涵养”方面,都感觉不如禅宗的“明心见性”思想更具说服力。如果单以反对佛学“主净”的本体论来辟佛,似乎难以达到伦理学的功效。伊川的儒门之念让朱熹看到“明心见性”方便法门的威胁,这种威胁一直警告着他必须有一种新的思想来替代道南学派的内省工夫。这一思想,与他后来一直反对陆九渊及其门人的思想基本吻合。可以说,朱熹虽然与陆九渊个人私交颇厚,如“象山死,先生率门人往寺中哭之”①,但“朱熹并没有因为陆九渊的死去而停止或减轻对陆学的批评,相反,他更可无所顾虑地对陆学进行抨击”。② 其原因就是陆氏门人表现出的无“敬”的行为。陆九渊死后第二年,朱熹与詹元善说:“子静旅榇经由,闻甚周旋之,此殊可伤。见其平日大拍头、胡叫唤,岂谓遽至此哉!然其说颇行于江湖间,损贤者之志而益愚者之过,不知此祸又何时而已耳。许教似亦小中毒也。”③这里明显是说陆九渊平时授学,常“大拍头、胡叫唤”,即有“不敬”之嫌,又与禅宗“当头棒喝”的禅机工夫极为相似。实际上,从朱、陆相识到陆九渊死,陆九渊的这种不“敬”的举动十分常见。陆氏门人见朱熹,也多有此种表现,这让朱熹颇

---

① 黎靖德编:《朱子语类》(卷第一百二十四),第 2979 页。
② 陈来:《朱子哲学研究》,第 457 页。
③ 朱熹:《朱子全书》(第 22 册),第 2137 页。

为不满。

相反,朱熹主张的是以“敬”为做人行事之本。朱熹在与邵浩[①]的一次谈话中指出:

> 因说敬,曰:“圣人言语,当初未曾关聚。如说‘出门如见大宾,使民如承大祭’等类,皆是敬之目。到程子始关聚说出一个‘敬’来教人。然敬有甚物?只如‘畏’字相似。不是块然兀坐,耳无闻,目无见,全不省事之谓。只收敛身心,整齐纯一,不恁地放纵,便是敬。”[②]

这里的“块然兀坐,耳无闻,目无见,全不省事之谓”显然是指禅宗的修行方法。在朱熹看来,道南学派和湖湘学派的两种修养工夫实际上无法对抗心中“明心见性”的禅宗法门。那么,这就涉及禅门的“明心见性”与儒家的区别问题。罗整庵指出:

> 释氏之“明心见性”,与吾儒之“尽心知性”,相似而实不同。盖虚灵知觉,心之妙也。精微纯一,性之真也。释氏之学,大抵有见于心,无见于性。故其为教,始则欲人尽离诸相,而求其所谓空,空即虚也。既则欲其即相、即空,而契其所谓觉,即知觉也。觉性既得,则空相洞彻,神用无方,神即灵也。凡释氏之言性,穷其本末,要不出此三者。然此三者皆心之妙,而岂性之谓哉!使其据所见之及,复能向上寻之,“帝降之衷”亦庶乎其可识矣。[③]

从罗整庵的解读中,基本可以明确禅、儒之间的界限,但朱熹此时正在思考中和旧说,不一定能体悟到这一点。

---

① 邵浩,字叔义,金华人。

② 黎靖德编:《朱子语类》(卷第一百四),第208页。

③ 罗钦顺:《困知记》,阎韬点校,中华书局,1990,第2页。

朱熹受禅宗的影响很深。朱熹"至见延平后一二年间悟禅学之非,已二十五六岁"①,到他己丑之悟(四十岁)之间相隔了十四五年。朱熹的禅学影响,绝不是四见延平后就可以完全转化过来的,必然存在禅学转儒学的开端、发展和完结。到己丑之悟后,朱熹更加坚定了程伊川的主"敬"思想,正如他自己所说的:

比因朋友讲论,深究近世学者之病,只是合下欠却持敬工夫,所以事事灭裂。其言敬者,又只说能存此心,自然中理,至于容貌词气,往往全不加工。设使真能如此存得,亦与释、老何异?②

此言出于辛卯年(1171),朱熹时年四十二岁。朱熹认为:

敬不是闭眼默坐便为敬,须是随事致敬,要有行程去处。如今且未论齐家、治国、平天下,只截自格物、致知、诚意、正心、修身为说,此行程也。方其当格物时,便敬以格之;当诚意时,便敬以诚之;以至正心、修身以后,节节常要惺觉执持,令此心常在,方是能持敬。今之言持敬者,只是说敬,非是持敬。若此心常在躯壳中为主,便须常如烈火在身,有不可犯之色。事物之来,便成两畔去,又何至如是缠绕!③

由此观之,朱熹彻底划清了儒、佛的界限,也找到了不同于禅宗的修行法门,完成了儒学的转变。这是他的伦理学使命。

---

① 陈来:《朱子哲学研究》,第 37 页。

② 王懋竑:《朱熹年谱》,第 50 页。

③ 黎靖德编:《朱子语类》(卷第十三),第 226 页。

二、朱熹“敬”思想的特色

宋明理学家中谈“敬”思想的有很多,从朱熹建立道统来看,周、张、二程,均有主敬之说。但朱熹与他们的主敬之说,存在哪些关联与区别,需要梳理清楚。

(一)周濂溪与张横渠的“敬”思想

关于周濂溪的“敬”思想,我们还是要回到他的《爱敬说》中。其《爱敬第十五》已于上一章引用了,为避免重复,在此就不引其全文,只讲其大致意思。《爱敬第十五》是周濂溪继《务实第十四》而讲的。他说,人在务实中还没有达到善的标准,那就应该让他继续学习。对于他人的缺点和优点该怎么办?应该学习他的优点,劝他改掉缺点。人有缺点,不是什么大恶,改了就是君子啊。因此,君子本身是有众多善行的,我们对他们的善行持有敬爱之心。

从这里我们可以看出,周濂溪的“敬”是一种“诚敬”,他的“敬”思想背后实为“诚”思想。这种“诚敬”与朱熹“敬”思想中的“已发未发”没有关联,也不是一种工夫论取向,而是“诚本体”的一个面向。这也印证了他在《通书》中所说的“诚者,圣人之本。诚者,至实而无妄之谓,天所赋、物所受之正理也”①的精神。因此,杨祖汉认为周濂溪的学问主要是一个“诚”字,并指出他的“诚”便是天道,是一切存在物的根源。这也印证了周濂溪“诚本体”的倾向性。这种“诚本体”视域下的“敬”思想,接近于朱熹所谈的“未发”的“守敬”这个面向,但二者不可完全等同。我们只能说,周濂溪的“敬”思想可能启发了朱熹对“未发之敬”的思考,仅此而已。其实,周濂溪的“爱敬”思

---

① 周敦颐:《周敦颐集》,第 12 页。

想,不过是其“主静,立人极”[①]思想的另一种表达。

张南轩在为周濂溪的《通书》所写的《跋》中说:

> 学者若之何而可以进于是哉?亦曰敬而已矣。诚能起居食息,主一而不舍,则其德性之知,必有卓然不可掩于体察之际者,而后先生之蕴可得而穷,太极可得而识矣。[②]

这也印证了上面的解释。

张横渠的“敬”思想也多呈现于本体论面向。他的“敬”思想的主要对象是反对佛学的“净空”本体。在本体论这个层次上,周、张二人的观点趋同。不同于周濂溪的是,张横渠的“敬”虽然有主静的方面,同时也存在主动的方面。他的“敬”思想实际上是围绕着“心统性情”展开的。可以说,张横渠是在周濂溪“爱敬”的基础上发展了对“敬”思想的诠释,由“爱敬”发展到“持敬”。因此,他强调“敬斯有立,有立斯有为”[③]的思想。同时,他也认为:“‘敬,礼之舆也’,不敬则礼不行。‘恭敬撙节退让以明体’,仁之至也,爱道之极也。”[④]也就是说,在张横渠看来,“敬”既有周濂溪所讲的“诚”思想,如“至诚,天性也;不息,天命也。人能至诚则性尽而神可穷矣,不息则命行而化可知矣。学未至知化,非真得也”[⑤],也有他自己感悟的“礼”思想,如“己不勉明,则人无从倡,道无从弘,教无从成矣”[⑥]。这些都可以看成他的“持敬”思想。在张横渠这里,“敬”与“礼”是天然联合在一起的。“‘敬而无失’,与人接而当也;‘恭而有礼’,不为非礼之恭也。”[⑦]正如前面提过的,他

---

① 周敦颐:《周敦颐集》,第6页。
② 周敦颐:《周敦颐集》,第112页。
③ 张载:《张载集》,第36页。
④ 张载:《张载集》,第36页。
⑤ 张载:《张载集》,第63页。
⑥ 张载:《张载集》,第36页。
⑦ 张载:《张载集》,第45页。

的“敬”不再是朴素的“敬畏天”之敬，而是“人心之敬”，是礼法之敬。因为在他的思想中，“天无心，心都在人之心”。[①]

（二）二程的“敬”思想

二程的“敬”思想离不开程伊川的“涵养须用敬，进学则在致知”[②]，不同于周濂溪的“爱敬”、张横渠的“持敬”，程伊川应为“素敬”。当门人问他：“‘出门如见大宾，使民如承大祭。’方其未出门、未使民时，如何？”程伊川回答说：

> 此“俨若思”之时也。当出门时，其敬如此，未出门时可知也。且见乎外者，出乎中者也。使民出门者，事也。非因是事上方有此敬，盖素敬也。如人接物以诚，人皆曰诚人，盖是素来诚，非因接物而始有此诚也。俨然正其衣冠，尊其瞻视，其中自有个敬处。虽曰无状，敬自可见。[③]

他这里的“素敬”接近周濂溪的“爱敬”，同时在“爱敬”的基础上更进一步。因此，程伊川的“敬”绝不能停留在“主静，立人极”这个维度。他在这一基础上表达了对“敬”思想的看法。如门人问：“人有专务敬以直内，不务方外，何如？”伊川回答：

> 有诸中者，必形诸外。惟恐不直内，内直则外必方。[④]

他又说：

---

① 张载：《张载集》，第 256 页。
② 程颢、程颐：《二程集》，第 188 页。
③ 程颢、程颐：《二程集》，第 184—185 页。
④ 程颢、程颐：《二程集》，第 185 页。

敬是闲邪之道。闲邪存其诚,虽是两事,然亦只是一事。闲邪则诚自存矣。天下有一个善,一个恶。去善即是恶,去恶即是善。譬如门,不出便入,岂出入外更别有一事也?①

这里,程伊川明显有把“敬”观念从形而上学拉进伦理学的取向。这一点对朱熹的影响很大。但程伊川在“敬”思想方面,所关注的不是伦理学方面的阐释与应用,而是向“诚敬”方向进行了偏转。这一点,同样对朱熹影响很大。门人问他:“学何以有至觉悟处?”他说:

莫先致知。能致知,则思一日愈明一日,久而后有觉也。学而无觉,则何益矣?又奚学为?“思曰睿,睿作圣。”才思便睿,以至作圣,亦是一个思。故曰:“勉强学问,则闻见博而智益明。”②

门人问:“莫致知与力行兼否”?他回答说:

为常人言才知得非礼不可为,须用勉强,至于知穿窬不可为,则不待勉强,是知亦有深浅也。古人言乐循理之谓君子,若勉强,只是知循理,非是乐也。才到乐时,便是循理为乐,不循理为不乐,何苦而不循理,自不须勉强也。若夫圣人不勉而中,不思而得,此又上一等事。③

可以说,程伊川已经从形而上学出发趋近了伦理学的边缘,但辟佛的外在压力,使其面对的问题显然要比伦理学更加复杂。他必须解决这个问题,才有进一步探讨“敬”思想的可能性,即“必趋于道矣”。④ 这应该是其“涵养

① 程颢、程颐:《二程集》,第 185 页。
② 程颢、程颐:《二程集》,第 186 页。
③ 程颢、程颐:《二程集》,第 186 页。
④ 程颢、程颐:《二程集》,第 187 页。

须用敬，进学则在致知”最真切的表达吧。

因此，与程伊川比起来，朱熹并没有显得那样“严肃”。但由于受其影响，朱熹的伦理实践也往往给后世学人带来了较大的批判空间。如朱熹著名的“明天理，灭人欲”①思想。这个在形而上学部分说得通，但一旦落到伦理实践方面，各种漏洞便显露出来。无怪乎明清学者批判这句话存在着“以理杀人”的可能性。

（三）朱熹持敬工夫的特色

朱熹的“敬”思想的最大特色，就是融合了周、张、二程的“敬”观念。他的“敬”思想里，既有周濂溪的“爱敬”，也有张横渠的“持敬”和二程的“素敬”。这一切，在他这里浓缩为一句话：“主敬以立其本，穷理以进其知。”也就是说，朱熹要做的工作是将周、张、二程的“主静以诚”的“敬”工夫思想继承过来，同时要从形而上的理论建构中落实到形而下的实践中，即达到朱熹伦理世界中的“知行合一”，这也是他为何如此重视张横渠的“心统性情”的原因之一。

周濂溪的以“诚”论“无欲”，在这里成了朱熹反思的对象：

> 周先生只说“一者，无欲也”，然这话头高，卒急难凑泊。寻常人如何便得无欲？故伊川只说个敬字，教人只就这敬字上捱去，庶几执捉得定，有个下手处，纵不得，亦不至失。要之，皆只要人于此心上见得分明，自然有得尔。然今之言敬者，乃皆装点外事，不知直截于心上求功，遂觉累坠不快活。不若眼下于求放心处有功，则尤省力也。但此事甚易，只如此提醒，莫令昏昧，一二日便可见效，且易而省力。只在念不念之间尔，何难而不为！

① 黎靖德编：《朱子语类》（卷第十二），第207页。

敬即是此心自做主宰处。①

横渠的气论,在朱熹这里衍化为完整的“天地之性”和“气质之性”两个层面,而不只是对“天地之性”的追求和秉持;“气质之性”才是他“敬”工夫的主要对象。朱熹说:

“如有天命之性,便有气质。若以天命之性为根于心,则气质之性又安顿在何处!谓如‘人心惟危,道心惟微’,都是心,不成只道心是心,人心不是心!”又曰:“喜怒哀乐未发之时,只是浑然,所谓气质之性亦皆在其中。至于喜怒哀乐,却只是情。”又曰:“只管说出语言,理会得。只见事多,却不如都不理会得底。”又曰:“然亦不可含糊,亦要理会得个名义着落。”②

可以说,朱熹主“敬”思想的一个主要任务便是将“敬”由形而上界拉到形而下界,在“气质之性”上做文章。

综上所述,朱熹的“敬”理论是对以上学者“敬”思想的综合。因此,他的“敬”思想既要如前辈一样应对佛学的“净空”本体论,也要解决周濂溪“主静,立人极”工夫论的不足。同时,应对“气质之性”的分离与辨析,借用“涵养须用敬,进学则在致知”的实践方法,完成“敬”思想的形而上与形而下融合。可以说,只有到朱熹这里,“敬”思想才真正成熟起来。

三、持敬与穷理

“情”的中节,“欲”的规避,离不开“敬”的工夫。朱熹“情”的伦理学发

---

① 黄宗羲:《宋元学案》,第1545—1546页。

② 黎靖德编:《朱子语类》(卷第四),第64页。

展最终要回到“敬”的持用上，这才抵达朱熹“情”的伦理学的核心。正因为如此，“朱子不教人偏作主静工夫，而谓程门敬字通贯动静”[①]的原因才有可能被我们理解。钱穆指出：“朱子……言敬则工夫本体具在。”[②]钱穆对朱熹主敬的评价是较为恰当的，这从朱熹本人重视“修己以敬”的工夫修养论中可寻其迹。[③] 朱熹本人对“持敬”工夫的评价非常高。他曾指出：

> 敬字工夫，乃圣门第一义，彻头彻尾，不可顷刻间断。
>
> 敬之一字，真圣门之纲领，存养之要法。一主乎此，更无内外精粗之间。[④]

朱熹的“主敬”思想基本得到了后世学者的认同。黄宗羲在《宋元学案》中对朱熹的“敬”思想进行了大量的摘抄与论述，指出朱熹“敬即是此心自做主宰处”。[⑤] 这一方面点出了“持敬”工夫的过程：

> 不须将戒谨恐惧说得太重。不是恁地惊恐，只是常常提撕，认得这物事，常常存得不失。今人只见他说此四个字重，便作临事惊恐看了。“如临深渊，如履薄冰”，曾子也只是认这道理，常常恁地把捉去，不成便恁地惊恐。学问只是要此心常存。若不用戒谨恐惧而此理常流通者，惟天地与圣人。“不勉而中，不思而得，从容中道”，亦只是此心常存，理常明，故能如此。[⑥]

另一方面也指出了“持敬”工夫的结果：

---

① 钱穆：《朱子新学案》（第 2 册），第 399 页。
② 钱穆：《朱子新学案》（第 2 册），第 401 页。
③ 黄宗羲：《宋元学案》，第 1545 页。
④ 钱穆：《朱子新学案》（第 2 册），第 401 页。
⑤ 黄宗羲：《宋元学案》，第 1546 页。
⑥ 黄宗羲：《宋元学案》，第 1546—1547 页。

> 持养之久,则气渐和;气和则温裕婉顺,望之者意消忿解,而无招咈取怒之患矣。体察之久,则理渐明;理明则讽导详款,听之者心喻虑移,而无起争见却之患矣。更须参观物理,深察人情,体之以身,揆之以时,则无偏蔽之失也。持养、察识之功,要当并进。更当于事事物物,试验学力。若有窒碍龃龉,即深求病源所在而锄去之。①

这个“病源”,便是情之发而不中节的“欲”。至此,朱熹完成了以“持敬”工夫进行的伦理学建构。这种伦理学建构,同时响应了他统一“太极说”“理气论”和“性情论”的立论初衷。如黄宗羲借程子言:

> “动容貌,整思虑,则自生敬。敬只是主一也。存此,则自然天理明。”又曰:“整齐严肃,则心便一,一则自无匪僻之干。此意但涵养久之,则天理自然明。”②

“敬”最终帮助朱熹完成了从天道观向人性论的“理学体系”的转变。“在天为命,禀于人为性,既发为情。此其脉理甚实,仍更分明易晓。唯心乃虚明洞彻,统前后而为言耳。”③

穷理与主敬,是朱熹“敬”思想的两个面向。但总的说来,“敬”为穷理之本。朱熹指出:“持敬是穷理之本;穷得理明,又是养心之助。”④即所谓“敬者,一心之主宰,而万事之本根也”。⑤ 但“敬”思想与“穷理”思想在朱熹这里,显然不可能只有这一个面向。如:

---

① 黄宗羲:《宋元学案》,第 1547 页。
② 黄宗羲:《宋元学案》,第 1548 页。
③ 黎靖德编:《朱子语类》(卷第五),第 90 页。
④ 黎靖德编:《朱子语类》(卷第九),第 150 页。
⑤ 赵顺孙纂疏:《大学纂疏中庸纂疏》,第 20 页。

学者工夫，唯在居敬、穷理二事。此二事互相发。能穷理，则居敬工夫日益进；能居敬，则穷理工夫日益密。譬如人之两足，左足行，则右足止；右足行，则左足止。又如一物悬空中，右抑则左昂，左抑则右昂，其实只是一事。

人须做工夫，方有疑。初做工夫时，欲做此一事，又碍彼一事，便没理会处。只如居敬、穷理两事便相碍。居敬是个收敛执持底道理，穷理是个推寻究竟底道理。只此二者，便是相妨。若是熟时，则自不相碍矣。

主敬、穷理虽二端，其实一本。

…………

学者若不穷理，又见不得道理。然去穷理，不持敬，又不得。不持敬，看道理便都散，不聚在这里。

持敬观理，如病人相似。自将息，固是好，也要讨些药来服。①

可见二元思维在朱熹这里一直发挥着作用。这也是他的理论的一贯特征。

小　结

朱熹的“敬”思想或工夫论是离不开朱熹的伦理思想的，其伦理思想的结构和方向，决定了讨论朱熹“敬”思想的广度和深度。朱熹伦理思想中的二元结构，是他在继承周、张、二程思想，并在分析融合后给出的最佳选择。这种选择的好处就是不容易走入极端，以中国古代最基本的阴阳观念来分析人的日常行为，使百姓的日常行为有达到中庸的可能性。可以说，朱熹的

① 黎靖德编：《朱子语类》（卷第九），第 150—151 页。

伦理思想是继承两宋士大夫一贯的内圣外王之路,因此将理论落到实践中,是朱熹伦理思想的一大特色。

《中庸》思想中的“已发”与“未发”思想,实际上是朱熹“四书学”的开端,也是“四书学”结束的标志。朱熹选择以《大学》开篇、以《中庸》结束的这种排列结构,实际上代表了朱熹思想由形而上学开端、最终走向伦理学的过程。中间的《论语》与《孟子》,在某一种层面可以看成朱熹思想的知识论部分。

其实,整个宋明理学家在一定程度上讲都是伦理学家,只是朱熹的伦理学结构相较于其他人来说更为完整,也更为突出。在他的伦理思想里,“敬”思想是核心。正是因为“敬”思想的存在,从周濂溪,经张横渠、二程、道南学派到朱熹,天理人性论思想才解释得通,并构成一个完整的体系。

实际上,朱熹是以“敬”思想来总结周濂溪《通书》中的诚体、张横渠《正蒙》中的诚意,以及二程的涵养工夫。同时,他也用“敬”思想来面对《大学》的格物致知,并用“敬”思想来论证“格物致知”等“道问学”工夫的合理性。

同时,朱熹对“敬”的看重,也是他与陆九渊的冲突之源。陆九渊的“宇宙便是吾心,吾心即是宇宙”①的求道方法,形成了陆氏教学方法上的狂妄与不敬。虽然这可能并非陆九渊的治学本意,但从他的治学方法和门人弟子见到朱熹时表现出来的“不恭敬”来看,他的治学方法有不敬之实。朱熹曾说:

> 子静寄得对语来,语意圆转浑浩,无凝滞处,亦是渠所得效验。但不免有些禅底意思。昨答书戏之云:“这些子恐是葱岭带来。”渠定不伏。然实是如此,讳不得也。近日建昌说得动地,撑眉努眼,百怪俱出,甚可忧惧。渠亦本是好意,但不合只以私意为主,更不讲学涵养,直做得如此狂妄。世俗滔滔,无话可说,有志于学者又为此说引去,真吾道

① 陆九渊:《陆九渊集》,钟哲点校,中华书局,1980,第483页。

之不幸也。[1]

除此之外,朱熹的“敬”思想也是他对抗禅宗的主要武器。禅宗在“已发”部分求持敬,在“未发”部分却是主空净。这也就决定了,虽然两宋儒、禅二门在工夫论上如此相近,但禅宗屡次受到两宋理学家的攻击,实因缺乏“未发”的恭敬。这种内在恭敬的缺乏,直接导致了佛学对周礼的破坏。[2] 这为朱熹所不容。

对于朱熹来说,不管是上继周、张、二程,还是同时期与陆九渊、陈同甫的论辩,与吕祖谦、张南轩的融合,“敬”思想都是他一贯的主张。可以说,在朱熹这里,没有“敬”思想或“敬”的工夫论,他的《四书章句集注》体系就难以成型。或者换个角度来说,“敬”思想是“四书”体系得以建立的理论基础。

因此,通过对朱熹伦理思想的探讨,及对“已发未发”的说明,来阐述朱熹“敬”思想的形成、发展及其特色,是十分必要的。这也为我们下面讨论朱熹“敬”思想的各个面向做了准备。于是周濂溪的“爱敬”、张横渠的“持敬”和程伊川的“素敬”,在朱熹工夫论思想中以性、心、情、意的形式分别体现。这一切,便是我们接下来要讨论的具体内容。

---

① 朱熹:《朱子全书》(第 21 册),第 1549 页。
② 陈永宝:《朱熹的理学世界》,第 62—67 页。

第三章　朱熹“敬”思想的内容

朱熹“敬”思想的伦理学系统相较于康德的义务伦理学系统，其表达更为柔和。可以这样说，如果我们将康德的义务伦理学看成 must to be（必须）形式的刚性伦理学的范式，那么朱熹“敬”的伦理学就是 should be（应该）形式的柔性伦理学范式。

这种区分决定了朱熹“敬”的伦理学思想在工夫论方面存在可以伸缩的空间。同时，这个特征也导致了他的伦理学思想中出现了对孟子的偏爱和对荀子的冷淡。或者可以这样说，正是因为他对孟子思想的过度重视，他的“敬”的伦理学出现了这个柔性特征。换个角度来讲，正是因为有了这个“柔性”，才真正体现出朱熹伦理思想中的中庸思想。这导致他晚年一直用心于《大学》《中庸》两部著作上。基于此，我们基本找到了看待朱熹“敬”思想的基本格调，而不易将其与康德的刚性伦理学相混淆。

刘述先说：

> 朱子发展中和新说，思想之贞定处在超越之性理，做功夫的关键则在于心之周流贯彻，涵养于未发，致察于已发，指导原则是伊川的“涵养在用敬，进学则在致知”二语。喜怒哀乐自是情，这不成问题，但在论辩中和时这一观念还未受到充分注意。到论辨仁说时，朱子撷出伊川“仁性爱情”一语为指导原则，乃自觉地注意到情的问题，他把仁当作“性之德，爱之本”，或“心之德，爱之理”，而不满南轩“心之德，善之本”之说，

以为不够亲切。后来乃对五峰之说不无微词，又正因五峰忽视了情。[1]

他根据的是《性理二 · 性情心意等名义》中朱熹的表达：

> 旧看五峰说，只将心对性说，一个情字都无下落。后来看横渠“心统性情”之说，乃知此话有大功，始寻得个“情”字着落，与孟子说一般。孟子言：“恻隐之心，仁之端也。”仁，性也；恻隐，情也，此是情上见得心。又曰“仁义礼智根于心”，此是性上见得心。盖心便是包得那性情，性是体，情是用。“心”字只一个字母，故“性”、“情”字皆从“心”。[2]

根据这一点，刘述先认为朱熹思想中存在心、性、情三分的架构，他认为朱熹是用这一点来分析孟子思想中的四端之心，进而阐述其“仁本体”的。他说：

> 孟子有时说，恻隐之心，仁之端也，有时又说，恻隐之心，仁也。在孟子来说，仁义内在，性由心显，本性本心根本是一回事，一旦发用，乃沛然莫之能御，莫非本心之呈现。就其本质而言，则恻隐之心即仁，就发用而言，则恻隐之心为仁之端，两种说法都可以通，无需过分拘执。但对朱子的分析的头脑来说，则必须将名言概念完全确定，才有着落，这样他把孟子的说法解析成为三层：恻隐是情，仁是性，恻隐之心是仁之端，不能即是仁，即孟子本人明说恻隐之心仁也，他也必须解释为用语之省略，其实义仍必须为仁之端也。这样，情是形而下的一层，性是形而上的一层，心则兼摄形上、形下二层。孟子的纵贯系统遂转变成为了朱子的横摄系统。[3]

---

① 刘述先：《朱子哲学思想的发展与完成》，第 195 页。

② 黎靖德编：《朱子语类》（卷第五），第 91 页。

③ 刘述先：《朱子哲学思想的发展与完成》，第 196 页。

刘述先在这里梳理了朱熹“敬”的伦理学的发展线索,我们不妨就按照这一线索,将朱熹的“敬”思想进一步阐释清楚。

在朱熹的伦理学系统中,基本上是按照以下模式展开的:首先,他确定了“性”的法则意义,论证“性”是天、命、理的一种表现,它本身不容怀疑。其次,他找到了“心”的工夫运行实体。“心”具“性”“情”,一静一动,围绕“性”而旋转。再次,他给出了“欲”这个外在刺激。“欲”通过影响“情”来让“心”离了“性”,于是“性”如宝珠沉入溷水中,难以朗现。对此,朱熹给出的解决方法是,通过“格物穷理”,助“心”去“欲”以复“性”,并唤醒“情”,让“情”自然朗现,于是这时的“情”便表现为“意”。“意”,其实是朱熹伦理学的升华,是一种伦理美学。这一切,都必须在“敬”的工夫下才可以完成。也就是说,“敬”以守内以确定“性”,此为爱敬;“敬”以达“情”而稳定“心”,此为持敬;“敬”以穷理以去“欲”,此为素敬;“敬”以诚心而成“意”,此为直敬。

第一节 “性”的“敬”之本体论

一、朱熹的性理

朱熹的“敬”思想应该具有一个本体论的依托,这样他的伦理实践才不至于没有落脚处。于是,他的这个“敬”的伦理学在实践中就离不开朱熹核心思想中的天、命、性、理。这四者既有联系,又存在区别。它们既构成了朱熹谈论“敬”思想的标准,又为朱熹的伦理学奠定了形而上的基础。其中与朱熹伦理思想直接相关的,便是他的“性”思想。

要了解朱熹的“性”思想,就必须将“性”与其他三者的联系梳理清楚,这是朱熹关于“敬”思想的内在逻辑。朱熹的门人说:

问:“天与命,性与理,四者之别:天则就其自然者言之,命则就其流行而赋于物者言之,性则就其全体而万物所得以为生者言之,理则就其事事物物各有其则者言之。到得合而言之,则天即理也,命即性也,性即理也,是如此否?”曰:“然。但如今人说,天非苍苍之谓。据某看来,亦舍不得这个苍苍底。”①

这四点其实是朱熹的门人总结出来的,受到了朱熹的肯定。朱熹也认可“天则就其自然者言之,命则就其流行而赋于物者言之,性则就其全体而万物所得以为生者言之,理则就其事事物物各有其则者言之”这种讲法,只是对“天”有了更深一层的诠释。

这种理解,其实是宋明理学大背景下的产物。“天道性命”之说,与这里谈的“天、命、性、理”之说的差别就在于“道”与“理”的区隔。而在朱熹这里,他有融合二者的趋势。《朱子语类》记载:

问:“‘立天之道曰阴阳。’道,理也;阴阳,气也。何故以阴阳为道?”曰:“‘形而上者谓之道,形而下者谓之器’,明道以为须着如此说。然器亦道,道亦器也。道未尝离乎器,道亦只是器之理。如这交椅是器,可坐便是交椅之理;人身是器,语言动作便是人之理。理只在器上,理与器未尝相离,所以‘一阴一阳之谓道’。”曰:“何谓‘一’?”曰:“一,如一阖一辟谓之变。只是一阴了,又一阳,此便是道。寒了又暑,暑了又寒,这道理只循环不已。‘维天之命,于穆不已’,万古只如此。”②

这里朱熹的门人给出的判断“道,理也”,明显没有受到朱熹的反驳。也

① 黎靖德编:《朱子语类》(卷第五),第82页。
② 黎靖德编:《朱子语类》(卷第七十七),第1970页。

就是说,朱熹对这种讲法持一定的肯定态度。不同的是,他对“道,理也”作了限定和说明。因此,这与他前面谈到的“道是统名,理是细目”和“理是有条瓣逐一路子。以各有条,谓之理;人所共由,谓之道”①,似乎构成了一定的理论平衡。当然,我们对朱熹这段话的理解最好不要落到西方哲学中的定义法或诠释学的窠臼中,因为从“种”和“属差”的角度来看,朱熹的“定义”明显不够严谨。

朱熹对自己的性命观念的理解,我们可以从《朱子语类》的《性理》篇中得到一点启示。朱熹说:

> 理者,天之体;命者,理之用。性是人之所受,情是性之用。
>
> 命犹诰敕,性犹职事,情犹施设,心则其人也。
>
> 天所赋为命,物所受为性。赋者命也,所赋者气也;受者性也,所受者气也。
>
> 道即性,性即道,固只是一物。然须看因甚唤做性,因甚唤做道。②

也就是说,朱熹的“敬”思想要想发挥作用,就要处理好理、命、天、道四者的关系,而这四个概念在一定程度上是名不同而实同。或者说,从朱熹伦理学的角度,他完全可以用“性”的概念来涵括这四个概念。同时,朱熹对“性”有一个总括且独特的解释。朱熹说:

> 性即理也。在心唤做性,在事唤做理。
>
> 生之理谓性。
>
> 性只是此理。
>
> 性是合当底。

---

① 黎靖德编:《朱子语类》(卷第六),第99页。
② 黎靖德编:《朱子语类》(卷第五),第82页。

性则纯是善底。

性是天生成许多道理。

性是许多理散在处为性。[1]

这里,朱熹将"性"的各个面向阐述清楚了。从内在论角度来说,"性"构成了朱熹伦理学的一个标准。陈来指出:

"性"这一概念在朱熹哲学有不同意义。一是以指人物禀受的天地之理,常称为天命之性,相对于它所依赖安顿的气质而言,有时简称为天命,相对于气质之性而言,则称为本然之性。二是以指人物的气质之性,在用法上或兼指人物之性,或者专指人性,少数情况下他也采取胡宏著作中常有的、以性为天地之理的说法,凡此皆须在具体问题的分析上加以注意。[2]

陈来指出在讨论朱熹"性"的问题时,需要考虑所谈概念的具体情境。总的来说,在朱熹关于"性"的理解中,主要面向还是集中在"性"的"仁本体"上。如朱熹回答弟子时说:

问:"性既无形,复言以理,理又不可见。"曰:"父子有父子之理,君臣有君臣之理。"

性是实理,仁义礼智皆具。

问:"性固是理。然性之得名,是就人生禀得言之否?"曰:"'继之者善,成之者性。'这个理在天地间时,只是善,无有不善者。生物得来,方始名曰'性'。只是这理,在天则曰'命',在人则曰'性'。"

---

① 黎靖德编:《朱子语类》(卷第五),第82—83页。
② 陈来:《朱子哲学研究》,第226页。

郑问："先生谓性是未发，善是已发，何也？"曰："才成个人影子，许多道理便都在那人上。其恻隐，便是仁之善；羞恶，便是义之善。到动极复静处，依旧只是理。"曰："这善，也是性中道理，到此方见否？"曰："这须就那地头看。'继之者善也，成之者性也。'在天地言，则善在先，性在后，是发出来方生人物。发出来是善，生人物便成个性。在人言，则性在先，善在后。"或举"孟子道性善"。曰："此则'性'字重，'善'字轻，非对言也。文字须活看。此且就此说，彼则就彼说，不可死看。牵此合彼，便处处有碍。"

性不是卓然一物可见者。只是穷理、格物，性自在其中，不须求，故圣人罕言性。

诸儒论性不同，非是于善恶上不明，乃"性"字安顿不着。

圣人只是识得性。百家纷纷，只是不识"性"字。扬子鹘鹘突突，荀子又所谓隔靴爬痒。①

朱熹认为："性是实理，仁义礼智皆具。"这也间接表明"性"的"仁本体"观念是朱熹伦理学中一个重要的面向。

二、朱熹的"性"的"仁"之本体

（一）朱熹的"性"与"仁"的关系

朱熹的"性"是一个与"天道""理"相关的核心概念。可以说，朱熹的性、理、道、太极和无极，在某种程度上有一种共通性。朱熹于五十一岁冬十一月与陈器之谈《玉山讲义》时说：

① 黎靖德编：《朱子语类》（卷第五），第83—84页。

性是太极浑然之体，本不可以名字言。但其中含具万理，而纲理之大者有四，故命之曰仁、义、礼、智。孔门未尝备言，至孟子而始备言之者，盖孔子时性善之理素明，虽不详著其条而说自具；至孟子时，异端蜂起，往往以性为不善，孟子惧是理之不明而思有以明之，苟但曰浑然全体，则恐其如无星之秤、无寸之尺，终不足以晓天下，于是别而言之，界为四破，而四端之说于是而立。

盖四端之未发也，虽寂然不动，而其中自有条理、自有间架，不是[illegible]都无一物，所以外边才感，中间便应。如赤子入井之事感，则仁之理便应，而恻隐之心于是乎形；如过庙过朝之事感，则礼之理便应，而恭敬之心于是乎形。盖由其中间众理浑具，各各分明，故外边所遇随感而应，所以四端之发各有面貌之不同，是以孟子析而为四，以示学者，使知浑然全体之中而粲然有条若此，则性之善可知矣。①

朱熹在这里阐释了“性”与“太极”的关系，又借用了老子《道德经》的“不名而名”的讲法，指出“性”与“理”及四端的连接。朱熹通过性、太极、理和四端，将人性与天道连接在一起。同时，他也阐释了“性”与“形”的关系。朱熹接着说：

然四端之未发也，所谓浑然全体，无声臭之可言、无形象之可见，何以知其粲然有条如此？盖是理之可验，乃依然就他发处验得。凡物必有本根，性之理虽无形，而端的之发最可验。故由其恻隐所以必知其有仁，由其羞恶所以必知其有义，由其恭敬所以必知其有礼，由其是非所以必知其有智。使其本无是理于内，则何以有是端于外？由其有是端于外，所以必知有是理于内而不可诬也。故孟子言“乃若其情，则可以

① 朱熹：《朱子全书》（第23册），第2778—2779页。

为善矣,乃所谓善也”,是则孟子之言性善,盖亦溯其情而逆知之耳。①

朱熹的内外动静之论,已经在本书上一章加以阐述,这里不再赘述。这里无非是对《周易·系辞传》“敬以直内,义以方外”的思想作了更加深层的解读。朱熹这里呈现出来的思想,与《易经》下面这段话十分类似:

夫《易》广矣大矣!以言乎远则不御,以言乎迩则静而正,以言乎天地之间则备矣。夫乾,其静也专,其动也直,是以大生焉。夫坤,其静也翕,其动也辟,是以广生焉。广大配天地,变通配四时,阴阳之义配日月,易简之善配至德。②

我们无法确认朱熹的这一思想是否直接来自《易经》,但从这一部分思想呈现出的样态来看,认为他受到《易经》的影响应该是说得通的。于是,朱熹将“性”与“太极”相联系,并与“理”相契合,便可以找到文本上的参照。

牟宗三在解此部分时说:

(朱熹)根据“中和说”中未发已发之义与《仁说》中“仁性爱情”、“仁是心之德爱之理”之方式所示解之性情对言与心性情三分来看孟子所言之四端本心,此不合孟子所言本心之原义。③

刘述先也持有同样的看法。他说:

这是朱子以他本人思想之心性情的三分架局来解析孟子,孟子本

---

① 朱熹:《朱子全书》(第23册),第2779页。
② 孟子等:《四书五经》,第539—540页。
③ 牟宗三:《心体与性体》(第3册),第453—454页。

身并没有这样的分疏。①

虽然两位先师对朱熹的性情论作了如此判定，但是这里我们还是要为朱熹辩解一下：牟、刘这里只是对比了朱熹的性、情与《孟子》的差异，而未将朱熹对《易经》的理解放到里面。也就是说，他们的评判只停留在“四端”这个层面，而没有考虑到朱熹要融合的是太极、理、性。二位先师的话虽然不错，但对朱熹的理解只停留在这个层面，就未免容易让后学曲解了。在这里，朱熹的工作并非完全复原孟子，而是用孟子的理论来捏合他的“性”与“天道”，这是朱熹工夫论的天命使然。

（二）“性”与“仁”之本体

欲要谈论朱熹“性”的“仁”之本体，我们还需要回到朱熹与陈器之这封信中来。朱熹说：

> 仁、义、礼、智，既知得界限分晓，又须知四者之中，仁义是个对立底关键。盖仁，仁也，而礼则仁之著；义，义也，而智则义之藏。犹春、夏、秋、冬虽为四时，然春、夏皆阳之属也，秋、冬皆阴之属也。故曰“立天之道，曰阴与阳；立地之道，曰柔与刚；立人之道，曰仁与义”。是知天地之道不两则不能以立，故端虽有四，而立之者则两耳。仁义虽对立而成两，然仁实贯通乎四者之中。盖偏言则一事，专言则包四者。故仁者，仁之本体；礼者，仁之节文；义者，仁之断制；智者，仁之分别。犹春、夏、秋、冬虽不同，而同出乎春。春则春之生也，夏则春之长也，秋则春之成也，冬则春之藏也。自四而两，自两而一，则统之有宗，会之有元矣。故曰五行一阴阳、阴阳一太极，是天地之理固然也。②

① 刘述先：《朱子哲学思想的发展与完成》，第196页。

② 朱熹：《朱子全书》（第23册），第2779—2780页。

在这段话中，朱熹"性"之"仁"之本体被阐述清楚了。牟宗三认为，此部分与朱熹的《仁说》篇殊途同归，都是强调"'元无不统''仁无不包'之义"。[1]这有一定的道理。我们不管牟宗三对朱熹与孔子、孟子的契合程度作出如何评判，一个值得我们注意的内容是，朱熹意图建立一个以"仁"为中心的本体论架构。朱熹说：

> 仁包四端，而智居四端之末者，盖冬者藏也，所以始万物而终万物者也。智有藏之义焉，有终始之义焉，则恻隐、羞恶、恭敬是三者皆有可为之事，而智则无事可为，但分别其为是为非尔，是以谓之藏也。又恻隐、羞恶、恭敬皆是一面底道理，而是非则有两面。既别其所是，又别其所非，是终始万物之象。故仁为四端之首，而智则能成始、能成终。犹元气虽四德之长，然元不生于元而生于贞，盖由天地之化，不翕聚则不能发散，理固然也。仁智交际之间，乃万化之机轴，此理循环不穷，吻合无间。程子所谓动静无端、阴阳无始者，此也。[2]

对于这段话，我们要做的工作，首先是从牟宗三和刘述先判定的朱熹与孔、孟合与不合的思维框架中跳出来，然后才能看清朱熹到底要做什么。

实际上，朱熹无非是为他的理论寻找一个儒家确定性的标准或准则。在这里，朱熹要做的不是完全复原孔、孟的学说，而是对孔子的"仁"观念作出新的诠释，以适应两宋理学所要面临的现实问题。只有看到这一层，才能明白朱熹与陈器之的对话不是强调孔子思想与孟子思想的重要性，而是要强调"仁"观念的重要性。否则，他完全可以让陈器之去多读几遍《论语》和《孟子》，或是再读几遍他的《四书或问》[3]就可以了，没必要在此不断强调

① 牟宗三：《心体与性体》（第3册），第454页。
② 朱熹：《朱子全书》（第23册），第2780页。
③ 《四书或问》成书于淳熙四年（1177），朱熹当时四十七岁。

“仁”的重要性。因此，牟、刘二人有将读者带偏之嫌。

换个角度来看，如果说朱熹“错解”了孔子与孟子的原意，那么孔子是否“错解”了周礼的原意？孟子是否“错解”了孔子的原意呢？也就是，我们通常认为“思孟学派”是孔门的正朔，这种说法是否同样也应受到质疑呢？如果我们这样追究下去，“儒门”难保，佛门难存，则会陷入一个“恶”的怀疑论中。这种“怀疑”又不同于笛卡尔以“怀疑”作为认识世界的根据。因为后者是以“怀疑”来寻找确定，由“怀疑”来确定“不可怀疑”。前者俨然无法达到这样的效果。于是，对于朱熹是否符合孔孟之说，本书比较认同“建构说”，即朱熹建构了一种独特的儒学传统。这时的儒学传统，即其对“仁”的确认。

（三）《仁说》之“性”

《仁说》是研究朱熹“敬”之工夫本体思想的主要篇章之一。因此，在此有必要将其梳理清楚。它的前两段大致内容如下：

> 天地以生物为心者也，而人物之生，又各得夫天地之心以为心者也。故语心之德，虽其总摄贯通无所不备，然一言以蔽之，则曰仁而已矣。请试详之。
>
> 盖天地之心，其德有四，曰元亨利贞，而元无不统。其运行焉，则为春夏秋冬之序，而春生之气无所不通。故人之为心，其德亦有四，曰仁义礼智，而仁无不包。其发用焉，则为爱恭宜别之情，而恻隐之心无所不贯。故论天地之心者，则曰乾元、坤元，则四德之体用不待悉数而足。论人心之妙者，则曰“仁，人心也”，则四德之体用亦不待遍举而该。盖仁之为道，乃天地生物之心，即物而在，情之未发而此体已具，情之既发而其用不穷，诚能体而存之，则众善之源、百行之本，莫不在是。此孔门之教所以必使学者汲汲于求仁也。其言有曰：“克己复礼为仁。”言能克去己私，复乎天理，则此心之体无不在，而此心之用无不行也。又曰：“居处恭，执事敬，与人忠。”则亦所以存此心也。又曰：“事亲孝，事兄

弟,及物恕。”则亦所以行此心也。又曰:“求仁得仁。”则以让国而逃、谏伐而饿为能不失乎此心也。又曰:“杀身成仁。”则以欲甚于生、恶甚于死为能不害乎此心也。此心何心也?在天地则坱然生物之心,在人则温然爱人利物之心,包四德而贯四端者也。①

《朱子语类》说:“《仁说》只说得前一截好。”②可见朱熹对此段的认可。《仁说》前两段包含了大量信息。总体说来,他是以《论语》中孔子对“仁”的不同回答,来判定“仁”在儒家众多思想中的核心地位。这实际上是为了说明“仁”观念存在的合理性,而非只对孔子的“仁”思想进行诠释。关于“敬”的问题,朱熹提到了“居处恭,执事敬,与人忠”和“克己复礼为仁”。这两个看似毫无相关的文本,在朱熹这里却另有含义。

朱熹有一次在读张敬夫《主一箴》篇后,突然有所感想。他写下如下文字:

正其衣冠,尊其瞻视。潜心以居,对越上帝。足容必重,手容必恭。择地而蹈,折旋蚁封。出门如宾,承事如祭。战战兢兢,罔敢或易。守口如瓶,防意如城。洞洞属属,罔敢或轻。不东以西,不南以北,当事而存,靡他其适。弗贰以二,弗叁以三。惟精惟一,万变是监。从事于斯,是曰持敬。动静无违,表里交正。须臾有间,私欲万端。不火而热,不冰而寒。毫厘有差,天壤易处。三纲既沦,九法亦斁。于乎小子,念哉敬哉!墨卿司戒,敢告灵台。③

朱熹此篇写毕,门人、弟子有所疑惑。朱熹则讲解了“执敬”与“仁”之间的关系。《朱子语类》记载说:

① 朱熹:《朱子全书》(第23册),第3279—3280页。
② 黎靖德编:《朱子语类》(卷第一百五),第2632页。
③ 朱熹:《朱子全书》(第24册),第3996—3997页。

问"持敬"与"克己"工夫。曰:"敬是涵养操持不走作,克己则和根打并了,教他尽净。"问《敬斋箴》。曰:"此是敬之目,说有许多地头去处。"

"守口如瓶",是言语不乱出;"防意如城",是恐为外所诱。

"守口如瓶",不妄出也;"防意如城",闲邪之入也。"蚁封",乃小巷屈曲之地,是"折旋中矩",不妄动也。

…………

问"主一"。曰:"心只要主一,不可容两事。"①

将两则材料放在一起便可以发现,朱熹的"持敬"是紧紧围绕"仁体"展开的。这里既强调了"敬"是"仁体"的一部分,或者说是"仁体"的一种外显,又强调了"敬"不可离"仁",否则"敬"的工夫会缺乏有效的支撑,而变得杂乱、无法集中。其中"主一而敬",在朱熹这里不仅是指在"做一件事"上不分心,而且要求"只做一件事"。而这件事,必须是以"仁"为基本前提的。

三、朱熹的"性"与"敬义夹持"

"敬义夹持"原本出于程伊川,后为朱熹所继承。伊川说:"敬义夹持,直上达天德自此。"②这里首先提出了"敬义夹持"的观念。对于这个观念,伊川与其弟子问答时曾作出解释:

问:"敬义何别?"曰:"敬只是持己之道,义便知有是有非。顺理而行,是为义也。若只守一个敬,不知集义,却是都无事也。且如欲为孝,

① 黎靖德编:《朱子语类》(卷第一百五),第2634—2635页。

② 程颢、程颐:《二程集》,第78页。

不成只守着一个孝字?须是知所以为孝之道,所以侍奉当如何,温凊当如何,然后能尽孝道也。”①

对于“敬义夹持”的工夫论我们稍后再谈。这里要指出的是,伊川的“敬义夹持”,或者说他的“敬义相辅”,都有一个“性本体”的核心。从上文可知,这个“性本体”便是“仁”。张永俊认为:“伊川先生并不完全拘束在‘义内’之说,他认为‘义’一方面是道德的内律,同时也是道德行为的合理的规范。”②结合朱熹的《仁说》篇和《与陈器之》的信,我们很容易推断出伊川这里的“义”,不过是朱熹所讲的“仁”。因此,从这个角度来看,朱熹的“敬义夹持”并非只有“敬”“义”两个层面,而是围绕着“仁之性”的“夹持”。只有这样,他才能完全理解程伊川所要表达的真正意思。

很遗憾的是,二程的弟子、门人对程伊川的这个观念的理解存在一定的差异。最终他们各守一端,而逐渐失其本意。朱熹说:

因说敬恕,先生举明道语云:“敬义夹持直上,达天德自此。”“而今有一样人,里面谨严,外面却矗(直)[苴];有人外面恁地宽恕,里面却都是私意了。内外夹持,如有人在里面把住,一人在门外把持,不由他不上去。”③

这种情况并非只存在于普通百姓中,二程的弟子中也多有所见。道南学派的近禅和湖湘学派的涵养不足,导致二者对“仁”的关注都失之偏颇。道南守“仁”而“敬”“义”不足,湖湘守“敬”“义”而多不识“仁”。对于道南学派,《朱子语类》云:

① 程颢、程颐:《二程集》,第206页。
② 张永俊:《二程学管见》,第141页。
③ 黎靖德编:《朱子语类》(卷第九十五),第2450页。

因举五峰旧见龟山，问为学之方。龟山曰："且看《论语》。"五峰问："《论语》中何者为要？"龟山不对。久之，曰："熟读。"先生因曰："如今且只得挨将去。"①

先生问："寻常《精义》，自二程外，孰得？"曰："自二程外，诸说恐不相上下。"又问蜚卿。答曰："自二程外，惟龟山胜。"曰："龟山好引证，未说本意，且将别说折过。人若看它本说未分明，并连所引失之。此亦是一病。"②

道南学派的种种迹象，导致朱熹批评他们近禅。

对于湖湘学派，《朱子语类》有这样几段记载：

问："先生答湖湘学者书，以'爱'字言仁，如何？"曰："缘上蔡说得'觉'字太重，便相似说禅。"问："龟山却推'恻隐'二字。"曰："龟山言'万物与我为一'云云，说亦太宽。"问："此还是仁之体否？"曰："此不是仁之体，却是仁之量。仁者固能觉，谓觉为仁，不可；仁者固能与万物为一，谓万物为一为仁，亦不可。譬如说屋，不论屋是木做柱，竹做壁，却只说屋如此大，容得许多物。如万物为一，只是说得仁之量。"③

因论湖湘学者崇尚《知言》，曰："《知言》固有好处，然亦大有差失，如论性，却曰：'不可以善恶辨，不可以是非分。'既无善恶，又无是非，则是告子'湍水'之说尔。如曰'好恶性也，君子好恶以道，小人好恶以己'，则是以好恶说性，而道在性外矣，不知此理却从何而出。"问："所谓'探视听言动无息之(际)[本]，可以(会)[知]性'，此犹告子'生之谓

① 黎靖德编：《朱子语类》(卷第十九)，第439页。

② 黎靖德编：《朱子语类》(卷第十九)，第442页。

③ 黎靖德编：《朱子语类》(卷第六)，第118—119页。

性’之意否?”曰:“此语亦有病……今胡氏子弟议论每每好高,要不在人下。才说心,便不说用心,以为心不可用。至如《易传》中有连使‘用心’字处,皆涂去‘用’字……湖湘此等气象,乃其素习,无怪今日之尤甚也!”①

道夫问:“五峰于《通书》何故辄以己意加损?”曰:“他病痛多,又寄居湖湘间,士人希疏。兼他自立得门庭又高,人既未必信他;被他门庭高,人亦一向不来。来到他处个,又是不如他底,不能问难,故绝无人与之讲究,故有许多事。”②

在朱熹看来,他对道南学派和湖湘学派的批评,均因二者对“敬义夹持”和“仁”关系的理解出现了偏差,从而背离了程伊川的本意。

第二节 “心”的“敬”之工夫论

在谈论朱熹“敬义夹持”的概念时,如果只将其放在“性”上谈,是远远不够的。这实际上只是将它“主静”的一面给揭示了出来。也就是说,理解朱熹的“敬义夹持”有两个面向:一是“敬义夹持”应是围绕性、理、仁等做的工夫;二是“敬义加持”应该是“主心”的工夫。事实上,只有将其放在“心”的“敬”之工夫论上讲,它“主动”的一面才能显现。这才较为符合朱熹二元结构的思想。

朱熹的“敬”工夫,表面看主要是“静”的工夫。如在朱熹的观念里,理、性、仁是不动的,它们构成人们所有工夫的法则。真正做工夫的,是“心”。

① 黎靖德编:《朱子语类》(卷第一百一),第2588—2589页。

② 黎靖德编:《朱子语类》(卷第一百四十),第3339页。

在朱熹这里，“性”是“敬”的法则，“心”是“敬”的实际运行载体。于是，朱熹的持敬工夫就存在两个面向：一是“未发”中主静的消极工夫，一是“已发”中围绕仁体的积极工夫。这两种工夫，在道南学派和湖湘学派中均有所发展。但二者的侧重点不同，导致两种工夫相分离。工夫的分离状态一直为朱熹所不满，其主要原因是二者在对抗佛学的“心”观念时，无法与佛家的“敬心”相区隔。如果儒家这个工夫不能与“心”观念清晰地区分开来，那么“敬义夹持”的理念也就无从谈起。明白了这一层，则可明白朱熹“心”工夫的一种伦理指向在于与佛学的心、性、情三观念相区分。这也成为朱熹伦理思想的一个目标指向。

一、朱熹的《观心说》

谈论朱熹的“心”的工夫论，朱熹的《观心说》是不可回避的材料。一是它点明了朱熹伦理思想的任务，二是它指出了朱熹“敬”思想的具体方法。《观心说》首段说：

> 或问：佛者有观心之说，然乎？曰：夫心者，人之所以主乎身者也，一而不二者也，为主而不为客者也，命物而不命于物者也。故以心观物，则物之理得。今复有物以反观乎心，则是此心之外复有一心而能管乎此心也。然则所谓心者，为一耶，为二耶？为主耶，为客耶？为命物者耶，为命于物者耶？此亦不待校而审其言之谬矣。①

这里，朱熹给出了五点信息：

第一，“心”是“一”还是“多”？如果“心”的两种状态截然不同，那么“心”是“一个”，还是“多个”？谁是主，谁是客？谁为不动的命，谁为易动的

① 朱熹：《朱子全书》（第23册），第3278页。

物?这些矛盾是无法解决的。佛家把人心视为朱熹的人欲[1],因此用戒、定、慧、解脱的工夫来悟透“苦集灭道”四圣谛[2],才可能“静这些浮躁的心”。这里的心,显然是“多”而不是“一”。朱熹明显是要反对这种“多”。

第二,如果“心”是“一”,那么该如何理解这个“一”?《观心说》指出:

> 或者曰:若子之言,则圣贤所谓精一,所谓操存,所谓尽心知性、存心养性,所谓“见其参于前而倚于衡”者,皆何谓哉?应之曰:此言之相似而不同,正苗莠朱紫之间,而学者之所当辨者也。夫谓人心之危者,人欲之萌也;道心之微者,天理之奥也。心则一也,以正不正而异其名耳。“惟精惟一”,则居其正而审其差者也,绌其异而反其同者也。能如是,则信执其中,而无过不及之偏矣,非以道为一心,人为一心,而又有一心以精一之也。[3]

既然“心”是“一”,那么“心”就具有决定主体的自觉性。朱熹这里用《伪古文尚书》中的“惟精惟一”来分析“心”,意在突出“心”在“人”“道”之间的微妙作用。因此,“人心惟危,道心惟微”,不过是“心”在面对“性体”朗现过程中表现出的艰难状态。这也说明,人心极易被“欲”所牵扯。这也就是上文所说的“人心之危者,人欲之萌也;道心之微者,天理之奥也”。朱熹说:“心之理是太极,心之动静是阴阳。”[4]虽然心在不同时期表现出不同的面向,但“心则一也”,它之所以被看成“多”,是因为“以正不正而异其名耳”。

第三,如果“心”为“一”,如何防止这个“一”不离散,不由“一”变成

---

① 虽然谢上蔡认为“释氏之言心,如儒者之论情”,但在佛学语境里,情往往是欲的代名词。

② 原文为:“有四种法:一戒,二定,三慧,四解脱。若不闻知此四法者,斯人长夜在生死海……有四圣谛,当劝观察:一者苦谛,二者集谛,三者灭谛,四者道谛。”见[日]高楠顺次郎:《大般涅槃经》(卷上),载《大正新修大藏经》(第1卷),第195页。

③ 朱熹:《朱子全书》(第23册),第3278页。

④ 黎靖德编:《朱子语类》(卷第五),第84页。

“多”？朱熹给出的答案是，“心”要操存，以守其中。① 通过操存，达到与“性”合，与“天道”合。《观心说》认为：

夫谓“操而存”者，非以彼操此而存之也；“舍而亡”者，非以彼舍此而亡之也。心而自操，则亡者存；舍而不操，则存者亡耳。然其操之也，亦曰不使旦昼之所为得以梏亡其仁义之良心云尔，非块然兀坐以守其炯然不用之知觉而谓之操存也。若尽心云者，则格物穷理，廓然贯通，而有以极夫心之所具之理也。存心云者，则敬以直内，义以方外，若前所谓精一、操存之道也。②

第四，操存要想成功，具体该如何去做？朱熹给出的答案是，“敬以直内，义以方外”。朱熹《观心说》到这里才真正给出了伦理的工夫指向，也就是程伊川所谓的“敬义夹持”。那么，当“敬”的工夫论被确定之后，它达到的效果是什么呢？《观心说》提出：

故尽其心而可以知性、知天，以其体之不蔽而有以究夫理之自然也。存心而可以养性、事天，以其体之不失而有以顺夫理之自然也。是岂以心尽心，以心存心，如两物之相持而不相舍哉！若参前倚衡之云者，则为忠信笃敬而发也。盖曰忠信笃敬不忘乎心，则无所适而不见其在是云尔，亦非有以见夫心之谓也。且身在此而心参于前，身在舆而心倚于衡，是果何理也耶？大抵圣人之学，本心以穷理，而顺理以应物，如身使臂，如臂使指，其道夷而通，其居广而安，其理实而行自然。③

① 朱熹指出：“程子曰：‘惟精惟一，所以至之；允执厥中，所以行之。’如此，则所谓允执厥中，正时中之中矣。惟精惟一，正是提纲挈领处，此句乃言其效耳。”［朱熹：《朱子全书》（第23册），第2866页］

② 朱熹：《朱子全书》（第23册），第3278页。

③ 朱熹：《朱子全书》（第23册），第3278—3279页。

只有“敬以直内”,“尽其心”才有实现的可能。而只有“尽其心”,才能“求放心”,进而才能知性、知天,让“心”与“性”合。朱熹这里谈到的“忠信笃敬不忘乎心”,正是这个道理。到了这一层,朱熹将“心”的“敬”的思想揭示了出来,但如果只停在这里,则与佛家修行方法极为相似。因此,为避免道南学派和陆九渊等人的近禅之嫌,朱熹又点明“本心以穷理,而顺理以应物”,这其实就是“敬”在“欲”上做的工夫。

第五,既然发现儒家之“心”与释氏存在不同,那该如何区分呢?《观心说》说:

> 释氏之学,以心求心,以心使心,如口龁口,如目视目,其机危而迫,其途险而塞,其理虚而其势逆。盖其言虽有若相似者,而其实之不同盖如此也。然非夫审思明辨之君子,其亦孰能无惑于斯耶?①

在《观心说》里,朱熹并未将儒、释之“心”的区别作为梳理的重心。在《答赵致道》中,朱熹借用谢上蔡之语将这个问题诠释清楚了。他说:

> 上蔡云:“佛氏之言性,如儒者之言心。释氏之言心,如儒者之论情。”盖释氏以作用者为性,而儒者以主宰为心,所以相似也;释氏以缘景而生者为心,儒者以感物而动者为情,所以相似也。大要释氏不识理,故其言递低一级,故虽欲归于清净寂灭而卒不能,离乎形而下者也。然虽递低一级而仅相似,即其仅相似者实大不同,何也?其于作用,则不分真妄而皆以为真;其于感物,则不分真妄而皆以为妄,儒者则于其中分真妄云耳,此其大不同也。②

---

① 朱熹:《朱子全书》(第 23 册),第 3279 页。

② 朱熹:《朱子全书》(第 23 册),第 2865 页。

至此,朱熹的“心”的“敬”之工夫论便有了实现的可能。梳理清楚了“心”的内涵后,接下来需要讨论的就是他的“心”的“敬义夹持”。

二、朱熹的“心”的“敬义夹持”

杜保瑞在《南宋儒学》中总结了朱熹主敬涵养工夫的六个特点:一是朱熹多次指出“敬”是自古圣以来的儒门工夫进路;二是朱熹明确指出“敬”是他所师承的伊川学最为重要的概念;三是“敬”的意涵有敬畏、整齐严肃、专一等,这也是以“敬”为工夫的更为具体的操作方法;四是“敬”的作用是“心”自做主宰上的本体工夫;五是“敬”在“敬义夹持”中是一内一外、一静一动的合一关系;六是朱子“持敬”的表达有传统的依据。① 陈振昆指出,杜保瑞这里谈到“‘敬义夹持’能更为总结且整全地把握朱子‘本体工夫’中‘一内一外、一静一动的合一关系’,值得后人更为进一步地展开其义理内涵与理论结构。”②这里点明了“敬义夹持”在朱熹工夫论中的重要性。

(一)“敬义夹持”的确定

朱熹说:

敬有死敬,有活敬。若只守着主一之敬,遇事不济之以义,辨其是非,则不活。若熟后,敬便有义,义便有敬。静则察其敬与不敬,动则察其义与不义。如“出门如见大宾,使民如承大祭”,不敬时如何?“坐如尸,立如齐”,不敬时如何?须敬义夹持,循环无端,则内外透彻。

涵养须用敬,处事须是集义。

敬、义只是一事。如两脚立定是敬,才行是义;合目是敬,开眼见物

① 杜保瑞:《南宋儒学》,台湾商务印书馆股份有限公司,2010,第147—148页。

② 陈振昆:《朱子成德之学的理论与实践》,台湾文津出版社有限公司,2018,第253页。

便是义。

方未有事时,只得说“敬以直内”。若事物之来,当辨别一个是非,不成只管敬去。敬、义不是两事。

敬者,守于此而不易之谓;义者,施于彼而合宜之谓。

敬要回头看,义要向前看。

敬。义。义是其间物来能应,事至能断者是。[①]

《朱子语类》这段关于“敬义夹持”的文字,陈振昆总结道:

“敬”是一种内在、静时或无事时,坚持自守,回头涵养自己心性的工夫;“义”则是向外、活动或有事时,合宜接应外物。故必须进行一番格物穷理。[②]

同时他指出,朱熹此部分的“活敬”与“死敬”的差别在于内在诚敬的持守是否能获得客观认知之义理结构的支援,而使得内在心性的体验、感通与外在事物的认知、运用相互贯通?他给出的答案是:“‘活敬’不同于‘死敬’,是对应着‘义’的客观合理性而来,亦即笔者所谓‘自觉心’的道德觉性体验与‘合理性’的道德理性认知,相互融合而为一体的最佳境界。”[③]

陈振昆将朱熹关于“敬义夹持”的材料梳理清楚了,并且点明了“敬义夹持”实际上是“自觉心”的“敬义夹持”。他之所以强调“心”的部分,也是为了说明朱熹的“活敬”实际上是“心”在“已发”之后的“敬”工夫,是心在“性体”的基础上,让“情”发动而出现的状态。这也是孟子“求放心”[④]中在“放心”处所做的工夫。这才是“活敬”的前提和条件。

---

① 黎靖德编:《朱子语类》(卷第十二),第216页。
② 陈振昆:《朱子成德之学的理论与实践》,第257页。
③ 陈振昆:《朱子成德之学的理论与实践》,第257页。
④ 朱熹:《四书章句集注》,第312页。

我们在前一节谈过，在朱熹的伦理思想中，“义”是“仁”的一个部分。在这种思路下，“义”可以看成“仁”的一种向外的张力。这种张力，既解决了朱熹强调“仁”“性”不动的内在本体论思想，又解决了朱熹强调“敬义夹持”的观念。也就是说，朱熹的“敬义夹持”，一方面是“敬”“义”围绕“仁”旋转的状态，另一方面也是“敬”“义”在“仁本体”上散射的状态。这两种状态看似矛盾，实际并非如此。它类似物理学中的“波粒二象性”，呈现出来的状态取决于人们观察的角度和思考的面向。

可以说，朱熹的“敬义夹持”，还是要回到“仁”思想的框架中去。只不过，“义”相对于“仁”，更能突显动、静二重性。“敬”“义”在“仁”之间，又与“仁”不同，它们在“仁”中拉开距离，平等观望，虽方向相反，实则为一脉。这类似于向上走的路与向下走的路，其实是一条路。而这一切要被解释清楚，就必须回到“心”上去谈。这就是说，也只有在朱熹的“心”观念中，“仁”“敬”“义”三者才能有机结合在一起，这便是对“敬义夹持”观念的确认。

（二）“敬义夹持”的方法

朱熹与门人问答时，揭示了“敬义夹持”的方法。朱熹说：“须是立志为先，这气便随他。敬义夹持，上达天德。”①意思是说，“敬义夹持”需要以“仁”为根基，以“立志”为外在表现，这样才能实现“敬以直内，义以方外”。②“立”是向“仁”立其仁心，“志”为回归道德法则的内在趋向。朱熹说：

问：“‘一日用其力’，将志气合说如何？”曰：“用力说气较多，志亦在上面了。‘志之所至，气必至焉’。这志如大将一般，指挥一出，三军皆随。只怕志不立，若能立志，气自由我使。‘夫志，气之帅也；气，体之充也’。人出来恁地萎萎衰衰，恁地柔弱，亦只是志不立。志立自是奋

---

① 黎靖德编：《朱子语类》（卷第二十六），第654页。
② 《十三经注疏·周易正义》，第19页。

发敢为,这气便生。志在这里,气便在这里。”因举手而言曰:“心在这手上,手便暖;在这脚上,脚便暖。志与气自是相随。若真个要求仁,岂患力不足!圣人又说道,亦有一般曾用力而力不足之人,可见昏弱之甚。如这般人也直是少。”①

这种“志”与“气”,最终还是由“心”而发。

“《里仁》前面所说,都是且教人涵养,别须更有下工夫处。”曰:“工夫只是这个。若能于此涵养,是甚次第!今看世上万法万事,都只是这一个心。”又曰:“今夜说许多话最要紧。所谓讲学者,讲此而已;所谓学者,学此而已。”②

这其实就是孟子主张的“求放心”的方法。除此之外,朱熹还说:

问:“‘忠信所以进德,修辞立诚’,这是知得此理后,全无走作了,故直拔恁地勇猛刚健做将去,便是乾道。资敬义夹持之功,不敢有少放慢,这是坤道。”曰:“意思也是恁地。但乾便带了个知底意思,带了个健底意思。所谓‘进德’,又是他心中已得这个道理了。到坤,便有个顺底意思,便只蒙乾之知,更不说个‘知’字,只说敬义夹持做去底已后事。”道夫问:“‘敬以直内’,若无‘义以方外’,也不得。然所谓‘义以方外’者,只是见得这个道理合当恁地,便只斩截恁地做将去否?”曰:“见不分晓,则圆后糊涂,便不方了。‘义以方外’,只那界限便分明,四面皆恁平正。”③

---

① 黎靖德编:《朱子语类》(卷第二十六),第654页。
② 黎靖德编:《朱子语类》(卷第二十六),第655页。
③ 黎靖德编:《朱子语类》(卷第六十九),第1716页。

朱熹特别欣赏“夹持”二字：

仲思问：“敬义夹持直上，达天德自此。”曰：“最是他下得‘夹持’两字好。敬主乎中，义防于外，二者相夹持。要放下霎时也不得，只得直上去，故便达天德。”

“敬义夹持直上，达天德自此。”表里夹持，更无东西走作去处，上面只更有个天德。“忠信所以进德，修辞立其诚所以居业”者，乾道也；“敬以直内，义以方外”者，坤道也，只是健顺。又曰：“非礼勿视听言动者，乾道；‘出门如见大宾，使民如承大祭’者，坤道。”又曰：“公但看进德立诚，是甚模样强健！”①

朱熹最终要实现的是“敬义夹持直上，达天德自此”。至此，“敬义夹持”的工夫有了具体的落脚点。

（三）“敬义夹持”的目的

1.戒慎恐惧

《朱子语类》记载：

先生极论戒慎恐惧，以为学者切要工夫。因问：“《遗书》中‘敬义夹持直上达天德’之语，亦是切要工夫？”曰：“不理会得时，凡读书语言，各各在一处。到底只是一事。”又问：“‘必有事焉而勿正’一段，亦是不安排，亦是戒慎恐惧则心自存之意？”曰：“此孟子言养气之事。‘必有事焉’，谓集义也。集义，则气自长。亦难正他，亦难助他长。必有事而勿忘于集义，则积渐自长去。”②

---

① 黎靖德编：《朱子语类》（卷第九十五），第2450页。
② 黎靖德编：《朱子语类》（卷第一百一十三），第2742页。

“敬义夹持”是为学的切要工夫。如果不清楚这一点,个人会迷失在读书言语、洒扫应对等诸多杂事之中,而无法静心求正。朱熹这里针对的是气禀各异的个人而采取的主敬工夫。他认为,孟子道出了个人涵养“浩然之气”的艰难。朱熹说:

> 必有事焉而勿正,赵氏、程子以七字为句。近世或并下文心字读之者亦通。必有事焉,有所事也,如有事于颛臾之有事。正,预期也。《春秋传》曰“战不正胜”,是也。如作正心义亦同。此与《大学》之所谓正心者,语意自不同也。此言养气者,必以集义为事,而勿预期其效。其或未充,则但当勿忘其所有事,而不可作为以助其长,乃集义养气之节度也。①

也就是说,对于普通人,去欲而达仁,察识而养浩然之气,需要利用“敬义夹持”的工夫,以实现“敬义夹持直上,达天德自此”。也可以说,这是朱熹的“常惺惺法”在“敬义”思想上的体现。朱熹说:

> 人心常炯炯在此,则四体不待羁束,而自入规矩。只为人心有散缓时,故立许多规矩来维持之。但常常提警,教身入规矩内,则此心不放逸,而炯然在矣。心既常惺惺,又以规矩绳检之,此内外交相养之道也。②

2.确守贞一

《朱子语类》记载:

---

① 朱熹:《四书章句集注》,第216页。
② 黎靖德编:《朱子语类》(卷第十二),第200页。

问：“‘忠信进德，修辞立诚’，乾道也；‘敬以直内，义以方外’，坤道也。修辞恐是颜子‘非礼勿言’之类。敬义是确守贞一，如‘仲弓问仁’之类。修省言辞等处，是刚健进前，一刀两断工夫，故属乎阳，而曰乾道。敬义夹持，是退步收敛，确实静定工夫，故曰坤道。不知可作如此看否？”曰：“如此看得极是。”又问：“程子又云：‘修省言辞，乃是体当自家“敬以直内，义以方外”之实事。’恐此所谓乾道坤道处，亦不可作两事看？”曰：“固皆是修己上事。但若分言，则须如此分别。大抵看道理，要看得他分合各有着落，方是仔细。”①

朱熹认为，“敬义夹持”是退步、收敛工夫，也是达到静定工夫的基础。在这里，朱熹的“心”工夫的另一个面向即强调“持守”。通过“敬义夹持”，“心”在为学时可以主静，与上面“常惺惺”之法刚好形成呼应。

3.进德修业

《朱子语类》记载：

问“君子进德修业”。曰：“乾卦连致知、格物、诚意、正心都说了。坤卦只是说持守。坤卦是个无头物事，只有后面一节，只是一个持守柔顺贞固而已，事事都不能为首，只是循规蹈矩，依而行之。乾父坤母，意思可见。乾如创业之君，坤如守成之君。乾如萧何，坤如曹参。所以‘坤元亨，利牝马之贞’，都是说个顺底道理。”又云：“‘先迷后得’，先迷者，无首也，前面一项事他都迷不晓，只知顺从而已。后获者，迷于先而获于后也。乾则‘不言所利’，坤则‘利牝马之贞’，每每不同。所以康节云：‘乾无十，坤无一。’乾至九而止，奇数也；坤数偶，无奇数也。”用之云：“‘乾无十’者，有坤以承之；‘坤无一’者，有乾以首之。”曰：“然。”②

① 黎靖德编：《朱子语类》（卷第六十九），第1717页。
② 黎靖德编：《朱子语类》（卷第六十九），第1717页。

4.正义明道

《朱子语类》记载:

> 问:“‘正其义不谋其利,明其道不计其功’,道、义如何分别?”曰:“道、义是个体、用。道是大纲说;义是就一事上说。义是道中之细分别,功是就道中做得功效出来。”
>
> 问:“‘正其义’者,凡处此一事,但当处置使合宜,而不可有谋利占便宜之心;‘明其道’,则处此事便合义,是乃所以为明其道,而不可有计后日功效之心。‘正义不谋利’,在处事之先;‘明道不计功’,在处事之后。如此看,可否?”曰:“恁地说,也得。他本是合掌说,看来也须微有先后之序。”①

以上便为朱熹“敬义夹持”的最终目的。

三、心统性情

在朱熹的思想中,“心”之所以动,并不是强调“心”本身在动,而是强调“心”中之“情”在动。“情”要想达“仁”,就必须围绕“性”而动。“性”不动,但它本身对“情”有一种吸引力。只有这样,“敬义夹持”的“情”才成为做工夫的对象。

(一)虚灵明觉

朱熹的“心”观念继承了张横渠的“气”思想,所以他的“心”是“气”之“心”,如其所说“心者,气之精爽”②,也就是人们常说的“虚灵明觉”。这个

① 黎靖德编:《朱子语类》(卷第九十五),第2451页。
② 黎靖德编:《朱子语类》(卷第五),第85页。

“虚灵”是一种形而下的存在，是实践工夫的对象。朱熹说：“灵处只是心，不是性。性只是理。”①但在朱熹这里，“气之心”又不完全是“气”。他说：“不专是气，是先有知觉之理。理未知觉，气聚成形，理与气合，便能知觉。譬如这烛火，是因得这脂膏，便有许多光焰。”②

这里的“知觉”，应该指“性”或“理”。朱熹说：“所知觉者是理。理不离知觉，知觉不离理。”③于是“理”与“心”嫁接在一起，即所谓的“理无心，则无着处”。其实这里的“理”，就如同张横渠所提到的“性”。朱熹谈到这里，已经是在向张横渠靠拢，为吸收“心统性情”理论做好铺垫。他说：“所觉者，心之理也；能觉者，气之灵也。”④他接着说：

> “心与理一，不是理在前面为一物。理便在心之中，心包蓄不住，随事而发。”因笑云：“说到此，自好笑。恰似那藏相似，除了经函，里面点灯，四方八面皆如此光明粲烂，但今人亦少能看得如此。”
>
> 问：“心之为物，众理具足。所发之善，固出于心。至所发不善，皆气禀物欲之私，亦出于心否？”曰：“固非心之本体，然亦是出于心也。”又问：“此所谓人心否？”曰：“是。”子升因问：“人心亦兼善恶否？”曰：“亦兼说。”⑤

朱熹的“虚灵明觉”强调两个面向：一是“心官至灵，藏往知来”⑥。这为心统性情的理论做好了铺垫。二是强调“心”字，曰：“一言以蔽之，曰‘生’而已。‘天地之大德曰生’，人受天地之气而生，故此心必仁，仁则生矣。”⑦将

---

① 黎靖德编：《朱子语类》（卷第五），第 85 页。
② 黎靖德编：《朱子语类》（卷第五），第 85 页。
③ 黎靖德编：《朱子语类》（卷第五），第 85 页。
④ 黎靖德编：《朱子语类》（卷第五），第 85 页。
⑤ 黎靖德编：《朱子语类》（卷第五），第 85—86 页。
⑥ 黎靖德编：《朱子语类》（卷第五），第 85 页。
⑦ 黎靖德编：《朱子语类》（卷第五），第 85 页。

“心”与天道连接起来。

最后,他还强调“仁”在“心”中的作用。他说:

> 心须兼广大流行底意看,又须兼生意看。且如程先生言:“仁者,天地生物之心。”只天地便广大,生物便流行,生生不穷。[①]

在这种前提下,“敬”才有发挥的空间。朱熹将心、理、仁、性连接起来,连接的主线便是“敬”。也就是说,内敬而虚,气之精爽;外敬知觉,直达天德。这也是束景南总结朱熹“敬”思想时,概括出来的“敬、知双修”[②]的内涵。

相对于“心”,朱熹对“性”的定位较高。朱熹说:

> 性犹太极也,心犹阴阳也。太极只在阴阳之中,非能离阴阳也。然至论太极,自是太极;阴阳自是阴阳。惟性与心亦然。所谓一而二,二而一也。韩子以仁义礼智信言性,以喜怒哀乐言情,盖愈于诸子之言性。然至分三品,却只说得气,不曾说得性。[③]

也就是说,抛开前面谈过的“性”的本体,朱熹在这里也颇为注意“性”和“心”的区别。朱熹说:

> “心与性如何分别?明如何安顿?受与得又何以异?人与物与身又何间别?明德合是心,合是性?”曰:“性却实。以感应虚明言之,则心之意亦多。”曰:“此两个说着一个,则一个随到,元不可相离,亦自难与分别。舍心则无以见性,舍性又无以见心,故孟子言心性,每每相随说。

① 黎靖德编:《朱子语类》(卷第五),第85页。
② 束景南:《朱子大传:“性”的救赎之路》,第233页。
③ 黎靖德编:《朱子语类》(卷第五),第87—88页。

仁义礼智是性，又言‘恻隐之心、羞恶之心、辞逊、是非之心’，更细思量。”①

朱熹在这里给出了一个判定的标准，然而这个标准显然不能让他满意。这些困惑只有与伊川的理论联系起来，才有可能变得清晰。《朱子语类》中有这样一段对话：

或问心性之别。曰：“这个极难说，且是难为譬喻。如伊川以水喻性，其说本好，却使晓不得者生病。心，大概似个官人；天命，便是君之命；性，便如职事一般。此亦大概如此，要自理会得。如邵子云：“性者，道之形体。”盖道只是合当如此，性则有一个根苗，生出君臣之义，父子之仁。性虽虚，都是实理。心虽是一物，却虚，故能包含万理。这个要人自体察始得。”②

这里，朱熹在工夫层面论述了“心”“性”的区别。“性”是“道”的形体，而“心”是“道”的虚处。在朱熹看来，“心”是“气”之灵，这就意味着“心”是一种形而下的存在。他说的“性是理，心是包含该载，敷施发用底”③，将这种思想表达无疑。他曾做过一个形象的比喻：“心以性为体，心将性做馅子模样。盖心之所以具是理者，以有性故也。”④

（二）性、情同位

在朱熹看来，“性”与“情”不是毫无关联的两种存在，也不是完全局限于

① 黎靖德编：《朱子语类》（卷第五），第88页。
② 黎靖德编：《朱子语类》（卷第五），第88页。
③ 黎靖德编：《朱子语类》（卷第五），第88页。
④ 黎靖德编：《朱子语类》（卷第五），第89页。

主次的二元结构。他说:“性者,心之理;情者,性之动;心者,性情之主。”[①]朱熹只强调了“心”对“性”“情”的统摄,但“性”“情”本身无法完全按此种方法进行区分。牟宗三认为,朱熹的“性自身无所谓动静。‘性情之主’,‘主’是绾摄义,是管家之主,而不是真正的主人之主”。[②] 此言颇有一定的道理。朱熹说:

> 性对情言,心对性情言。合如此是性,动处是情,主宰是心。大抵心与性,似一而二,似二而一,此处最当体认。
>
> 有这性,便发出这情;因这情,便见得这性。因今日有这情,便见得本来有这性。
>
> 性不可言。所以言性善者,只看他恻隐、辞逊四端之善则可以见其性之善,如见水流之清,则知源头必清矣。四端,情也,性则理也。发者,情也,其本则性也,如见影知形之意。[③]

同时,牟宗三也提出了朱熹性情论的其他面向。他说,朱熹这里“‘有这性便发出这情’意即有这性,便可以有依这性而发动的情。在此,如说性之发,亦与说‘性之动’同”。[④] 这明显有些“性主情附”的成分。然而吊诡的是,他最后又指出:“性自身实无所谓发也。发不发是在情而不在性。”[⑤]从他的这个判断来看,似乎他对“情”的地位有所保留,但依然坚持“性主情附”。

在这个问题上,钱穆略不同于牟宗三对朱熹“情”思想的解读。他认为:“中国古人有主尊性贱情之说者,宋代理学家无之。朱子则主横渠‘心统性情’之说。性情可分言,亦可合言。”[⑥]可见,钱穆认为朱熹对“情”的定位,明

---

① 黎靖德编:《朱子语类》(卷第五),第 89 页。
② 牟宗三:《心体与性体》(第 3 册),第 525 页。
③ 黎靖德编:《朱子语类》(卷第五),第 89 页。
④ 牟宗三:《心体与性体》(第 3 册),第 525 页。
⑤ 牟宗三:《心体与性体》(第 3 册),第 525 页。
⑥ 钱穆:《朱子新学案》(第 2 册),第 117 页。

显不同于牟宗三的“性主情附”的说法。在这里，钱穆认为朱熹的“性”“情”概念是平等关系，而非隶属关系。他认为：“从心言，心必有性，亦必有情。从理言，性即是理，情亦即是理。情理常连说，理便发在情上，从情即可见理也。”[①]也就是说，从“心统性情”的角度来看，“性”“情”是“必有”的存在，而非一前一后、一主一附。它们不是上下级的关系，也不是父与子的关系，而是“发而同出”的平等关系。钱穆进一步强调说：

> （在朱熹这里）心情亦常连说，心之发必附有情，舍情亦无以见心。然性根乎内，情发乎外，故性无不善而情或有不善，然亦不得因情有不善而谓心有不善、性有不善也。[②]

这里进一步强调了朱熹对“情”的重视。钱穆认为，朱熹的“情”的地位应抬升至“心情同在”“无性也存情”的高度。虽然这两种说法并不否定“性”的存在，及“性”对“情”的作用，但二者之间的联系绝非牟宗三所认为的那样紧密，达到“无性则无情”的程度。当然，钱穆对朱熹的“情”的肯定还是有所保留的，因为他必须面对朱子提出的“情者，性之所发”[③]这个命题。他指出：

> 情欲亦常连言，情既非不善，欲亦不能尽谓不善可知。情乃性之发，欲亦性所有，主要在此心之能宰与不能宰。此朱子所以特重于研讨心学功夫也。[④]

---

① 钱穆：《朱子新学案》（第2册），第119页。

② 钱穆：《朱子新学案》（第2册），第119页。

③ 黎靖德编：《朱子语类》（卷第五十九），第1380页。此段为朱熹在评《孟子·告子上》“性无善无不善”时作的判断。可以说，朱熹的这个判断确实在“性情”问题上给研究者带来了很大的困惑。这与朱熹在《性理二·性情心意等名义》中提到的“性者，心之理；情者，心之动”的判断，明显存在着矛盾。如何化解两种解读的矛盾，是钱穆必须要面对的。

④ 钱穆：《朱子新学案》（第2册），第122页。

显然,这种处理是十分巧妙的。钱穆为了避免回到牟宗三的“性主情附”的道路上,他作了进一步说明:

> 恻隐四端皆是情,喜、怒、哀、乐、爱、恶、欲亦皆是情。当其未发则谓之性。若非先有此性,则何从发出此情。但已发而为情,情非不善,而有中节与不中节,始见其善不善。而所以定其为中节与不中节者则仍属性。若非有性,则情之发,何以又有中节与不中节之别。此皆通于心与理、性与情而各别分言之也。①

由此可见,钱穆对朱熹的“情”的定位,显然是开创了一个新的境界。这种解读可能较为接近朱熹的原意。因为,朱熹谈论“性”“情”的目的,是要建构一个普遍适用的伦理学,而不是一个纯粹的形而上学体系。朱熹在答何叔京时说过:“性、情一物,其所以分,只为未发已发之不同耳。若不以未发已发分之,则何者为性,何者为情耶?”②可见“情”“性”的地位显然不可以用“尊性贱情”的思路去理解。

(三)心兼性情

理解了朱熹对“情”的定位,有助于将朱熹“敬”的工夫论引到他的另一个概念上,即“心”。我们便不必纠结于朱熹的“性体”与“情用”这种固定的模式,而是将二者平等地放在一起来对待。这样既可以避免“情”来自“性”,“情”只是其“发端”这种简单的思维模式,又可以兼容朱熹格物致知的“发而中节”的工夫。这便是对他“心统性情”的另一种解读。

这种解读基本上解答了朱熹为何如此重视张横渠的“心统性情”这个问题。它实际上也为以“敬”为外在“格物致知”的修养工夫做了理论铺垫。可

① 钱穆:《朱子新学案》(第2册),第120页。
② 朱熹:《朱子全书》(第22册),第1830页。

以说，“心－性＝情”结构是朱熹在认识“性”“情”时的一种升华，也为他的“情”的工夫论找到了一个现实空间。对于“心统性情”的解读，陈来将其分为两个部分来谈，即“心兼性情”[①]和“心主性情”。朱熹说：

> 仁义礼智，性也；恻隐羞恶辞让是非，情也；以仁爱，以义恶，以礼让，以智知者，心也。性者心之理也，情者心之用也，心者性情之主也。程子曰：“其体则谓之易，其理则谓之道，其用则谓之神”，正谓此也。[②]

陈来认为：“心兼性情，亦可说心包性情，指心是赅括性情的总体。性是心之体，情是心之用，心则是赅括体用的总体，而性情都只是这一总体的不同方面。”[③]他进一步指出，朱熹这里揭示了一个方法论模式，即易（体）—道（理）—用（神）。这个方法论的作用便是“从三个要素来把握一个系统的总体关联，一个是系统的总体，一个是系统工作的原理，一个是系统的作用”。[④]他认为朱熹便是用这一普遍模式来说明心、性、情的关系的。

为了说明这一问题，他进一步指出：“心是标志思维意识活动总体的范畴，其内在的道德本质是性……具体的情感念虑为情。”[⑤]很显然，他希望达到的效果是“系统总体包括体用，兼摄体用”[⑥]，进而推出“心统性情”的主要意义为心兼性情，即心是包含体用的总体。

关于“心主性情”，朱熹说：“性是体，情是用，性情皆出于心，故心能统之。统，如统兵之‘统’，言有以主之也。”[⑦]对于这一点，陈来认为：“心对情的主宰作用既指理智对情感的主导作用，又应包括人在社会生活中形成的

---

① 朱熹对“心统性情”的“统”字，也作过解释，为“犹兼也”。［黎靖德编：《朱子语类》（卷第九十八），第2513页］

② 陈来：《朱子哲学研究》，第293页。

③ 陈来：《朱子哲学研究》，第293页。

④ 陈来：《朱子哲学研究》，第294页。

⑤ 陈来：《朱子哲学研究》，第295页。

⑥ 陈来：《朱子哲学研究》，第295页。

⑦ 黎靖德编：《朱子语类》（卷第九十八），第2513页。

道德观念对各种情欲及非道德观念的裁制。”[①]从中我们可以看出,朱熹的“性情论”最终要回到“心”的层面去理解,强调“心”的主体作用。所以,他最终要强调的是“心”的工夫论,而非“性”的本体追求。一言以蔽之,情之发用,需要“心”的协助,而非“性”的推动。朱熹论“情”,也是要突出“心”的“情动”,而这个“情动”的另一种诠释则为“欲”。正如钱穆所言:

> 情欲亦常连言,情既非不善,欲亦不能尽谓不善可知。情乃性之发,欲亦性所有,主要在此心之能宰与不能宰。此朱子所以特重于研讨心学工夫也。[②]

于是,接下来需要讨论朱熹“情”的问题。

第三节 “情”的“敬”之工夫论

朱熹的“情”有两个含义:一是自然之“情”,此为中性词;一是过度之情,即朱熹所说的“人欲”。两者之间有一个分界线,即人正常的“慾望”,如饮食男女,这里我们可以用“慾”来代替。在这里对“欲”与“慾”作一个简单的区分,以方便下面的讨论。

一、“情”之偏、“慾”之引

对于“情”和“欲”,朱熹对它们的界定是比较模糊的。这间接导致明清儒家对朱熹的理学思想产生了不同的理解。在朱熹的理论中,“天理”与“人

---

① 陈来:《朱子哲学研究》,第 297 页。
② 钱穆:《朱子新学案》(第 2 册),第 122 页。

欲”是相对立而存在的。他认为:“天理只是仁、义、礼、智之总名,仁、义、礼、智便是天理之件数。”[①]同时他指出,“天理”与“人欲”之别在于“合道理底是天理,徇情欲底是人欲”。[②] 两者的关系是“同行异情”。也就是说,人的“情”,符合天理时是“情”本身,在与“天理”相对时则为“人欲”。朱熹说:

天理人欲是交界处,不是两个。人心不成都流,只是占得多;道心不成十全,亦是占得多。须是在天理则存天理,在人欲则去人欲。尝爱五峰云“天理人欲,同行而异情”,此语甚好。[③]

朱熹称正常的欲求为“情”,认为“不好底欲”才是应该批判的“人欲”。同时,他认为,“欲”是人心趋向“恶”的直接原因,是万恶的渊源。

朱熹说:“人性本善,只为嗜欲所迷,利害所逐,一齐昏了。”[④]由这一点开始,他引申出:“性,好恶也。君子以道,小人以欲。君子小人,天理人欲而已矣。”[⑤]从这两句话不难看出,朱熹的“欲”,其实指的是“嗜欲”,是“情”超过“慾”的一种“过度”。在朱熹的伦理思想中,“欲”其实是一个超越外在的存在,它属于“情”,但与“情”有所不同。《朱子语类》有这样一段记载:

或问:“天理人欲,同体而异用,同行而异情。”曰:“胡氏之病,在于说性无善恶。体中只有天理,无人欲,谓之同体,则非也。同行异情,盖亦有之,如‘口之于味,目之于色,耳之于声,鼻之于臭,四肢之于安佚’,圣人与常人皆如此,是同行也。然圣人之情不溺于此,所以与常人异耳。”[⑥]

---

① 朱熹:《朱子全书》(第22册),第1838页。
② 黎靖德编:《朱子语类》(卷第七十八),第2015页。
③ 黎靖德编:《朱子语类》(卷第七十八),第2015页。
④ 黎靖德编:《朱子语类》(卷第八),第133页。
⑤ 黎靖德编:《朱子语类》(卷第一百一),第2589页。
⑥ 黎靖德编:《朱子语类》(卷第一百一),第2591页。

这里说明,“情”是一种心之外、体之中的存在。它与“心”有一定的距离,但又在“心”的辐射范围之内。对于朱熹伦理思想中的“情”观念,张立文总结道:

> 情,即人们的思想感情、情感、情绪,以及道德意识和生活中的欲念。朱熹认为喜怒哀惧爱恶欲等七情是“性”的外化和展露,是天理在人身上体现的结果……除了体认七情为情之外,朱熹又另立“四端”为情,以提升性情论中“情”的地位,因为“情”不再纯为善恶未定或是恶,它也可以是善。①

张立文在《朱熹大辞典》中将“天理”“人欲”“性”“情”归于“朱子伦理思想”这个部分,其立论的根据,基本获得了学界的认同。于是,从以上朱熹伦理思想的四个概念的比较中,可以得出如下结论:一是“欲”。与“天理”相对时,是指人不合理的需求,即人欲;不与天理相对时,只是人的正常慾望,表现为“情”。二是“情”可指生活中的欲念。因此,朱熹认为“情”不再纯为善恶未定或恶,它也可以是善。

从这个结论中可以看出,“欲”是心外的一种存在,它对“情”有一种非常强的吸引力,它的中节状态便为“慾”。情在“慾”的吸引下,向“慾”靠近。如果“情”能达“慾”,便为“情”的中节。过或不及,都有产生恶的可能。在这两种可能中,“过度”是产生恶的根本原因;而“不及”,只能在某种程度上间接影响“情”变恶。这里的“欲”便是一种催化剂,是否能真正产生恶,还要看“情”的克己能力。

“欲”其实是“情”的一种,但与“情”有所分别。那么,“情”与“欲”的界限在哪里?张立文总结朱熹思想时指出:

---

① 张立文:《朱熹大辞典》,第244页。

“情”本来至善，但有时也会流于恶，这就要看“情”之所发是否“中节”，即合乎节度，只有中节才为善；不中节，不论是过还是不及都流于恶。①

也就是说，“情”本至善，但这是指“情”的“未发”，或“已发”后的“中节”状态，即只有中节才为善。如果不中节，过或不及都可能沦为恶，“情”由内而发而趋近或超过“慾”。这也就是说，情、欲的区别有三点：一是“情”是内在所发，“欲”是外在吸引。二是“情”不动，与“性”十分相近；“情”动，表现为“欲”，但“欲”不可能有静止的状态，所以它与“性”有一定的距离。三是“情”与“欲”有重合的可能性，“欲”在中节的时候表现为“慾”。

总体来说，“情”是内在所发，“慾”是外在吸引。只要“情”与“慾”重合，便无恶的产生或恶产生的可能。相反，如果“情”超过“慾”，进而让“情”继续前进，“情”就变成了“欲”。这便是朱熹批评的“人欲”。其实，当“慾”作为一个稳定形态，它本身是非恶的；这与“情”未发时十分相似，本质是非恶。如人正常的吃饱穿暖、夫妻交合，这些正常的“情”不能被看成恶的行为。相反，如果把这样的“情”看成恶，就有流入禅宗之嫌。朱熹说：

问：“五峰所谓‘天理人欲同行异情’，莫须这里要分别否？”曰：“‘同行异情’，只如饥食渴饮等事，在圣贤无非天理，在小人无非私欲，所谓‘同行异情’者如此。此事若不曾寻着本领，只是说得他名义而已。说得名义尽分晓，毕竟无与我事。须就自家身上实见得私欲萌动时如何，天理发见时如何，其间正有好用工夫处。”②

① 张立文：《朱熹大辞典》，第 244 页。
② 黎靖德编：《朱子语类》（卷第一百一十七），第 2808 页。

实际上,人的正常“情”在朱熹这里也被看成天理的一种。朱熹说:

圣人则表里精粗无不昭彻,其形骸虽是人,其实只是一团天理,所谓“从心所欲,不逾矩”。左来右去,尽是天理,如何不快活![1]

也就是说,在朱熹这里,问题不在“情”本身,而在“情”发动后能否有“敬义”的夹持。朱熹说:

修身,齐家,治国,平天下,都少个敬不得。如汤之“圣敬日跻”,文王“小心翼翼”之类,皆是。只是他便与敬为一。自家须用持着,稍缓则忘了,所以常要惺惺地。久之成熟,可知道“从心所欲,不逾矩”。颜子止是持敬。[2]

在这种情况下,“情”本身也许有恶的可能性,但在“敬”与“义”的作用下,“情”被严格控制在“慾望”之内,无法达到“纵欲”,也就无法达到朱熹所谓的“人欲”的状态。圣人与普通人不同的是,他们已经将“情”控制在“慾望”之内,先天具有,并在后天形成一种习惯。朱熹说:

程子曰:“孔子生而知之也,言亦由学而至,所以勉进后人也……从心所欲,不逾矩,则不勉而中矣。”又曰:“孔子自言其进德之序如此者,圣人未必然,但为学者立法,使之盈科而后进,成章而后达耳。”[3]

这里表明无论圣人做什么,或者采取什么样的方法,他们的行为都在慾望的界线之内的。于是,他们才可能“从心所欲”。“不逾矩”中的“矩”应该

---

① 黎靖德编:《朱子语类》(卷第二十九),第750—751页。
② 黎靖德编:《朱子语类》(卷第十二),第208页。
③ 朱熹:《四书章句集注》,第56页。

指本书中所说的“情”，即人合理的慾望。朱熹说：

> 矩，法度之器，所以为方者也。随其心之所欲，而自不过于法度，安而行之，不勉而中也。[①]

这里的“中”，即中庸或中道，其实也是本书所谈的“慾望”。区别在于，朱熹将“慾望”视为衡量“人欲”是否过度的标准。此法度，则为天理与人欲的分界线。只有这样，才能处理好“情”与“欲”两者之间的关系。这应该符合朱熹的本意。朱熹谈天理、人欲的界限时说：

> 天理人欲之分，只争些子，故周先生只管说“几”字。然辨之又不可不早，故横渠每说“豫”字。[②]

在这里，朱熹的“慾望”又表现为周濂溪说的“几”和张横渠所谓的“豫”。遗憾的是，朱熹在其文本中并没有将“慾望”当成伦理思想中的核心概念，而是强调“天理”与“人欲”的共存。这便给后人带来了很多困惑。明清儒者对朱熹多有误解，也是源于朱熹对“情”与“欲”这个问题没有交代清楚，给了后世学人自由联想的空间。但朱熹对“情”的肯定，是不容置疑的。朱熹说：

> 周先生只说“一者，无欲也”，然这话头高，卒急难凑泊。寻常人如何便得无欲？故伊川只说个敬字，教人只就这敬字上捱去，庶几执捉得定，有个下手处，纵不得，亦不至失。要之，皆只要人于此心上见得分明，自然有得尔。[③]

---

① 朱熹：《四书章句集注》，第56页。
② 黎靖德编：《朱子语类》（卷第十三），第224页。
③ 黄宗羲：《宋元学案》，第1545—1546页。

这里的“欲”其实就是“情”。这就是朱熹“情”“欲”观念分辨不清的一个表现。当然,可以为朱熹辩解的是,他既要尊重先秦文本对“欲”的肯定使用,又要表达自己对“欲”的贬义诠释。故在这个问题上,我们只能接受,而不应过多指责。

其实,这种现象十分常见。如朱熹在自己的理论中从未清晰地标注出“天理”与“人欲”之间的界限,却为后学指明了“存天理,灭人欲”的方法,这也是一件有趣的事。朱熹说:

> 有个天理,便有个人欲。盖缘这个天理须有个安顿处,才安顿得不恰好,便有人欲出来。
>
> “天理人欲分数有多少。天理本多,人欲便也是天理里面做出来。虽是人欲,人欲中自有天理。”问:“莫是本来全是天理否?”曰:“人生都是天理,人欲却是后来没巴鼻生底。”
>
> 人之一心,天理存,则人欲亡;人欲胜,则天理灭,未有天理人欲夹杂者。学者须要于此体认省察之。
>
> 大抵人能于天理人欲界分上立得脚住,则尽长进在。①

> 敬则天理常明,自然人欲惩窒消治。②

虽然朱熹的理论中出现了“情”“欲”混杂难分的现象,他却在“去人欲”方面给了我们明确的方法。至此,我们明白了朱熹美学思想“从心所欲,不逾矩”的理学内涵,也接近了朱熹美学的伦理学面向。

---

① 黎靖德编:《朱子语类》(卷第十三),第 223—224 页。
② 黎靖德编:《朱子语类》(卷第十二),第 210 页。

二、“情”的两种状态

（一）“情”之善恶

朱熹说：“心有善恶，性无不善。若论气质之性，亦有不善。”①从“欲”“情”是“心”的一部分这个角度来看，朱熹说“心”有善恶，其实说的就是“情”有善恶。这时候的“情”以“欲”的形态表现出来。在“正常慾望”之内的“欲”，在未发之前是“情”，无限接近于“性”或者“仁”；但“已发”之后，它便具有一种向善或向恶的可能性。此时的“情”有变成“人欲”的可能。如果人的气质继续受到外界慾望的吸引而过度，则沦为“恶”。在朱熹看来，“恶”本身并无一个确定的实体，而是一种“情”的“过度”。因此，在朱熹的理论里，说“心”有善恶，和说“情”有善恶，二者区别不大。这里将“情”从“心”的观念中拆分出来，就是要找到朱熹在化解“人欲之恶”时的落脚点。否则，他的观点无法与陆九渊的“易简工夫终久大”的方法论相抗衡。

善、恶均是人的“情”在“已发”之后的产物。朱熹说：

> 心是动底物事，自然有善恶。且如恻隐是善也，见孺子入井而无恻隐之心，便是恶矣。离着善，便是恶。然心之本体未尝不善，又却不可说恶全不是心。若不是心，是甚么做出来？古人学问便要穷理、知至，直是下工夫消磨恶去，善自然渐次可复。操存是后面事，不是善恶时事。②

做这种区分，有助于朱熹化解在论述“心”时的不纯粹。

---

① 黎靖德编：《朱子语类》（卷第五），第89页。
② 黎靖德编：《朱子语类》（卷第五），第86页。

心无间于已发未发。彻头彻尾都是,那处截做已发未发!如放僻邪侈,此心亦在,不可谓非心。

问:“形体之动,与心相关否?”曰:“岂不相关?自是心使他动。”曰:“喜怒哀乐未发之前,形体亦有运动,耳目亦有视听,此是心已发,抑未发?”曰:“喜怒哀乐未发,又是一般。然视听行动,亦是心向那里。若形体之行动心都不知,便是心不在。行动都没理会了,说甚未发!未发不是漠然全不省,亦常醒在这里,不恁地困。”

问:“恻隐、羞恶、喜怒、哀乐,固是心之发,晓然易见处。如未恻隐、羞恶、喜怒、哀乐之前,便是寂然而静时,然岂得块然槁木!其耳目亦必有自然之闻见,其手足亦必有自然之举动,不审此时唤作如何。”曰:“喜怒哀乐未发,只是这心未发耳。其手足运动,自是形体如此。”①

在朱熹看来,“心”是一个“虚灵明觉”,一团“活气”。这一方面说明朱熹的“心”观念有巨大的包容性,另一方面说明了朱熹对此观念的运用无法清晰地说明“恶”的问题。他的理论本身是回到孟子的体系中去谈“心”与“恶”的关联,强调“恶”为“心”之恶,并在“心”上做工夫,即所谓的“求放心”。但朱熹又明显不满足于这一点,他需要的是将工夫落到具体的、可操作的伦理实践中,正如以下内容:

问:“先生前日以挥扇是气,节后思之:心之所思,耳之所听,目之所视,手之持,足之履,似非气之所能到。气之所运,必有以主之者。”曰:“气中自有个灵底物事。”

虚灵自是心之本体,非我所能虚也。耳目之视听,所以视听者即其心也,岂有形象。然有耳目以视听之,则犹有形象也。若心之虚灵,何尝有物!

---

① 黎靖德编:《朱子语类》(卷第五),第86—87页。

> 问:"五行在人为五脏。然心却具得五行之理,以心虚灵之故否?"曰:"心属火,缘是个光明发动底物,所以具得许多道理。"①

这也就是朱熹在己丑之悟后,对张横渠的"心统性情"如此关心的原因之一。

(二)"情"的不及与"欲"之过度

"情"的不及指"情"从心体发出,到达正常"慾望"满足之前的状态。这一阶段,虽属于"情"的"已发",但未达到朱熹批判的"人欲"状态。

相对于朱熹将"人欲"定性为绝对的"恶"来说,"情"这时只具有"恶"的潜在形态,它是一种可能形成恶的势。在这一状态中,"情"所表现出来的,要么是"善",要么是"非恶",即一种中性的存在。前者如孺子入井时表现出来的善,后者为日常的衣食住行,无所谓善恶。朱熹真正要做"常惺惺"工夫的地方,应该就在这里。对于"人欲之恶",朱熹是持反对意见的,但它的作用往往是作为"警惕"的反例,而不是朱熹思想中格物致知的主要方向。

> 或云:"过非心所欲为,恶则心所欲。"曰:"恶是诚中形外,过是偶然过差。"
>
> 杨氏云:"苟志于仁矣,未必无过举也,然而为恶则无矣。"先生问学者:"过与恶,如何分别?"曰:"过非心所欲为,恶是心所欲为。"曰:"恶是诚于中,形诸外,所以异也。"②

在"情"的"已发"而未达到正常欲望的满足时,恶只潜伏在心中。

在朱熹的理论中,"恶"是本体性的存在,还是"善"的偏移?这是一个需

---

① 黎靖德编:《朱子语类》(卷第五),第87页。

② 黎靖德编:《朱子语类》(卷第二十六),第646页。

要讨论的问题。首先,假使朱熹的“恶”存在本体,那么对于朱熹来讲,他完全可以认同陆九渊的“易简工夫”的方便法门。他要做的,要么是恪守本心,以防“恶本体”的侵扰;要么是加强“火力”,将“恶本体”消灭。然而,朱熹的“格物致知”的修身法门,是无法允许“恶本体”存在的。朱熹说:“今日格一物,明日格一物,正如游兵攻围拔守,人欲自消铄去。”①可见在朱熹这里,“恶”很难是“一”,而是“多”。既然是“多”,就无法构成以“一”为形式的本体。这种本体论实际上在谈论“情本体”或者“欲本体”的时候,也同样存在。这就是如何面对它们的唯一性的问题。李泽厚提出的“情本体”之所以受到如此大的争议,估计也有这方面的原因。

如果“恶”没有本体,那么“恶”是什么?在朱熹的观念里,“恶”应该是“善的缺如”。他在谈孟子“人有鸡犬放,则知求之;有放心,而不知求。学问之道无他,求其放心而已矣”②一段时,解释说:

学者须是求放心,然后识得此性之善。人性无不善,只缘自放其心,遂流于恶。③

心无形影,教人如何撑拄。须是从心之所发处下手,先须去了许多恶根。如人家里有贼,先去了贼,方得家中宁。如人种田,不先去了草,如何下种。须去了自欺之意,意诚则心正。诚意最是一段中紧要工夫,下面一节轻一节。④

心之本体何尝不正。所以不得其正者,盖由邪恶之念勃勃而兴,有以动其心也。⑤

---

① 黎靖德编:《朱子语类》(卷第十二),第207页。
② 朱熹:《四书章句集注》,第312页。
③ 黎靖德编:《朱子语类》(卷第十二),第203页。
④ 黎靖德编:《朱子语类》(卷第十五),第304页。
⑤ 黎靖德编:《朱子语类》(卷第十五),第306页。

"苟志于仁矣",方志仁时,便无恶。若间断不志仁时,恶又生。[①]

朱熹的观念里,"恶"明显有"多"的面向,而不是一个实体。在朱熹看来,"恶者却是无了天理本然者,但实有其恶而已"。[②] 这需要被我们重视。

三、情的"诚意以复性"

(一)诚以去欲达仁

朱熹说:

《书》曰"人心惟危,道心惟微,惟精惟一,允执厥中":圣贤千言万语,只是教人明天理,灭人欲。天理明,自不消讲学。人性本明,如宝珠沉溷水中,明不可见;去了溷水,则宝珠依旧自明。自家若得知是人欲蔽了,便是明处。只是这上便紧紧着力主定,一面格物……所以程先生说"敬"字,只是谓我自有一个明底物事在这里。把个"敬"字抵敌,常常存个敬在这里,则人欲自然来不得。[③]

朱熹的工夫最终还是要回到"仁体"上。朱熹的"情"在发动之后,受"慾望"的吸引,有趋向过度的可能。一旦过度,"人欲"或"恶"便随之显现。然而,朱熹并没有就将问题搁置。不是"情"一旦入"恶"(人欲)的领域就毫无办法,听之任之,而是通过"涵养穷理"的方式,使人的"情"回到本心,重新识"性"而达"仁"。也就是说,"情"看到"宝珠",依旧自明,此"宝珠"天然能

---

① 黎靖德编:《朱子语类》(卷第二十六),第 646 页。
② 黎靖德编:《朱子语类》(卷第十六),第 335 页。
③ 黎靖德编:《朱子语类》(卷第十二),第 207 页。

产生一种吸引力,这种吸引力与人欲吸引力呈相反方向,更加强烈地将人的“情”拉回“性本体”。这就是朱熹在“已发”工夫中的一个主要面向,即穷理。

我们再来看朱熹与弟子的这段对话:

郑仲履问:“先生昨说性无不善,心固有不善。然本心则元无不善。”曰:“固是本心元无不善,谁教你而今却不善了!今人外面做许多不善,却只说我本心之善自在,如何得!”

心、性、理,拈着一个,则都贯穿,惟观其所指处轻重如何。如“养心莫善于寡欲,虽有不存焉者寡矣”。“存”虽指理言,然心自在其中。“操则存”,此“存”虽指心言,然理自在其中。①

这里谈的“善”,是“心”作为整体而言的。“恶”相对于“心”来说,相当于善的变异。这种“变异”有两个方面:一是气质的清浊。“气”的“清”表现为“心”的善,“气”的“浊”表现为“心”的恶,但是本质上源于善的变异。二是“情”的中道与过度、不及。“情”的中道为善,“情”的过度为恶,“情”的不及有恶的可能。

在朱熹看来,人的整个“心”还是要坚持孟子的人性本善这个基本的大前提。人欲之恶的产生,只是“情”在“慾望”上过了度。这种过度,如果没有格物穷理的工夫加以扭转,整个人就会因为人欲而陷入无穷无尽的恶的深渊。朱熹之所以一直强调格物穷理的工夫,是他的“敬”思想在“人欲”中成为既定事实。在这种情况下,如果再坚持陆九渊的“恪守本心”,或者道南学派的“默坐澄心”,显然在工夫力度上是无法真正维持“心向善”这个状态的。

在朱熹这里,“人欲”是一种“既本有又外在”的存在,吸引着“情”超越人的正常“慾望”而进入恶。它已经具有强大的势能。抵消这个势能的方法

---

① 黎靖德编:《朱子语类》(卷第五),第89页。

是人需要借用另一种既本有又外在的力，这就是程伊川所讲的“敬”，用“敬”的反向动能将“情”拉回到“性”的身边。也就是说“性者，心之理；情者，性之动；心者，性情之主”。[①]“情”在“欲之动”与“敬之动”之间达到“相对静止”，趋于一种“和谐”或“平衡”，归于“静”，最终归于“性”。接下来，才是用道南学派的“守静”工夫将“情”控制住。这便是朱熹在“情”方面的工夫论。

（二）修心以至诚

钱穆说：

> 学问修养，应能到达心与理一之境界。朱子论忠恕，谓忠近诚，恕近仁；诚与仁，则心与理一。[②]

> 实理在物，指在外；诚悫在心，指在内。[③]

钱穆表达了两层意思：一是朱熹的“诚”近乎“忠”，也近乎“敬”；二是“诚”可弥补“人欲”过度的缺陷，使其有回归的可能性。朱熹说：“诚者，合内外之道，便是表里如一，内实如此，外也实如此。”[④]也就是说，在“人欲”的既定事实面前，如何反身而诚，是“敬”工夫在穷理方面要做的主要工作。朱熹说：“‘诚’字在道则为实有之理，在人则为实然之心。”[⑤]回归本然，诚是不可以绕过的一环。

“诚敬”是朱熹工夫论中主要的思想。朱熹说：“能尽其诚敬，便有感格，亦缘是理常只在这里也。”[⑥]在朱熹这里，“诚”与“敬”是人一种“向外”与“向

---

① 黎靖德编：《朱子语类》（卷第五），第 89 页。
② 钱穆：《朱子新学案》（第 2 册），第 515 页。
③ 钱穆：《朱子新学案》（第 2 册），第 516 页。
④ 黎靖德编：《朱子语类》（卷第二十三），第 543 页。
⑤ 朱熹：《朱子全书》（第 22 册），第 2123 页。
⑥ 黎靖德编：《朱子语类》（卷第三），第 46 页。

内”的工夫途径。“诚”相对于“敬”更倾向于“向外”,“敬”相对于“诚”更倾向于“向内”。二者虽然没有清晰的分界线,但在朱熹的理论中大体有这样的倾向。

当然,这里我们需要明确的是,“诚”和“欲”依然是“情”的一种。只不过,“欲情”有趋向“恶”的可能,而“诚情”有向“善”的趋势。在朱熹的理论中,不是说人的“慾望”没有“倾向善的可能”,只是他更强调“人欲”倾向“恶”的这个面向。我们也是从这个方面来界定“欲”的。而他的“诚”在某一个方面也可以看成“欲”,但是这时候的“欲”只有倾向“善”的可能了。因此,为了将问题讨论清楚,我们应该坚持将朱熹的“欲”界定为趋向恶的倾向,将“诚”界定为趋向善的可能。这两种状态构成了“情”的两个面向。

到这里,我们几乎将朱熹的“情”“欲”“诚”三个概念梳理清楚了。接下来要做的工作是讨论这样的问题:朱熹是如何以“诚”克“欲”,以至于帮助“情”回到“性”本身,达到“助情还仁”的?朱熹说:“诚是在思上发出。诗人之思,皆情性也。情性本出于正,岂有假伪得来底!思,便是情性;无邪,便是正。”[①]这是朱熹给出的较为温和的方法。然而,如果只强调“思”,这与他批评的湖湘学派的“察识涵养”工夫几乎没有什么两样。因此,朱熹绝不会只停留在这里。朱熹在与孟子思想碰撞时提出了“反身而诚”,这才是他想要的“以诚治欲”的工夫力道。前者明显不如后者“势力强”。钱穆在《朱子新学案·论诚》中强调,先“反身而诚”后“思无邪”的讲法,表明了他先“‘反身而诚’而后‘思无邪’”的工夫路径。

《朱子语类》曰:

上蔡说:“穷理只寻个是处,以恕为本。”穷理自是我不晓这道理,所以要穷,如何说得“恕”字?他当初说“恕”字,大概只是说要推我之心以穷理,便碍理了。龟山说“反身而诚”,却大段好。须是反身,乃见得道

① 黎靖德编:《朱子语类》(卷第二十三),第545页。

理分明。如孝如弟，须见得孝弟，我元有在这里。若能反身，争多少事。①

“反身而诚”，则恕从这里流出，不用勉强。未到恁田地，须是勉强。

所谓“万物皆备于我”，在学者也知得此理是备于我，只是未能“反身而诚”。若勉强行恕，拗转这道理来，便是恕。所谓恕者，也只是去得私意尽了，这道理便真实备于我，无欠阙。

或问：“《万物皆备于我》章后面说‘强恕而行，求仁莫近焉’，如何？”曰：“恕便是推己及物。恕若不是推己及物，别不是个什么。然这个强恕者，亦是他见得‘万物皆备于我’了，只争着一个‘反身而诚’，便须要强恕上做工夫。所谓强恕，盖是他心里不能推己及人，便须强勉行恕，拗转这道理。然亦只是要去个私意而已。私意既去，则万理自无欠阙处矣。”②

朱熹诸多语录，皆有此层意思。

（三）“诚”之意的朗现

如果将朱熹的“诚”限定为“忠恕”，那么他的“诚”也未免有一些悲观色彩。这种带有“强恕”的“诚”，也不会是朱熹希望看到的结果。他的“诚”还是要与“意”相结合，才能让“诚”以一种积极的态度做工夫。于是，讨论朱熹的“诚”就必须回到《大学》中的“所谓诚其意者：毋自欺也”③一段。

朱熹说：

诚其意者，自修之首也。毋者，禁止之辞。自欺云者，知为善以去

① 黎靖德编：《朱子语类》（卷第十八），第417页。

② 黎靖德编：《朱子语类》（卷第六十），第1435—1436页。

③ 朱熹：《四书章句集注》，第8页。

恶,而心之所发有未实也……言欲自修者知为善以去其恶,则当实用其力,而禁止其自欺。[①]

朱熹指出了从“诚意”到“意诚”的关键,点出了“意”对于“诚”的关键作用。朱熹说:“圣贤直是真个去做,说正心,直要心正;说诚意,直要意诚;修身齐家,皆非空言。”[②]他又说:“《大学》曰:‘物格,而后知至;知至,而后意诚。’才意诚,则自然无此病。”[③]

在朱熹的理论中,他的“意”主要有三个面向:一是“意”的心之所发,如朱熹说“意者,心之所发也”[④];二是意是人欲,如朱熹说“私意既去,则万理自无欠阙处矣”[⑤];三是意的“从心所欲,不逾矩”,如朱熹说“意诚以下,则皆得所止之序也”[⑥]。也就是说,“意”在朱熹的理论里存在着多维面向。

穷理诚意,强调的是“心之所发”。朱熹说:“‘心,言其统体;意,是就其中发处。正心,如戒惧不睹不闻;诚意,如慎独。’又曰:‘由小而大。意小心大。’”[⑦]在修心至诚中,强调的是去除私意。《朱子语类》曰:

问:“心,本也。意,特心之所发耳。今欲正其心,先诚其意,似倒说了。”曰:“心无形影,教人如何撑拄。须是从心之所发处下手,先须去了许多恶根。如人家里有贼,先去了贼,方得家中宁。如人种田,不先去了草,如何下种。须去了自欺之意,意诚则心正。诚意最是一段中紧要工夫,下面一节轻一节。”或云:“致知、格物也紧要。”曰:“致知,知之始;诚意,行之始。”[⑧]

---

① 朱熹:《四书章句集注》,第8页。
② 黎靖德编:《朱子语类》(卷第八),第133页。
③ 黎靖德编:《朱子语类》(卷第十二),第214页。
④ 朱熹:《四书章句集注》,第5页。
⑤ 黎靖德编:《朱子语类》(卷第六十),第1436页。
⑥ 朱熹:《四书章句集注》,第5页。
⑦ 黎靖德编:《朱子语类》(卷第十五),第304页。
⑧ 黎靖德编:《朱子语类》(卷第十五),第304—305页。

在意诚所止中，则强调“意”在天理范围内的自由朗现。这是朱熹的美学思想。此为我们下一节要讨论的内容。

第四节　“意”的“敬”之工夫论

每一个人的自然存在，都不可能完全按照伦理规范行事，因为人本身具有自主性。这种自主性，显然不是人欲泛滥、胡作非为，而是在天理框架内呈现出的一种人对美的自由的追求。显然，在平常人看来，朱熹只是一个典型的道德君子。这个道德君子似乎是那种不食人间烟火的神仙，他的一举一动要完全符合伦理纲常。他又以古板的样子教育着他的弟子，这才成就了他一生的学术事业。这种看似有道理的推论只要放到日常生活中去审视，就会发现是无法成立的。朱熹也是一个人，一个活生生的人，他一定有他所追求的生活价值和对美的需要。这一切，均在他的山水美学中体现了出来。这种美学思想，并不是一种独立于其伦理学思想之外的新思想，而是在其伦理学思想基础上的美的升华，可谓一种伦理美学。他的这种伦理美学，与其“意”思想是离不开的。于是，关于“敬”的“意”的工夫论，便成为我们下面要讨论的内容。

一、“意”的“敬”之圆融

讨论“情”与“欲”的纠葛时，人的直观感觉往往是压抑。无论是“守情于性”的“未发”工夫，还是“敬义夹持”的“已发”工夫，“情”都处在一个被动的位置上。它被“欲”吸引，受“诚”夹持，处处无法自由。后世学人也正是看到了这一点，才使他们即便看到了理学的高妙，也不愿意以理为用，甚至以此来批判朱熹理学思想。

其实,如果将朱熹理学思想定位于此,恐怕朱熹本人也不会赞同。作为影响中国千年的思想伟人,对自由的向往也应该是他的人生追求。他的“敬”思想如果都是“被决定”,那这个“敬”和“死敬”就无法区分。朱熹说:

敬有死敬,有活敬。若只守着主一之敬,遇事不济之以义,辨其是非,则不活。若熟后,敬便有义,义便有敬。静则察其敬与不敬,动则察其义与不义。如“出门如见大宾,使民如承大祭”,不敬时如何?“坐如尸,立如齐”,不敬时如何?须敬义夹持,循环无端,则内外透彻。①

朱熹虽然并未将“敬”完全限制住,但此处之“敬”依然有“死敬”之嫌。朱熹的“敬”要想得到自由,必须先返回“性”这个层面,形成一个回环。再从“性”出发,以“意”的方式呈现出来,这便达到了他的美学境界。只有这样,他的“敬”才有自由的可能。这个“意”,便是他的“从心所欲”,即“乐”的境界。朱熹说:“如‘从心所欲,不逾矩’,是也。然此理既熟,自是放出,但未能得如此耳。”②这便是朱熹伦理思想中“敬”的自由观。

朱熹谈《聚星亭赞》时说:

名画想多有之,性甚爱此,而无由多见。他时经由,得尽携以见,顾使获与寓目焉,千万幸也。彼中亦有画手,能以意作古人事迹否?③

又说:

聚星阁此亦已令草草为之。市工俗笔,殊不能起人意。④

---

① 黎靖德编:《朱子语类》(卷第十二),第216页。
② 黎靖德编:《朱子语类》(卷第五十二),第1240页。
③ 朱熹:《朱子全书》(第23册),第3108页。
④ 朱熹:《朱子全书》(第23册),第3110页。

钱穆认为:“朱子晚年,荀陈家风,朱子向所不喜。而为此一画,几经筹度,往返商讨,不厌不倦。甚于游艺、格物双方精神之兼畅并到,正可因此想见。”①

朱熹晚年对“意”的关注,已经成为他伦理思想中的一个重要方面。于是,他的美学思想在其伦理思想的作用下慢慢展开也就是顺理成章的事情。潘立勇认为:

> 在伦理本体,非功利的绝对命令,立法普遍性和意志自律方面,朱子理学与康德有近乎之处……就其哲学的伦理内涵、人学目的论而言,确乎朱熹与康德更近。所以,我……将朱熹于康德比较的切入点定位于审美目的论,即伦理美学。②

在潘立勇的引导下,大致可明白朱熹为什么要将伦理思想向美学上扩展。借用康德对“美”与“道德”关系的表述,可将朱熹的这一思想揭示出来。康德说:

> 理想的鉴赏具有一种从外部促进道德性的倾向。——使人在自己的社交场合温文尔雅,这虽然并不能等于是说,把他塑造成道德上善的(有道德的),但毕竟通过在这种场合使别人愉悦(受到喜爱或者赞赏)的努力而为此做好了准备。——以这种方式,人们就能够把鉴赏称为外在表现上的道德性;尽管这一表述在字面上看包含一种矛盾;因为温文尔雅毕竟包含着道德上善的外貌或者仪态,甚至包含着某种程度的道德上的善,也就是说,包含着也把道德上善的外表当做一种价值的

---

① 钱穆:《朱子新学案》(第 5 册),第 396 页。

② 潘立勇:《朱子理学美学》,东方出版社,1999,第 532—533 页。

偏好。①

虽然康德的解读并不能完全体现出朱熹美学思想的全貌,但他的这种解读对于朱熹主张格物致知以达“性之本真”来讲,有几分道理。同时,美的存在,也确实会让朱熹的伦理思想得以延续,同时也会让“敬”思想给人带来的“崇高感”变得温和一些。这也正是康德所说的:

> 在人选良好的社交中谈话有时达到的高尚感受,必须在这期间消解为活泼的玩笑,而笑逐颜开的欢乐应当与激动的、严肃的神态形成美的对照,这对照使两类感受无拘无束地交替出现。②

虽然用康德的思想来诠释朱熹存在一定的风险,但康德毕竟清晰地指明了伦理与美感的问题。这对于理解朱熹对“意”的关注,是有启发意义的。

二、“意”的“敬”之本心

朱熹说:

> 胡氏曰:“圣人之教亦多术,然其要使人不失其本心而已。欲得此心者,惟志乎圣人所示之学,循其序而进焉。至于一疵不存、万理明尽之后,则其日用之间,本心莹然,随所意欲,莫非至理。盖心即体,欲即用,体即道,用即义,声为律而身为度矣。”③

此时之“意”,便是自然流荡之意,是人与自然的和合,同时又有朱熹在

---

① [德]康德:《康德著作全集》,李秋零编,中国人民大学出版社,2003,第238页。
② [德]康德:《康德著作全集》,第212页。
③ 朱熹:《四书章句集注》,第56页。

《题郑德辉悠然堂》中“认得渊明千古意”之意。该诗为：

高人结屋乱云边，直面群峰势接连。
车马不来真避俗，箪瓢可乐便忘年。
移筇绿幄成三径，回首黄尘自一川。
认得渊明千古意，南山经雨更苍然。①

朱熹的“意”，是一种即存有即活动的美学存在，也是其伦理学最后要达到的目标。它相对于“欲”有伦理的自觉性、自律性；相对于“诚”，没有他律的限制；相对于“情”，更为精密。可以说，朱熹的“意”实际上化解了“敬”思想中那种严肃的威严感和崇高感，让“敬”以一种平易近人的姿态出现在人们面前。

在“意”的作用下，朱熹的天道伦理思想不再是只有“千仞之高”、无法触及的崇高存在，而是化于日常生活中的“情感可知”。在这里，伦理学与美学并不是完全分离的、不可兼容的存在，它们有一定的共通性。甚至在朱熹这里，道德构成了“美”存在的基础。潘立勇甚至认为，朱熹“对审美和艺术的伦理功用过度的强调，在实践上起着束缚、压抑艺术发展的消极作用，有时甚至导致吞并、否定艺术本身”。② 虽然本书对潘立勇提出的“朱熹的伦理思想有吞并、否定艺术”的这种讲法存有异议，但他提出的朱熹的伦理学是其美学思想的基础却是事实。伦理学与美学的交融与朱熹讲“小学”与“大学”的思路如出一辙。朱熹说：

学之大小固有不同，然其为道则一而已。是以方其幼也，不习之于小学，则无以收其放心，养其德性，而为大学之基本。及其长也，不进之

① 朱熹：《朱子全书》（第20册），第352页。
② 潘立勇：《朱子理学美学》，第581页。

于大学,则无以察夫义理,措诸事业,而收小学之成功。是则学之大小所以不同,特以少长所习之异宜,而有高下浅深先后缓急之殊,非若古今之辨义利之分,判若如薰莸冰炭之相反而不可以相入也。今使幼学之士,必先有以自尽乎洒扫、应对、进退之间,礼、乐、射、御、书、数之习,俟其既长,而后进乎明德、新民,以止于至善,是乃次第之当然,又何为而不可哉?①

朱熹将“小学”视为“大学”的基础,指出“大学”“小学”非“古今之辨义利之分,判若如薰莸冰炭之相反而不可以相入也”的状态,而是人生层次的不同。同样,在朱熹的伦理学与美学之间,也是这样一种状态。这是朱熹一贯的思想。这里,除了要注意朱熹思想的一贯性外,还要注意朱熹在诠释其伦理思想时也颇为注重“简易”的方法。当然,这种“简易”不同于陆九渊的“易简工夫”。

朱熹在讲“大学”时反复强调“小学”的洒扫、应对工夫,也是这种思想的体现。这种思想,便是以最平易近人的方式实现“存天理,灭人欲”的道德理想追求,最终达到治国平天下的政治夙愿。

三、“意”的伦理美学

朱熹的“意”实际上是沟通朱熹伦理学与美学的桥梁,正如“自由”是沟通康德实践伦理学与美学思想的核心概念。实际上,朱熹的“意”之所以不同于康德的“自由”,就源于他的“意”是一种“敬”的自由,而非无条件的法则。朱熹的伦理思想不可能像康德的那样纯粹。这既有时代的原因,也有东西方文化的差异。但不管怎么说,朱熹的“意”为古人的伦理实践打开了一个“自由”的视窗,使伦理学以一种不太冷冰冰的面孔来面对世人。于是,

① 赵顺孙纂疏:《大学纂疏中庸纂疏》,第16—17页。

“意”帮助“敬”走进了美学领域。

潘立勇认为：

> 持理本体论的朱熹认为“文皆从道中流出”，“鸢飞鱼跃”是“道体随处发现”，“满山青黄碧绿，无非天地之化流行发现”，它们的美学内涵在于：美的本体是先验的“道”或“天理”，美的产生是道或天理的流行发现。①

确实，朱熹的“文皆是从道中流出”②，“鸢飞鱼跃”是“道体随处发现”，“满山青黄碧绿，无非天地之化流行发现”③，均道出了朱熹伦理思想中美学的痕迹。

朱熹认为：“道者，文之根本；文者，道之枝叶。惟其根本乎道，所以发之于文，皆道也。三代圣贤文章，皆从此心写出，文便是道。”④由此可见，朱熹的美学是以伦理学为基础的，也是以伦理学为发展导向的。这一点，通过他对苏轼和欧阳修不同的评价便可看出来，他说：

> 今东坡之言曰：“吾所谓文，必与道俱。”则是文自文而道自道，待作文时，旋去讨个道来入放里面，此是它大病处。只是它每常文字华妙，包笼将去，到此不觉漏逗。说出他本根病痛所以然处，缘他都是因作文，却渐渐说上道理来；不是先理会得道理了，方作文，所以大本都差。欧公之文则稍近于道，不为空言。⑤

朱熹提出“因言以明道”的美学思想。朱熹认为：“今人作文，皆不足为

① 潘立勇：《朱子理学美学》，第 24 页。
② 黎靖德编：《朱子语类》（卷第一百三十九），第 3305 页。
③ 黎靖德编：《朱子语类》（卷第一百一十六），第 2795 页。
④ 黎靖德编：《朱子语类》（卷第一百三十九），第 3319 页。
⑤ 黎靖德编：《朱子语类》（卷第一百三十九），第 3319 页。

文。大抵专务节字,更易新好生面辞语。至说义理处,又不肯分晓。”[1]他进一步指出:

> 圣人之言坦易明白,因言以明道,正欲使天下后世由此求之。使圣人立言要教人难晓,圣人之经定不作矣。若其义理精奥处,人所未晓,自是其所见未到耳。学者须玩味深思,久之自可见。[2]

这里朱熹依然强调道德对美学的主导作用,点出“美”存于“道德”中。正是在这种思想下,他对苏轼、韩愈的美学思想进行批评。他认为苏氏文辞矜豪谲诡,与道甚远。

朱熹提出文字之设,须达意得理。他说:

> 文字之设,要以达吾之意而已,政使极其高妙而于理无得焉,则亦何所益于吾身,而何所用于斯世?乡来前辈盖其天资超异,偶自能之,未必专以是为务也。故公家舍人公谓王荆公曰:“文字不必造语及摹拟前人。孟、韩文虽高,不必似之也。”况又圣贤道统正传见于经传者,初无一言之及此乎?[3]

同时,在朱熹的伦理美学系统中,他认为义理为美的前提。如其所说:

> 古之圣贤所以教人,不过使之讲明天下之义理,以开发其心之知识,然后力行固守以终其身。而凡其见之言论、措之事业者,莫不由是以出,初非此外别有歧路可施功力,以致文字之华靡、事业之恢宏也……所谓修辞立诚以居业者,欲吾之谨夫所发以致其实,而尤先于言语

① 黎靖德编:《朱子语类》(卷第一百三十九),第3318页。
② 黎靖德编:《朱子语类》(卷第一百三十九),第3318页。
③ 朱熹:《朱子全书》(第23册),第2974页。

之易放而难收也。①

他强调说:“‘辞欲巧’乃断章取义。有德者言虽巧、色虽令无害,若徒巧言令色,小人而已。”②可见朱熹“文从道出”的本心一直未变。

潘立勇指出:

朱熹美学具有的严密的系统性、突出的伦理性、深刻的矛盾性,最充分最典型地体现了理学美学的特色……他对于确立“气象”这个美学范畴,对于推动时代崇尚以人为主体精神浑成于艺术的整体风貌之自然风格为主要特征,以“气象浑成”为审美理想所起的开风气之先的作用;以及他的美学构架的浓厚的伦理气息对后代产生的深远的文化模式影响;仅从他对严羽和王夫之这两位中国古典美学大家的直接影响之深,就不难想见朱熹在中国古典美学中的影响的重大。③

朱熹的美学实际上是为其伦理学服务的,他的美学思想实际是对他的理性思想的超越。朱熹“文道合一”的理念在理想的状态下,反映了朱熹情感的强烈、丰富和深刻,使他自身的文学创作在美学思想的引领下,有了更多的艺术性的技巧,并将其与诗文相结合,开创出庞大的朱子理学系统。然而朱熹这一取向也有其局限,潘立勇认为:

“文道合一”的理念在其道是作为现存的社会伦理规范,尤其是统治者的伦理意识尺度来绝对地定义的时候,人的真实自由的生命体验和表达必然受到严格的限制和束缚,艺术就可能沦落为片面的伦理宣传工具,承受单一的明道功能。这样,审美和艺术自身的特殊规律就不

① 朱熹:《朱子全书》(第23册),第3094页。
② 朱熹:《朱子全书》(第22册),第1779页。
③ 潘立勇:《朱子理学美学》,第43—44页。

可能得到重视,审美的形式和艺术的技巧就可能被绝对地排斥而得不到基本的关注,文坛和艺坛就可能被枯燥僵死的伦理说教所充斥。[1]

朱熹美学的伦理取向所造成的这种负面后果也是真实存在的,这也是朱熹伦理美学一直被后人诟病的原因之一。潘立勇又指出:

理学美学的伦理本体追求也体现了中华民族自我人格认识的自觉和深化,审美和艺术作为人的精神世界的自我观照和自我实现的重要方式,有意识地在其中弘扬作为人文导向的人格精神或伦理精神,也是有其一定的积极意义的。这种伦理精神取向对于审美和艺术领域的无病呻吟的颓态和唯形式主义的靡绮之风,有着一定的纠偏作用。[2]

伦理与美学暗示着朱熹理学美学中的理想与现实。当然,以上难题的化解方法也许朱熹早已想到,这就是他在晚年重视《大学》和《中庸》的原因。不依不倚,取其中道,也许也是其美学和伦理学的工夫秘诀。

朱熹的伦理美学中宏大的思想体系需要进行更多的挖掘与梳理。这需要我们在思考朱熹的伦理思想时,不能忽视美学这一重要面向。因此,对朱熹伦理美学的探讨是十分必要的。

小　结

朱熹以“敬”思想为核心构建的伦理学系统,既是对自先秦到南宋伦理思想的总结,也是明清之际社会及个人之间伦理原则的源起。

---

① 潘立勇:《朱子理学美学》,第579页。
② 潘立勇:《朱子理学美学》,第580页。

朱熹的“敬”的伦理思想在工夫论方面，是围绕“心”的观念展开的。他的核心思想依然是继承张横渠的“心统性情”。不过，在融合了程伊川的“敬”思想后，演化为一种以“仁”为核心的伦理框架，这也构成了他性善论的根基。

在这个框架内，朱熹同时继承孔子的“仁”观念和孟子的“善”观念，将“仁”“善”视为天理的展现，在人身上则统统表示为“性”。对“性”所做的“敬”之工夫，一般就是“守性”或“爱性”，表现为通过“守敬”和“爱敬”以达“仁”。这是朱熹的“未发”工夫。在朱熹看来，“未发”工夫值得肯定，但有“近禅”的风险。道南学派和陆氏门人屡次被朱熹批评为近禅，也多源于此。这种工夫虽然重要，但朱熹还是将做工夫的重点放在心之“已发”，即“情”上。

在朱熹的观念里，“情”是无善恶之分的。“情”甚至在特殊的情况下也无动静之分。当“情”不动时，它表现为“性”。因此，在朱熹的观念里，“情”是一个难以琢磨的存在，却也是他的工夫的用力之处。

“情”之发动存在一个外部原因，这个原因主要是“慾望”。朱熹本人并没有对“慾望”加以界定，而是将“慾望”归于“人欲”中。但是，从朱熹的行文中可以发现，一定存在着一个“合理的人欲”，这应该是“慾望”之内的“情”。这一点需要为朱熹做出补充。

“情”受“慾望”的吸引开始发动，容易超过“慾望”而进入“人欲”之中。“人欲”也是“情”的一部分。但与“情”不同的是，“欲”是“情”的过度，它没有回归到“性”的可能性。相反，只有“去欲”才能达“性”。这便是朱熹“存天理，灭人欲”的工夫论式的表达。

借助“欲望”这个概念，可将朱熹的“情”分成两个部分：一部分是在“情”发动之前，到达人的正常“慾望”之前的这一部分，这是人的正常的“欲”，它不存在善恶之分，但存在变“恶”的可能；一部分是“情”超过人的正常“慾望”的部分，这就是朱熹的文本中经常出现的“人欲”的概念，这是朱熹格物穷理的主要对象。

朱熹与道南学派及陆氏门人在伦理学方面最大的不同是，他允许人有"为恶"的可能。也就是说，人们在日常的洒扫、应对中，会出现"种种恶"。这些"恶"并非天然本有，而是"善"的缺如[①]。朱熹的"恶"在"已发"阶段都有返回"善"的可能，而帮助"恶"复归于"善"，便是朱熹"敬"工夫的主要任务。

朱熹的"敬"的内容，在未发时表现为恪守本心，让"情"与"性"紧密连接在一起，这便是他所强调的"常惺惺法"；本心发动，"情"受"慾望"吸引，朱熹采取"敬义夹持"的工夫论，让"情"停留在正常的"慾望"范围内，不至于过度；如果"慾望"过强而让"情"突破正常的"慾望"，这便是朱熹一直批判的"人欲"，需要借用格物致知、穷理尽性的工夫，使其复归于"性"。

这种复归于"性"，不是让"情"回到正常"慾望"的边界之内，而是要回到"性"本身，让"情"与"性"合。这便是朱熹"心"动的一个回环。只有"情"与"性"合，朱熹的"心"才能"以善的方式"朗现，如宝珠出溷水。宝珠并非只停留在"性"处，它的朗现是"从心所欲，不逾矩"，这便是朱熹思想中的"意"。而这个"意"，代表着朱熹的伦理思想向美学思想的升华。《朱子语类》将《论文》放置于最后两卷（卷第一百三十九、一百四十），估计是黎靖德观察到了朱熹思想的这个特点。

"心"包含"性""情""意"；"性"为"仁"；"情"与"性"同位，但不同一；"情"易受到"欲"的吸引，而达"慾"。但"情"与"欲"交融而过度，不自觉地超过"慾"而沦入"恶"；"恶"常由事而显，因此对事做格物穷理工夫能使"情"复归本"心"，最终以"意"的方式呈现出来，达到朱熹的美学状态：自由，且"从心所欲，不逾矩"。达成这一切的通道，便为"敬"。这便是朱熹"敬"的伦理学，可用简图表示如下：

① 缺如，也称隐语、隐缺、漏字，在楹联中是一种特殊的表现手法。

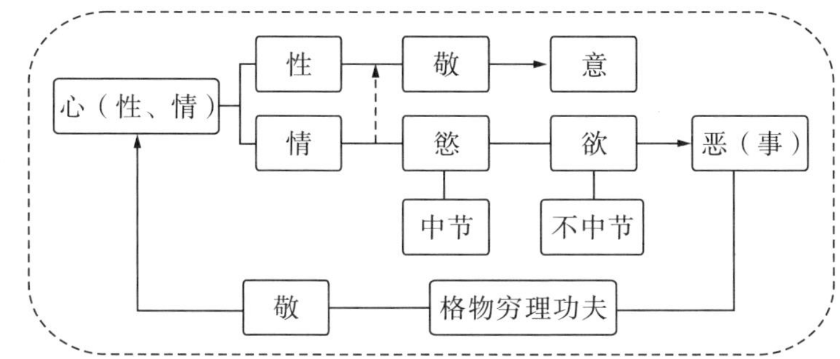

朱熹的美学思想是在其伦理学思想下产生的一个庞大的思想体系，值得加以大力挖掘。

第四章　朱熹的“敬”的伦理美学

朱熹的“敬”思想离不开美学的加持，美学以一种独特的方式存在于他的伦理思想之中。这种以“意”为主导的伦理美学是如何呈现的？这就涉及朱熹的理学与美学的问题。朱熹的理学与美学并非截然分开的，而是二位一体的。朱熹的理学构成了其美学存在的本体，即道者文之根本；同时，由于美学的存在，朱熹的理学不再是苦涩难咽的道德戒条，而趋向于“从心所欲，不逾矩”的和合之境。至此，朱熹理学构建了其美学存在的骨架，美学又拓展了其理学的视野。进而，美学的存在遏制了理学由儒家滑向法家深渊的趋势。二者在一定程度上达到了融通。

第一节　朱熹伦理美学的发端

由于朱熹没有关于伦理美学的专门著作，学界对这个领域的争论一直存在。在对朱熹的研究中，我们总是会发现以下几个难题：一是他的理论过于庞杂，似乎可以囊括一切，但仔细研究起来，却发现无论是材料，还是逻辑，都需要进行再次考证或解读。二是朱熹作为南宋时期的古人，他的一些思想在现代科学的检视下，出现了逻辑矛盾和难以自洽的诸多问题。这导致我们在运用西方概念体系来解读朱熹思想时，出现了种种矛盾现象。如美学思想就是其中一个典型的例子。三是朱熹的思想经过明清至当代新儒家的诠释，带上了各种标签。这些标签在帮助我们理解朱熹思想的同时，也为理解朱熹思想的多维面向带来阻碍。在这个背景下，一些问题浮出水面：一是朱熹伦理学思想中是否存在美学？这涉及朱熹伦理美学的合法性与合理性问题。二是他的理学与美学的内在关联是什么？这可能也需要去进一步厘清。三是能否从他众多松散的美学材料中挖掘出一个完整的体系？这也是不容易的。基于以上思考，我们需要对朱熹伦理美学进行探讨。

一、伦理美学的证明

关于朱熹的理学和美学，通常被学者看成相互矛盾的两极。“在人们心目中，‘理学’与‘美学’似乎是水火不相容的两个概念，‘理学’几乎与‘反美学’是同义词。”[①]这种看似两极的存在，实际呈现出来的是两宋理学的独特面相，即理学中的美学。这违背了人们关于理学的常识，如“人们想到‘理学’总会浮现出一副抽象的、冷漠的、道貌岸然的纯哲学、纯理学面孔，它那‘存天理，灭人欲’的训条，在人们的直观感受中与美学的旨趣相隔是何等的遥远，理学家中普遍存在的对艺术的轻视、对情感的压抑，更使人们感到他们是美学的克星”。[②] 这种看法基本上给了理学一个定性。仔细分析，却发现这种解读存在一个明显的问题：它有将理学家的思想与法家的思想相混同的趋向，即将理学家主张的道德劝导视同法家的严刑峻法。这种思想在近现代思想家中多有出现。牟宗三曾一度期望通过康德的绝对义务论，即“为义务而义务”的方式来重新“激活”因近现代西学的冲击带来的儒学的僵化的状况。这便是这一思想的典型代表。于是，在当代新儒家的相关解读中，似乎“在美学的殿堂里，人们排斥了理学家的影子，在中国古典美学发展史上，几乎找不到理学美学的位置”。[③] 这是当代研究宋明理学的一种思潮。

在新儒家中，除了牟宗三主张从康德义务论的角度来诠释理学，徐复观

---

① 潘立勇：《朱子理学美学》，第6页。
② 潘立勇：《朱子理学美学》，第6页。
③ 潘立勇：《朱子理学美学》，第6页。

美学思想中强烈的庄子印记[1],也让理学与美学处于对立的两极。对理学的法学式理解虽在牟宗三等人的强调下逐渐为学者所接受,但这种解读方式其实在明清之际早已有之。因此,明清两代官方对理学思想法学式的提倡和使用,加以近代牟宗三等人借用康德思想的研究,将二者推到完全对立的两极上而无法融通,于是出现了下面的情况:

> 众多的研究理学和理学家的著述,几乎毫无例外地忽视或至少轻视了其中的美学内容,而如此众多的研究中国古典和古典美学的著述,同样几乎毫无例外地忽视或轻视了其中的理学美学环节,或者至多只是从消极的意义上将其作为反面的比照而加以草率的直感评判。[2]

理学与美学融合的合法性与合理性存在的问题成为学者首先要解决的问题。相较于在中国传统文化中,儒、释、道对美学的接纳,“为何作为集儒、道、佛三家文化哲学之大成的理学却被认为几乎是与美学绝对地无缘?”[3]这是一个奇特却有趣的问题。作为儒家思想重要分支的理学,为何被认为不容于美学,同样也是朱熹理学思想研究者们面临的困惑。对于这个问题的思考,一个显而易见的原因就是长期以来我们受制于科学思想中分科细化思潮的影响。学者在这种思维下习惯于用“纯粹”“体系”的方式来概括一种思想或一个人物。在这种以追求“重点”或“关键词”为主导的模式中,刻板印象进一步被强化,因此在对朱熹是理学家还是美学家的追问中,形成了“朱熹只能是……而绝不能是……”的思路。于是,以上问题的存在也就不是一件奇怪的事情了。

潘立勇认为,宋明之际的理学与美学不可能是完全无缘的。

---

① 陈永宝:《论徐复观“三教归庄”式的宋代画论观》,载《中国美学研究》2020年第16辑。

② 潘立勇:《朱子理学美学》,第6—7页。

③ 潘立勇:《朱子理学美学》,第7页。

> 如果撇开它们在思辨对象、观念内容和理论导向等相对外在的差异，着重考察它们在精神结构、思维形式、研究方法上表现出来的更深层、更内在的特征，那么我们就可以发现，二者又是亲缘的、共相的和互渗的。①

然而，以上这些论述只为我们提供了朱熹理学美学存在的可能性，而论证其存在的必然性，依然有许多工作要做。潘立勇认为：“理学本身包不包含美学的内涵，理学本身有没有美学，这才是‘理学美学’的立论基础。”②于是，接下来要面对的一个问题便是理学与美学这两个概念的内涵和外延。

在《朱子理学美学》一书中，潘立勇指出：“理学是在儒家伦理学说的刺激下完成，而又对儒家伦理学超越和升华，使之哲理化、思辨化的理论形态。”③这基本肯定了理学与儒学的关联。但需要注意的是，“理学醉心于心性问题却不局限于伦理学的圈囿，而是突破现实伦理纲常的视野而进入对世界本原等形上问题的探讨”。④ 即是说，如果我们只将理学思想框定在先秦儒家主张的以宗法为核心的理学体系中，就有将理学的范围缩小的趋向。张立文在总结宋代理学时，用“和合”⑤对其进行描述，亦有突破这种局限的意义。于是，潘立勇认为，理学“不是以人本身来说明人，而是从宇宙本体角度论证人的本体，把人的存在、人的本性、人之所以为人的价值，提高到宇宙本原的高度，而赋予人生和世界以真实、永恒和崇高的意义”。⑥ 从他的这个判断中，我们看到了朱熹的理学并不局囿于理学的范畴，它至少含有知识论和美学的面向。

实际上，这个美学的面向从未离开过理学，只是在西方的学术分科系统

① 潘立勇：《朱子理学美学》，第 7 页。
② 潘立勇：《朱子理学美学》，第 7 页。
③ 潘立勇：《朱子理学美学》，第 10 页。
④ 潘立勇：《朱子理学美学》，第 10—11 页。
⑤ 潘立勇：《朱子理学美学》，《序言》第 5 页。
⑥ 潘立勇：《朱子理学美学》，第 11 页。

传入中国后,才出现了一个在知识层次上的分裂。潘立勇指出:“断定理学与美学无缘的习惯结论,一方面缘于人们对理学的直观印象与成见,另一方面也缘于人们对美学的片面把握。”[①]于是,人们倾向于只将线条、形构和色彩等视觉感官刺激认定为美学,而将诗词、音乐等其他表达形式要么驱逐出美学领域,要么存而不论。这种现象其实是混淆了美学与艺术学最为典型的表现。潘立勇指出:

> 由于在人们传统的印象中,艺术是最为基本和最为重要的审美领域和审美形态,艺术美学是最为基本和最为重要的美学理论,在中国古典美学中更是如此,由此容易在人们的直观印象中产生这样的推理或化简:即将美学等同于艺术学,再等同于艺术,于是美学和艺术之间画上了等号。其实这是一种十分片面的把握。[②]

于是,论证理学与美学的融合,首先就需要将这种被曲解的、或片面化的美学纠正过来,正如潘立勇所说的:“美学作为以情感观照方式协调人与自然、人与人以及人与自我关系的精神哲学品格,以及旨在沟通必然与自由、感性与理性,在客观的合规律性与主观的合目的性统一基础上实现人的自由这一基本精神。”[③]至此,我们找到了理学与美学之间的桥梁,也发现了二者融合的桥梁。

---

① 潘立勇:《朱子理学美学》,第16页。
② 潘立勇:《朱子理学美学》,第16页。
③ 潘立勇:《朱子理学美学》,第18页。

二、伦理美学的内容

(一)“道者文之根本”的理学本体

朱熹指出:“道者,文之根本;文者,道之枝叶。惟其根本乎道,所以发之于文,皆道也。三代圣贤文章,皆从此心写出,文便是道。”[①]这是朱熹伦理美学本体论的基本设定。在朱熹看来,理学构成了美学存在的基础,美学也是以理学为发展导向的。这一点从他对苏轼和欧阳修不同的评价中彰显了出来。从他的这些评论可以看出,朱熹围绕“圣人之言坦易明白,因言以明道”的理学本体而展开他的美学思想。

为了说明这个问题,朱熹提出:“今人作文,皆不足为文。大抵专务节字,更易新好生面辞语。至说义理处,又不肯分晓。”[②]也就是说,美学如果离开了理学,便只是形式上的“讨巧”,而失去了其存在的现实意义。在这一点上,朱熹继承了北宋欧阳修等人主张的古文运动的核心思想。朱熹主张以理学为核心,让美学围绕其展开。即使由于现实的困难无法用美学的方式来表达,也要保持理学思想表达的明晰性特征。他指出:“圣人之言坦易明白,因言以明道,正欲使天下后世由此求之。使圣人立言要教人难晓,圣人之经定不作矣。若其义理精奥处,人所未晓,自是其所见未到耳。学者须玩味深思,久之自可见。”[③]在这里,朱熹既指出了无理学之美学的空洞,又强调了道德对美学的主导作用,从而点出了“美”存于“道德”中的本体架构。

在这种思想下,朱熹对苏轼、韩愈的美学思想进行批评,便是顺理成章的事情了。他指出苏氏文辞矜豪谲诡,与道甚远。显然他认为苏轼的美学思想是值得商榷的。朱熹说:

---

① 黎靖德编:《朱子语类》(卷第一百三十九),第3319页。
② 黎靖德编:《朱子语类》(卷第一百三十九),第3318页。
③ 黎靖德编:《朱子语类》(卷第一百三十九),第3318页。

苏氏文辞伟丽,近世无匹,若欲作文,自不妨模范。但其词意矜豪谲诡,亦有非知道君子所欲闻。是以平时每读之,虽未尝不喜,然既喜,未尝不厌,往往不能终帙而罢,非故欲绝之也,理势自然,盖不可晓。然则彼醉于其说者,欲入吾道之门,岂不犹吾之读彼书也哉!亦无怪其一胡一越而终不合矣。①

同时,他指出苏轼与韩愈在文字上过度倾向于追求美学的形式:"予谓老苏但为欲学古人,说话声响,极为细事,乃肯用功如此,故其所就亦非常人所及。如韩退之、柳子厚辈亦是如此。"②同时,他也指出南宋诸文人存在的弊病,多在于这些美学作品与理学"了无干涉":

今人说要学道,乃是天下第一至大至难之事,却全然不曾着力,盖未有能用旬月功夫,熟读一卷书者。及至见人泛然发问,临时凑合,不曾举得一两行经传成文,不曾照得一两处首尾相贯,其能言者,不过以己私意,敷演立说,与圣贤本意义理实处,了无干涉,何况望其更能反求诸己,真实见得,真实行得耶?③

正因为如此,朱熹才有"纠正这种弊病"的想法。朱熹在回曾景建的信时说:"辱书,文词通畅,笔力快健,蔚然有先世遗法,三复令人亹亹不倦。所论读书求道之意,亦为不失其正。所诋近世空无简便之弊,又皆中其要害,亦非常人见识所能到也。"④在朱熹看来,美学如果只是形式模范,与伦理无关,这种美学就注定是华而不实的空架子。他认为,真正的美学既要有完美的外在形式,亦要有伦理作为其内容。这也就是他提出的"文字之设,须达

① 朱熹:《朱子全书》(第22册),第1864页。
② 朱熹:《朱子全书》(第24册),第3593页。
③ 朱熹:《朱子全书》(第24册),第3593页。
④ 朱熹:《朱子全书》(第23册),第2974页。

意得理”的思想。

至此，朱熹在谈论美学的表达时，将理学思想与其融合的趋势已经展露无遗。即是说，无“理学”为内容或支柱而存在的美学架构，在朱熹看来只是空虚辞藻、无“道”之心，强调了他的“道者文之根本”的美学思想。

（二）“有德而后有言美”的美学架构

如果说“道者文之根本”是朱熹理学与美学思想的基础，那么“有德而后有言美”则将这一思想进一步升级。在朱熹看来，理学是美学不可缺少的前提。他说：

> 古之圣贤所以教人，不过使之讲明天下之义理，以开发其心之知识，然后力行固守以终其身。①

朱熹进一步指出：

> 所谓修辞立诚以居业者，欲吾之谨夫所发以致其实，而尤先于言语之易放而难收也。其曰“修辞”，岂作文之谓哉？今或者以修辞名左右之斋，吾固未知其所谓然。②

因此，他强调说：“‘辞欲巧’乃断章取义，有德者言虽巧、色虽令无害，若徒巧言令色，小人而已。”③在朱熹看来，德行的存在是美学思想不可缺少的内在核心。这是朱熹伦理思想的核心。由此可以看出，在朱熹的美学思想中，伦理思想从未缺位，仍占据着重要的位置。不仅在美学方面如此，朱熹在用美学思想解读《易经》时也遵循了这一个原则。他常借用《易经》中的阴

---

① 朱熹：《朱子全书》（第23册），第3094页。
② 朱熹：《朱子全书》（第23册），第3094页。
③ 朱熹：《朱子全书》（第22册），第1779页。

阳之象来观人事文章,如:

> 盖天地之间,有自然之理,凡阳必刚,刚必明,明则易知。凡阴必柔,柔必暗,暗则难测。故圣人作《易》,遂以阳为君子,阴为小人,其所以通幽明之故,类万物之情者,虽百世不能易也。予尝窃推《易》说以观天下之人,凡其光明正大,疏畅洞达,如青天白日,如高山大川,如雷霆之为威而雨露之为泽,如龙虎之为猛而麟凤之为祥,磊磊落落,无纤芥可疑者,必君子也。而其依阿淟涊,回互隐伏,纠结如蛇蚓,琐细如虮虱,如鬼蜮狐蛊,如盗贼诅祝,闪倏狡狯,不可方物者,必小人也。[①]

至此,朱熹的美学阐述突显了以伦理为核心的思想背景。这说明他对美的对象是有一定选择的。如他对《易经》的美学表述中,我们亦能感受到他的美学思想对广阔大物颇为上心,而对蝇营狗苟颇为排斥。这说明了他注重家国美学气象,忽视个人得失的伦理宗旨。甚至可以说,朱熹的美学思想是为伦理思想服务的。

(三)“理体”与“象”的交融合一

在朱熹看来,理学与美学的关系可以从体用一源的角度来阐释。在这个逻辑下,理学构成了美学的骨架,美学为理学的外显,即“理为体、象为用”。朱熹说:

> “体用一源”者,自理而观,则理为体、象为用,而理中有象,是一源也;“显微无间”者,自象而观,则象为显、理为微,而象中有理,是无间也。先生后答语意甚明,子细消详,便见归着。且既曰有理而后有象,则理象便非一物。故伊川但言其一源与无间耳。其实体用显微之分则

① 朱熹:《朱子全书》(第24册),第3641页。

不能无也。今曰理象一物，不必分别，恐陷于近日含胡之弊，不可不察。①

“理体”与“象”的结合，说明朱熹既继承了老庄美学对出世的追求，也坚守了儒家“为天地立心，为生民立命”的入世情怀。可以说，朱熹试图完成的是在坚守本身道德“正心”的前提下，为“心性”寻找到一个可以自由释放的空间。“理体”与“象”合，是朱熹解决其理学自身矛盾的一个方法。这个矛盾既包括理学与道学的矛盾，也包含理学与法学的矛盾。总而言之，是自由与束缚的矛盾。这些矛盾，是朱熹在四十岁前后处理“已发未发”“理先气后”等问题，以及在编排《大学》与《中庸》时就已经存在的矛盾。

实际上，今日学者在研究朱熹时遇到的种种困难，同样是朱熹理论本身矛盾的再现。朱熹本人并非不知道他的理论中存在着这些矛盾。如从超越性的道德到非超越性的形而下的“理”思想的建构，他都可以寻找“理”思想存在的形而下证据。他重复古代先民“立表测影”的行为便为一例证；同时，他派蔡季通去四川寻找先天八卦图亦有这方面的倾向。

那么，为何后世对朱熹的解读多为超越性的道德存在？这主要源于朱熹的正君王之心的道德期盼。在他的理论中，道德和理学始终是他思想的主轴，是他从事所有事项的核心。

可以说，在朱熹看来，美学打开了一个拒斥约束的良好途径，但是又要警惕苏轼等人的“肆意妄为”。他赞同欧阳修等人对古文运动的理解，主张“道者，文之根本”，但同时，他更倾向于将这种思想作一些调整，即“理为体、象为用”。这种体用思想在朱熹看来，可能微微拉高了与理学比较时美学的地位，而不是单方面强调“理为体”这一面向。

在朱熹的理论中，他最终的目的在于调和形而上与形而下的理论架构。也就是说，他既不能如北宋诸家一样将一切都寄托于形而上的存在，亦不能

① 朱熹：《朱子全书》（第22册），第1841页。

抛离道德本心而流于道家。他既要确保儒家本心不改变,又要注重儒家思想与其他思想的融合。同时,他内心的美学追求,也在另一个角度上有辟佛的意图,也就是将佛家所言的“空”进行儒家实体化。

当然,我们无意对朱熹的思想作更多的猜测,但在其留存的文本中,这一切均是有据可查的。这也再一次体现了他理论中的矛盾现象及其产生的原因。

三、伦理美学的互融

潘立勇指出:“如果不是孤立地执着于范畴的字面意义,而是从对立统一的角度对它作更深入的、辩证的、综合的考察,就可以发现这些貌似与美学相距千里的理学范畴其实可能包含着深刻的美学内容,它们不仅仅是为美学问题提供了哲学基础,而且有的本身直接就属于美学范畴。”[①]这表明,理学与美学可以在本体论、主体论与境界论上有共通之处。于是,我们不妨用这个思路挖掘两者在这三个面向之间的关系。

(一)伦理本体论与美学本体论

伦理的本体论与美学的本体论在两宋理学的发展中,曾一路相伴而行。它们时而相互呼应,时而趋于同一。潘立勇指出:

> 在理学范畴系统的“理气”部分中“气”、“道”、“理”、“心”、“象”、“物”及“太虚”、“太和”、“神化”、“象”、“阴阳”、“刚柔”等本体和功能范畴,包含着理学家对美的本体及其现象的解释。[②]

---

① 潘立勇:《朱子理学美学》,第23页。
② 潘立勇:《朱子理学美学》,第23页。

张横渠就曾提出“凡象皆气”①和“气聚则离明得施而有形”②等包括美学内涵的哲学范畴。这里,美不再仅仅是形而上的抽象存在,也是一个形而下的具体事物,正如潘立勇说的:

> 美不是在虚无或心念中凭空产生的,而是有“气”这个物质性基础的;美的本体既不是空虚的“无”或观念性意识存在,也不是某种具体的实体性物质存在(“客形”),而是一种既具有形象性又非某一具体形象,既属物质性存在又非属某一具体物质的“气”及其微妙的表现。③

同时,他指出:

> 持理本体论的朱熹认为“文皆从道中流出”,“鸢飞鱼跃”是“道体随处发现”,“满山青黄碧绿,无非天地之化流行发现”,它们的美学内涵在于:美的本体是先验的“道”或“天理”,美的产生是道或天理的流行发现。④

朱熹说:“文皆是从道中流出,岂有文反能贯道之理?文是文,道是道,文只如吃饭时下饭耳。若以文贯道,却是把本为末。”⑤确实,朱熹的“文皆从道中流出”,“鸢飞鱼跃”是“道体随处发现”,“满山青黄碧绿,无非天地之化流行发现”。⑥ 这些既是朱熹理学思想的本体论,又代表了他思想中的美学痕迹。如朱熹的《读道书作六首》中的第一首:

---

① 张载:《张载集》,第63页。
② 张载:《张载集》,第182页。
③ 潘立勇:《朱子理学美学》,第24页。
④ 潘立勇:《朱子理学美学》,第24页。
⑤ 黎靖德编:《朱子语类》(卷第一百三十九),第3305页。
⑥ 黎靖德编:《朱子语类》(卷第一百一十六),第2795页。

岩居秉贞操,所慕在玄虚。
清夜眠斋宇,终朝观道书。
形忘气自冲,性达理不余。
于道虽未庶,已超名迹拘。
至乐在襟怀,山水非所娱。
寄语狂驰子,营营竟焉如?①

可以说,“在朱熹理学美学中,人格美体现为‘性’—‘情’—‘行’三重结构,‘性’为道体赋予人的品格,‘情’为人的实际体验,‘行’为人的现实表现”。② 这也就是潘立勇主张的:

对于这些范畴与命题,从美学的角度可以作这样的理解:美的本体既不是物质的实在,也不是先验的、外在的客观天理,而是内在的吾心的主观精神,是吾心主观精神之投射,使世界产生美的现象或带上美的意义。③

也就是说,“这些哲学范畴和命题系统地涉及了审美客体的本体论、发生论、特征论、功能论和形态论的思想”。④ 潘立勇进一步解释说:

审美客体和审美对象之终极来源和具体发生在于“气”之本体及其阴阳特性的交互作用;具体表现为显象之和谐与生动;它具有令人愉悦和容人共享的特征,能令人在自得而欣畅中受到陶冶颐养;其形态主要表现为“刚柔”之象,刚健奔动和柔顺秀丽分别为两者之主要特征。如

① 朱熹:《朱子全书》(第20册),第236页。
② 张立文:《朱熹大辞典》,第419页。
③ 潘立勇:《朱子理学美学》,第24页。
④ 潘立勇:《朱子理学美学》,第24页。

果这些理解大抵接近其应有之美学内涵的话，我们就不难举一反三，以斑窥豹。①

而这一切，不过是他对张载在这样一段话中所包含的理学内涵的理解：

造化之功，发乎动，毕达乎顺，形诸明，养诸容载，遂乎说润，胜乎健，不匮乎劳，终始乎止。健、动、陷、止，刚之象；顺、丽、入、说，柔之体。②

到这里，基本可以找到美学与理学本体化的根源。可以说，“理学醉心于心性问题却不局限于伦理学的圈囿，而是突破现实伦理纲常的视野而进入对世界本原等形而上问题的探讨：它不是以人本身来说明人，而是从宇宙本体角度论证人的本体，把人的存在、人的本性、人之所以为人的价值，提高到宇宙本原的高度，而赋予人生和世界以真实、永恒和崇高的意义”。③ 至此，二者在本体上有了不可忽略的关系。

（二）伦理主体论与审美主体论

关于伦理主体论，张横渠的理论较有代表性。他在《正蒙》和《西铭》中提出的天地之性与气质之性，既突出了人在伦理体系中的位置，又突出了人在伦理体系中的作用。可以说，张横渠为理学的建构提供了坚实的基础。此后，从二程到王夫之，这种建构一直是理学家体系内部最为核心的部分。他的天地之性“是由天德而来的绝对至善的人性”，他的气质之性“是由气化而来的善恶相兼的人之感性素质存在”。④ 也就是说，张横渠主张的“形而后

① 潘立勇：《朱子理学美学》，第 25 页。
② 张载：《张载集》，第 52 页。
③ 潘立勇：《朱子理学美学》，第 10—11 页。
④ 潘立勇：《朱子理学美学》，第 25 页。

有气质之性,善反之则天地之性存焉”。① 潘立勇说:

> 人要返回“天地之性”,达到“与天为一”的境界,需要经过“大心”、“尽心”的途径进行“穷神知化”、“穷理尽性”的认识和修养。所谓“大心”、“尽心”其要义就在于通过“无私”、“无我”、“虚明”、“澄静”的直觉体悟使主体进入与天地万物上下通贯的精神境界,达到对微妙莫测而又至高无限的“天理”的内在体认。②

他还说:

> 在理学范畴系统的“心性”和“知行”部分中,“心”、“性”、“情”、“欲”、“虚”、“静”、“诚”、“明”、“中和”、“易简”、“顿悟”等理学范畴,涉及了有关审美主体之审美心理、审美情感、审美心胸、审美态度、审美修养等多方面思想。③

这说明了以下内容:

> 在审美过程中,审美主体最基本的特征正是需要抱着“虚明”、“澄静”的心胸和态度,通过“不假审察而自知”的直觉过程,达到对审美对象的体认。此外,理学家们常喜欢说:“易简工夫”、“豁然贯通”、“心觉”、“顿悟”、“存神过化”、“穷神知化”等,作为一般认识论或有神秘主义的色彩,但用于审美认识领域,却极富于启发。④

---

① 张载:《张载集》,第 23 页。
② 潘立勇:《朱子理学美学》,第 25 页。
③ 潘立勇:《朱子理学美学》,第 25 页。
④ 潘立勇:《朱子理学美学》,第 26 页。

而这一切,均以伦理美学的方式被朱熹继承。朱熹说:“周公所以立下许多条贯,皆是广大心中流出。某自十五六时,闻人说这道理,知道如此好,但今日方识得。”[①]他还说:

> 心只是放宽平便大,不要先有一私意隔碍,便大。心大则自然不急迫。如有祸患之来,亦未须惊恐;或有所获,亦未有便欢喜在。少间亦未必,祸更转为福,福更转为祸。荀子言:“君子大心则天而道,小心则畏义而节。”盖君子心大则是天心,心小则文王之翼翼,皆为好也;小人心大则放肆,心小则是褊隘私吝,皆不好也。[②]

这既是朱熹理学对主体的要求,也是其美学思想要达到的目的。

(三)伦理境界论与审美境界论

潘立勇认为:“‘天人合一’作为理学家的最高理想境界,更是充满了美学的色彩。”[③]在这一层面上,“主体通过直觉认识和自我体验实现同宇宙本体的合一……实现人和自然的有机统一”。[④] 这里,真理境界、理学境界和审美境界在“诚”“仁”“乐”三个范畴中实现了和谐统一。以上三者的整合,反映了主体精神与宇宙本体合一的真理境界,主体意识与“生生之理”合一的道德情感,及主观目的性和客观规律性合一的审美旨趣。潘立勇指出:

> 审美的精神实质在于通过以令人愉悦为主的情感体验,消融主客体之间的矛盾而达到精神的自由,理学家追求的理想境界以及实现这种境界的工夫,都深刻地包含着这种审美精神。[⑤]

---

① 黎靖德编:《朱子语类》(卷第三十三),第850页。
② 黎靖德编:《朱子语类》(卷第九十五),第2447—2448页。
③ 潘立勇:《朱子理学美学》,第26页。
④ 潘立勇:《朱子理学美学》,第26页。
⑤ 潘立勇:《朱子理学美学》,第27页。

除此之外，"孔颜乐处"是以朱熹为主的理学家一贯的追求，同时也是朱熹美学的一个典型特征。如他的诗《乐》写道：

纷华扫退惟吾情，外乐如何内乐真。
礼义悦心衷有得，穷通安分道常伸。
曲肱自得宣尼趣，陋巷何嫌颜子贫。
此意相关禽对语，濂溪庭草一般春。①

又如《曾点》写道：

春服初成丽景迟，步随流水玩晴漪。
微吟缓节归来晚，一任轻风拂面吹。②

这可以说是以朱熹为主的理学家对"孔颜乐处"最真实的写照。朱熹最著名的诗《观书有感·其一》更能表现这一点：

半亩方塘一鉴开，天光云影共徘徊。
问渠那得清如许？为有源头活水来。③

在朱熹看来，将道德精神与审美体验融为一体的人生境界，才是儒家应该持有的人生态度和人生追求。这种人生境界，是"胸次悠然，直与天地万物上下同流，各得其所之妙，隐然自见于言外"④的飘逸洒落、超然物外的人生境界。它既体现了"超功利的精神境界"，也体现了"道德人生的审美境

---

① 束景南：《朱熹佚文辑考》，江苏古籍出版社，1991，第695页。
② 朱熹：《朱子全书》第20册，第285页。
③ 朱熹：《朱子全书》第20册，第286页。
④ 朱熹：《四书章句集注》，第124页。

界”。[1] 总之,可简单概括地说:

> 理学范畴系统始于本体论而终于境界论,这种境界即天地境界,也即本体境界……在这种以主体情感体验中的“天人合一”为人生最高极致的范畴系统中,包含着丰富而深刻的美学内涵,道德人生的审美体验成为理学境界和工夫中的必不可少的内容。[2]

也就是说,朱熹的美学既融合在理学思想系统中,又是理学思想的再升华。他的理学思想之所以精彩,对美学的追求是不可缺少的一环。

后世诸多学者认为,朱熹只是理学家,而与美学无缘。这种对于朱熹的误解主要来自以下两个方面:“一方面缘于朱子理学的巨大影响的遮蔽而造成的认知和研究中的视线死角,另一方面是由于对朱熹人格和思想内在深刻的复杂性和矛盾性认识不足。”[3]束景南曾指出:“历世唯知拜朱熹为无上偶像,神其人而蔑其文。”[4]这里的“文”不仅是文学之文,也指艺术造诣。这造成了人们对朱熹的认识偏差:

> 朱熹作为理学大师,只应专注性命义理之学,不会也不应寄情于文学艺术,因此也不可能有正确的、深刻的文学、美学见解,或者更干脆地说不该与此有缘。[5]

以上几乎代表了清朝以前人们对朱熹的总体评价。甚至他的好友杨万里也持有这种观点。杨万里在《戏跋朱元晦〈楚辞解〉》中写道:

---

① 潘立勇:《朱子理学美学》,第29页。
② 潘立勇:《朱子理学美学》,第33页。
③ 潘立勇:《朱子理学美学》,第48页。
④ 束景南:《朱熹佚文辑考》,第2页。
⑤ 潘立勇:《朱子理学美学》,第48页。

注《易》笺《诗》解《鲁论》,一帆径度浴沂天。

无端又被湘累唤,去看西川竞渡船。[①]

这里说朱熹一生之中注疏了很多儒家经典,注《易经》、笺《诗经》、解《论语》,现在又无端受到了“湘累”(屈原)的召唤,开始注起《楚辞》来。很显然,在杨万里看来,朱熹的工作重心应该放在儒家之学上,而不是与其道德性命之学相违背的《楚辞》上。连朱熹的友人都对他产生如此大的误解,后人的误解不可谓不深。

朱熹的美学思想是为其伦理思想服务的。他的美学思想实际是对他的伦理思想的强化和超越。朱熹的“文与道一”在理想的状态下,反映了朱熹情感的强烈、丰富和深刻,使他的文学创作在美学思想的引领下,掌握了更多的艺术技巧,并与诗文相结合,开创出如此庞大的朱子理学系统。然而,这一思想也存在负面影响:

“文道合一”的理念在其道是作为现存的社会伦理规范,尤其是统治者的伦理意识尺度来绝对地定义的时候,人的真实自由的生命体验和表达必然受到严格的限制和束缚,艺术就可能沦落为片面的伦理宣传工具,承受单一的明道功能。这样,审美和艺术自身的特殊规律就不可能得到重视,审美的形式和艺术的技巧就可能被绝对地排斥而得不到基本的关注,文坛和艺坛就可能被枯燥僵死的伦理说教所充斥。[②]

朱熹美学思想的伦理取向所造成的这种负面后果是真实存在的。这也就是朱熹伦理美学一直被人诟病的原因之一。不过,我们也应该看到:

---

① 杨万里:《诚斋诗集笺证》,薛瑞生校笺,三秦出版社,2011,第2639页。

② 潘立勇:《朱子理学美学》,第579页。

> 理学美学的伦理本体追求也体现了中华民族自我人格认识的自觉和深化，审美和艺术作为人的精神世界的自我观照和自我实现的重要方式，有意识地在其中弘扬作为人文导向的人格精神或伦理精神，也是有其一定的积极意义的。这种伦理精神取向对于审美和艺术领域的无病呻吟的颓态和唯形式主义的靡绮之风，有着一定的纠偏作用。①

理学与美学暗示着朱熹伦理美学的理想与现实。当然，对以上难题的化解之法也许朱熹早已想到，这也是他在晚年重视《大学》和《中庸》的原因。不依不倚，取其中道，也许是美学和理学的工夫秘诀。

潘立勇指出：“朱子美学具有的严密的系统性、突出的伦理性、深刻的矛盾性，最充分最典型地体现了理学美学的特色……他的美学构架的浓厚的伦理气息对后代产生的深远的文化模式影响……”②朱熹在中国古典美学史上的突出贡献主要有两点：“一是他的理学美学的哲理性、思辨性，启发促进了当时整个时代的美学思维……二是他对‘气象浑成’审美理想的推崇，促进了当时重视整体美、人格美的审美理想形成。”③“朱子理学美学的主要局限性，在于他对审美和艺术的伦理功用过分的强调，这在实践上起着束缚、压抑艺术发展的消极作用，有时甚至导致吞并、否定艺术自身。”④潘立勇认为：

> 朱熹并没有极端地否定审美和艺术的地位、作用和特征，相反，他对审美和艺术的本质、特征和理想境界有着相当深刻而系统的见解，只不过他的思想包含着深刻的矛盾。朱子理学美学以其特有的哲理性和系统性，在中国古典美学中别具一格，以其突出的伦理性显示着中国传

---

① 潘立勇：《朱子理学美学》，第 580 页。
② 潘立勇：《朱子理学美学》，第 44 页。
③ 潘立勇：《朱子理学美学》，第 581 页。
④ 潘立勇：《朱子理学美学》，第 581 页。

统文化意识和审美意识的特点,在当时和后代产生着很大的影响。中国古典美学史中应有朱子理学美学的一席地位。①

因此,对朱熹理学美学的误解,在于对其神化和污化带来的两种极端后果,也在于把朱熹的伦理美学作为“利用工具”而肆意妄为地乱用。当然这也侧面反映出朱熹伦理美学具有巨大的价值。

同样,我们也必须接受这样一个不成文的规则,那就是一个人的成就与其付出的代价是成正比例的。朱熹逝世后“享受”了自孔子以来学人中最崇高的荣耀,他的一生及其逝世后也必须为这一“荣耀”付出代价。这个代价,一方面表现为“打倒孔家店”对他的波及;另一方面就是他必须承受其理论被误解和曲解的后果。

当然,今天重拾朱熹伦理美学,并不是要回归久远的历史,而是要尽可能找到其能为当代服务的因素。或许这依然有些工具论的痕迹,但这也是朱熹伦理美学能继续存活下去的基础。当然,这要求我们认真梳理朱熹伦理美学思想的特征,找到更有价值的思想遗存。

第二节　朱熹伦理美学的特征

朱熹的伦理思想与美学思想为其思想发展的两个面向,但它们不是截然分开的,而是一种“同一”。朱熹伦理学的概念性与时空性,使其以清晰的轮廓指引着后世学人的道德践履;朱熹山水美学的无概念性与超时空性,又突显出“从心所欲”的自在。两者不是对立的思考路径,而是相互补充的,甚至相互渗透的,达到一种伦理与美学的“间距”与“之间”。“伦理美学”的概括使这种状态突显出来,但这并不是一个“概念”,而是一种状态的代名词。

① 潘立勇:《朱子理学美学》,第582页。

于是,风景就在概念的隐退和超时空的情境下开始出现,进而化解了人在世界中的束缚。这是朱熹“敬之意”的美学体现。“意”对化解当代人精神禁锢的状态同样具有积极意义。以朱熹的美学理论为媒介来阐述中国思想本有的这种情怀,具有一定的代表性。

电子屏幕产生于一百多年前,它提供了一种更为直观的思想表达。此种媒介一旦产生,语言和叙事的表达方式便有了退化的迹象。人们在欣赏之中慢慢体会不到“意”的存在,而成为直接接收的工具。语言叙事带来的“意”,可能是现代人新的存在意义。这构成了当代“意”的一种“文艺复兴”。为了说明这个问题,我们需要回到语言最基本的形式——诗歌中。

朱熹《诗集传》中的《诗传纲领》有言:“故《诗》有六义焉,一曰风,二曰赋,三曰比,四曰兴,五曰雅,六曰颂。”[①]朱熹解释说:

> 此一条本出于《周礼》大师之官,盖《三百篇》之纲领管辖也。《风》《雅》《颂》者,声乐部分之名也。《风》则十五《国风》。雅则《大小雅》。《颂》则《三颂》也。赋比兴,则所以制作《风》《雅》《颂》之体也。赋者,直陈其事,如《葛覃》、《卷耳》之类是也。比者,以彼状此,如《螽斯》、《绿衣》之类是也。兴者,托物兴词,如《关雎》、《兔罝》之类是也。[②]

语言回归到诗中,会激发出一种比、兴的存在。比、兴与概念、时空无关。《螽斯》里的昆虫、《绿衣》里的衣服、《关雎》里的女孩、《兔罝》里的捕捉工具,已经不重要,其背后要表达的多子多孙、怀念先夫、追求后妃之德和崇尚勇武的“意”才是这些诗的关键。概念在这些诗里完全失效,人们重视的是由这些概念激发起的联想(“意”)。这种联想超越了时空,却又真实存在,它们无法用固定的概念将其固定。虽然心理学家曾尝试用动机、镜像、印刻

---

① 朱熹:《朱子全书》(第1册),第344页。

② 朱熹:《朱子全书》(第1册),第344页。

等概念描述它们，但一旦言说出来就处于一种错误的道路上，这不是它们本身的存在。因此，这种有关比和兴的诗，实际上构成了一种无概念与超时空的美学的"意"。朱熹说的"诗者，人心之感物而形于言之余也"[①]正是这个意思。当然，这里并不准备对诗歌进行过于深入的考察，而是要借此引出朱熹伦理美学的一个特征。很显然，朱熹的伦理学是有固定的概念指称的，如太极、理气、心性等。但这些概念如果细加研究，似乎与我们熟悉的概念也不能完全吻合。甚至在朱熹的山水美学中，这种概念描绘的失效性会更为明显。于是，产生了这样一种窘境：似乎可以明白他要讲一些什么，却又无法将其固定。因为这些山水诗背后所暗含的义理思想看似固定，但配合着美学思想时又无法固定，形成一种具有"别意"的思想世界。

一、伦理美学存在的无概念性

朱熹伦理美学的一个重要的面向就是山水美学。山水美学并不是朱熹独创的产物，而是两宋美学的一种常态，只不过朱熹是集大成者。这是一个不太严密的判断，但基本上可以说明实际情况。徐复观说：

> 不仅山水画到了北宋，已普及于一般文人；并且北宋以欧阳修（永叔·一〇〇七—一〇七二）为中心的古文运动，与当时的山水画，亦有其冥符默契，因而更易引起文人对画的爱好；而文人无形中将其文学观点转用到论画上面，也规定了尔后绘画发展的方向。[②]

在这里，徐复观指出了文人对画的影响。但是，他指出的"冥符默契"，也从另一个角度道出了画对文人固有观念的解构。我们很难说明其中是否

---

① 朱熹：《朱子全书》（第1册），第350页。

② 徐复观：《中国艺术精神》，台湾学生书局，1966，第354页。

有佛学因素,但仅从"文道相依"的角度来看,概念的使用对两宋文人来说难有成效。

概念的概括作用在两宋的失效,并不是概念本身出了问题,而是概念描述的对象与之不相适应。对于美学与诗学包裹下的伦理学思想,本身就含有一种无法聚集、难以形成核心概念的反趋势。我们借用一下雅克・朗西埃(Jaques Rancière)的话:

> 诗学强调的是对形式与主体的关系的解构。这不仅让其在所有被再现之物平等的基础上出场,而且,从更广阔的意义上说,也让各种形式不再隶属于其所采用的主题和布局的等级结构。[1]

当然,我们这里所谈的并不是雅克・朗西埃所主张的"大历史时代"[2],而是要说明在朱熹的伦理美学系统中,概念是难以存活的。这既源于朱熹对魏晋玄学和隋唐佛家的继承,又有理学思想内在的主旨需要。儒家核心观念的"仁"无法被封闭,由其所繁衍出的其他"概念"的内涵也无法被聚集,故它们常被认为不具有"概念"性。

这是一个很大的问题,关于儒家的概念合理性曾一度成为"中国哲学"这个概念存在合理性的一把标尺。但两宋的伦理美学的"意"的内涵和外延是十分不清晰的,在朱熹这里表现得尤其明显。如朱熹在讨论理、气时,经常出现理、气何者为先的矛盾。[3] 这种矛盾并不是理、气之间的关系或界定标准出现了问题,而是理、气本来就不是两个封闭的概念,不是静止存在的两物。相反,二者在互动过程中相互体现,以意的方式相互开放。如朱熹谈道:

---

① [法]雅克・朗西埃:《历史的形象》,蓝江译,华东师范大学出版社,2018,第81—82页。
② [法]雅克・朗西埃:《历史的形象》,第83页。
③ 陈永宝:《朱熹的理学世界》,第210—221页。

此本无先后之可言。然必欲推其所从来,则须说先有是理。然理又非别为一物,即存乎是气之中;无是气,则是理亦无挂搭处。气则为金木水火,理则为仁义礼智。①

这里,“推”字需要被注意,代表着朱熹对于理、气的一个简单的界定。“推”是实际的存在:一是证明理与气不是虚幻的遐想,而是真实世界中的存在;二是预示着概念的名词性或指示词性在这里可能会消失。两种思想中动词的介入和“之”这个存有的意义,将概念的稳定性打破了。朱利安说:

中文里有这样一个虚词“之”,它既不是指示代词,也不是重复代词。而是只让前面的词成为动词:有了这个“之”字,动词的宾语便是不确定的,或者更准确地说,为了不局囿于物体的概念,我们可以说这时候动词表示的动作指向了不确定的事物。②

因此,朱熹等古代学者对概念的确定性可能持有一定的排斥性。在庄子的理论中,“比”与“兴”的运用让这种排他性更加明显。如《逍遥游》中的鲲和鹏可以有多种解读,若以概念的方式来诠释,可能就离本意很远。这是中国思想的一种显著特征,这在两宋时期尤为显著。

朱熹的理学思想与山水美学碰撞后,激发出一种非常突出的矛盾现象。潘立勇指出:

在宋代审美意识领域,一个非常突出的矛盾现象是:一方面,伦理教化说对审美领域发动了前所未有的紧逼;另一方面,审美领域又出现了对伦理教化说的空前背离。表现在审美意识上,则是功利与超功利、

① 黎靖德编:《朱子语类》(卷第一),第3页。

② [法]弗朗索瓦·于连:《圣人无意——或哲学的他者》,闫素伟译,商务印书馆,2004,第63—64页。“于连”又译“朱利安”。

言志与表情、载道与吟味、学思与心悟、质理与情文等等日益明显的对立与交峙。①

这种矛盾让朱熹的伦理美学在概念面前无法容身。虽然我们可以用气韵等词语来说明这些现象,但这词语本身是否就能构成概念,也是需要被讨论的。这些词语本身无法解释,或者给出的解释只是同义反复,如气韵被诠释为韵味或意境,这其实并没有做出解释。它的存在是靠一种感悟的“意”,而不是像桌子、being(生物)等具有严格的界定。相比于前者,后者可被直接观察或检验,而前者可能多靠感觉或体悟,甚至是“不经意的出神”。它们可能是一种风景式的存在,而不是一堆理性的概念堆砌。前者像房子,后者像砖头的堆砌。前者无法言明②,后者清晰可见。前者用后者一分析,房子便消失了;后者用前者一分析,则只剩下幻想或谎言。

因此,朱熹伦理美学是无法用概念来诠释和说明的。一旦说明了,它们也就消失了。这种概念的缺失反而说明了朱熹伦理美学的存在。概念存在的意义之一便是使混沌的现象清晰可见,而有进一步讨论的空间。朱熹的山水美学就拒斥这种清晰化现象,一旦清晰,美便开始后退。这便是北宋画家郭熙对山水观照提出的“三远”说:

山有三远。自山下而仰山巅,谓之高远。自山前而窥山后,谓之深远。自近山而望远山,谓之平远。高远之色清明,深远之色重晦,平远之色,有明有晦。高远之势突兀,深远之意重叠,平远之意冲融而缥缥渺渺。其人物之在三远也,高远者明了,深远者细碎,平远者冲澹。③

这个“三远”,等同于朱熹山水美学中的“敬之意”,在发生之初就与概念

① 潘立勇:《朱子理学美学》,第70页。

② 房子是什么?是梁、墙、地板吗?都不是。它只是它整体的自己,不是自己的部分。

③ 徐复观:《中国艺术精神》,第342—343页。

保持了一定“间距”。这种“间距”呈现出人与物的“之间”。“之间是一切为了自我开展而‘通过’(«passe»)、‘发生’(«se passe»)之处”[①],而不是概念性的存在。

二、伦理美学的无时空规定

与两宋山水画一样,朱熹的山水美学缺乏“历史的存在”。朱熹的山水诗只有产生,而没有结束。它们没有死亡的可能,只有介质的被替换,或本身的被遗忘。由于山水诗所映射出来的风景是没有历史的存在,它们无法被把握,更不可被测量。我们无法确认人在山水之间何时产生风景,也不清楚这种风景在何时消亡。山水画与风景都是超时空的存在,这构成了它们存在的基础与命运。朱熹对《诗集》的“小序”这个时空概念的批评就可见其端倪。

朱熹在《诗集传》中说:

> 某向作《诗解》,文字初用《小序》,至解不行处,亦曲为之说。后来觉得不安,第二次解者,虽存《小序》,间为辨破,然终是不见诗人本意。后来方知,只尽去《小序》,便自可通。于是尽涤旧说,《诗》意方活。[②]

他对《诗经》的这种处理,实际上是要道出诗存在的本意,即“学者当‘兴于《诗》’”。[③] 朱熹追求的不是诗的存在,或者对诗的诠释,而是由诗而来的“兴”或“意”。[④] 朱熹说:“读《诗》正在于吟咏讽诵,观其委曲折旋之意,如吾

---

① [法]弗朗索瓦·朱利安:《间距与之间:论中国与欧洲思想之间的哲学策略》,卓立译,台湾五南图书出版股份有限公司,2013,第63页。

② 黎靖德编:《朱子语类》(卷第八十),第2085页。

③ 黎靖德编:《朱子语类》(卷第八十),第2085页。

④ 陈永宝:《朱熹美学研究:基于海外汉学的新视角》,中国社会科学出版社,2023,第114—128页。

自作此诗,自然足以感发善心。"[①]近代学者郑振铎也表达了这样的观点,他说:"《毛诗序》最大的坏处,就在于他的附会诗意,穿凿不通。"[②]苏源熙(Haun Saussy)说:

> 从朱熹到郑振铎的批评谱系,逼真而不是简单事实上的准确一直是衡量《诗序》缺点的最好标准。对朱熹与郑振铎这样的读者而言,只要指出注释偏离了诗歌就足以令注释消失于人们视野之中。[③]

从以上材料中,我们虽不能判定朱熹与郑振铎的观点是否正确,但可得知朱熹在诗意与美学中在乎的是无时空的"逼真",而不是历史的真实。我们再次借用朱熹的山水诗来说明这个问题,如《送谢周辅入广》:

> 夫君壮节与奇谋,屈首微官世所羞。
> 揽辔未妨聊矍铄,赋诗直为写离忧。
> 苍茫岭海三年别,珍重亲朋几日留。
> 满意分携一杯酒,登山临水不能休。[④]

又如《登山有作次敬夫韵》:

> 晚峰云散碧千寻,落日冲飚霜气深。
> 霁色登临寒夜月,行藏只此验天心。[⑤]

---

① 黎靖德编:《朱子语类》(卷第八十),第 2086 页。

② 郑振铎:《读毛诗序》,载顾颉刚等编者《古史辨》,香港太平书局,1963,第 388 页。

③ [美]苏源熙:《中国美学问题》,卞东波译,江苏人民出版社,2009,第 60 页。

④ 朱熹:《朱子全书》(第 20 册),第 353—354 页。

⑤ 朱熹:《朱子全书》(第 20 册),第 377 页。

人在时空中,却言时空外,是朱熹山水诗的一个特征。实际上,朱熹山水诗的这种特征广见于两宋美学之中。《四库全书总目》中的《山水诀》一卷(浙江鲍士恭家藏本)便道中了这种超时空的取向,即“凡画山水,意在笔先”。

宋初画家李成作画,也不考虑时空的因素。他的画虽尽画山水,其意则在山水之外。如其诗云:

六幅冰绡挂翠庭,危峰叠嶂斗峥嵘。
却因一夜芭蕉雨,疑是岩前瀑布声。①

后人评论说:“识者以为实录。成之于画,精通造化,笔尽意在,扫千里于咫尺,写万趣于指下。”②这句话也道出了这层道理。

无论是朱熹本人,还是两宋以来学界对山水美学一贯的态度,都让我们看到这种美学观念不是对时空的复制,而是对时空的超越。因此,朱熹伦理美学的这种“超时空”不是“无时空”。它们并不否定时空在美学中的作用,而是意图在时空中达到对时空的超越,寻找时空外的气韵或留白。而这种对时空的超越,不是对时空的形而上的追求,也不是对时空形而上的论述,而是一种此岸存在的状态。它是真实存在的,既非理性的概括,也非逻辑的推衍。它真实地存在着。

朱利安习惯用“虚待”(disponibilité)来形容这种现象。这种“虚待”不是一个概念,而是和“气韵”“留白”一样的一种指称。它也类似于物理学中的“熵”,核心在于具有不确定性,但它的存在不可怀疑。于是,对于朱熹来讲,他的山水美学所展示出来的“意”,是一种无历史的沟通。以这种视角来重新审视朱熹的理论,便会发现他所提出的回到五代圣人之学的思想,并非对

① 云告译注:《宋人画评》,湖南美术出版社,1999,第55页。
② 云告译注:《宋人画评》,第55页。

历史的回归与复原，而是一种超历史的现实构思。朱熹在讲述《尚书》时就表述过这种思想，如：

> 舜禹相传，只是说“人心惟危，道心惟微；惟精惟一，允执厥中”。只就这心上理会，也只在日用动静之间求之，不是去虚中讨一个物事来。“惟皇上帝降衷于下民”，“天叙有典”，“天秩有礼”，天便是这个道理，这个道理便在日用间。存养，是要养这许多道理在中间，这里正好着力。①

朱熹说：“尧舜禹汤文武治天下，只是这个道理。圣门所说，也只是这个。虽是随他所问说得不同，然却只是一个道理。”②于是，以理学为背景的朱熹的伦理美学，一切便贯通了。朱熹伦理美学对时空的超越，是坚信圣人之道千古为一，天下共此一理。

三、伦理学与美学的同一性

朱熹的理学与美学实为一源，却习惯于被一分为二。各取所需自然是研究的必要，但分而治之也对朱熹的理论进行了“肢解”。在对朱熹的研究中，承载着朱熹美学的诗与承载着朱熹理学的《朱子语类》，二者单从编校与体例来看，是完全不同的两个作品。我们较少能看到《朱子语类》中对诗③的描述，即便是以论“文”为核心的第一百三十九卷和第一百四十卷。相反的情况也可以从《朱熹文集》中看到。这些诗独立存在，似乎没有任何关联。很难确认它们的写作时间，也不知道朱熹为什么写。少有的诗可被后学者证明写作的时间和地点，但多有争议。以《观书有感·其一》为例：

① 黎靖德编：《朱子语类》（卷第七十八），第 2015—2016 页。
② 黎靖德编：《朱子语类》（卷第七十八），第 2016 页。
③ 这里的诗，不是指《诗经》。《朱子语类》中的诗，多指《诗经》。

半亩方塘一鉴开，天光云影共徘徊。

问渠那得清如许？为有源头活水来。①

此诗是作于朱熹年少时生活的尤溪，还是成年后长期居住的五夫里，或是其祖籍地婺源，难以确定。毕竟在南宋的福建、江西一带，拥有"半亩方塘"和"清渠"的地方很多。这里可以看出诗的超时空性。即使无法确认诗产生的时空，诗本身存在的意义和存在的可信度也是不用怀疑的。可以说，朱熹的诗是一种非真理性的存在。它不一定与外界世界完全符合（符合论），不一定强调陈述的判断的准确（冗余论），也不一定要构成交流的目的（履行论）。诗本身可能含有知识的成分，但它从来不以知识为中心。以《诗经》赋、比、兴这三个维度来讲，朱熹的诗多倾向于"兴"这个维度。因此，我们在重新审视朱熹的诗作时，这种超时空感才有如此显著的呈现。

相较于他的美学，朱熹的理学世界里有一个严格的时空界定。无论是对尧、舜、禹、皋陶、文王、武王、周公的道德肯定②，还是对孔、孟、二程等人的继承，均有明确的时间性与空间性。由此看来，似乎朱熹的美学与伦理学存在于不同的维度，这是有迹可循的。然而，朱熹主张继承孔子的"吾道一以贯之"，又有突破时间限制的倾向。朱熹说：

夫子之一理浑然而泛应曲当，譬则天地之至诚无息，而万物各得其所也。自此之外，固无余法，而亦无待于推矣。曾子有见于此而难言之，故借学者尽己、推己之目以著明之，欲人之易晓也。盖至诚无息者，道之体也，万殊之所以一本也；万物各得其所者，道之用也，一本之所以

① 朱熹：《朱子全书》（第 20 册），第 286 页。

② 如朱熹说："人之生，适遇其气，有得清者，有得浊者，贵贱寿夭皆然，故有参错不齐如此。圣贤在上，则其气中和；不然，则其气偏行。故有得其气清，聪明而无福禄者；亦有得其气浊，有福禄而无知者，皆其气数使然。尧舜禹皋文武周召得其正，孔孟夷齐得其偏者也。"［黎靖德编：《朱子语类》（卷第一），第 8 页］

万殊也。以此观之，一以贯之之实可见矣。①

《朱子语类》记载曰：“圣人之道，见于日用之间，精粗小大，千条万目，未始能同，然其通贯则一。如一气之周乎天地之间，万物散殊虽或不同，而未始离乎气之一。”②又如：

圣人所以发用流行处，皆此一理，岂有精粗。政如水相似，田中也是此水，池中也是此水，海中也是此水。不成说海水是精，他处水是粗，岂有此理！缘他（曾子）见圣人用处，皆能随事精察力行。不过但见圣人之用不同，而不知实皆此理流行之妙。且如事君忠是此理，事亲孝也是此理，交朋友也是此理，以至精粗小大之事，皆此一理贯通之。③

以上，皆可见朱熹的伦理学有突破时空限制的倾向。于是，伦理学与美学在这个层面上似乎殊途同归。

我们再回头来看美学。朱熹的山水诗中大量使用时空概念，却真正留意于超时空。如《邵武道中》：

风色戒寒候，岁事已逶迟。
劳生尚行役，游子能不悲？
林壑无余秀，野草不复滋。
禾黍经秋成，收敛已空畦。
田翁喜岁丰，妇子亦嘻嘻。
而我独何成，悠悠长路歧。
凌雾即晓装，落日命晚炊。

① 朱熹：《四书章句集注》，中华书局，2011，第71页。
② 黎靖德编：《朱子语类》（卷第二十七），第674页。
③ 黎靖德编：《朱子语类》（卷第二十七），第686页。

不惜容鬓凋,镇日长空饥。
征鸿在云天,浮萍在青池。
微踪政如此,三叹复何为?①

此诗中关于空间的名词如“邵武”“林壑”“长空”“云天”“青池”等,关于时间的名词有“秋成”“晓装”“落日”“鬓凋”“征鸿”等,然而朱熹真正要表达的是“悠悠长路歧”和“三叹复何为”这两个超时空存在的“意”。这就如同两宋的山水画:

> “掇景于烟霞之表”,“发兴于溪山之巅”,而发现其“奇崛神秀,莫可穷其要妙”。即是能在自然中发现出它的新的生命。而此新的生命,同时即是艺术家潜伏在自己生命之内,因而为自己生命所要求,所得以凭借而升华的精神境界。②

这里看到了两者的“融合”。这种“融合”并不是研究者的肆意撮合,而是它们本就是一体。只是研究者将视角由局部跳到整体。这就如同用放大镜精细地观察一幅名画的每一个细节,猛然收起工具,后退一步,惊讶地看到画作整体的美。因此,朱熹理论中的伦理与美学是统一的,甚至只是一个“一”。这个“一”也就是他的理学美学。

时至近代,牛顿力学的空间观强力拒斥了一些传统思维。人的美学领域似乎也难逃时空诠释的“入侵”。这种做法虽在一定程度上将美学引向清晰的维度,为现代工艺美学铺平了理论道路,却失去了山水画带来的独特的风景感受。当代人对这种思维的反思,成为今日再次呼吁山水诗画的一个缘由。由时空构建的概念体系,构成了一个清晰的理性世界。至此,人的存

---

① 朱熹:《朱子全书》(第20册),第227页。
② 徐复观:《中国艺术精神》,第333页。

在有了明显的边界。这些边界,却在另一个维度上变成了束缚的源头。即使近代西方一直呼吁的"自由"标准,也因"自由"本身的清晰再次成为一种新的束缚。

于是,我们不妨把视角拉回过去,从历史的蛛丝马迹中寻找人存在的真实世界。在那个世界中,时空并未被清晰地分割,看似笼统模糊,实际却真实具体。这些生活方式不是囿于理性的干预中,而是一种人与天地融合的"意"。

从朱熹的伦理美学中可以见到风景的呈现。它向我们展示着一个被遗忘了的世界:人必须在各种束缚中存在,但风景的感受可实现"从心所欲,不逾矩"。人并不需要追求超验的精神世界,也不必屈从于鬼神的慰藉,风景本身就可以弥补物质世界的残缺。于是,我们将目光由分割的世界状态拉回到整体和临界之中,直面世界带来的"非真理式"的真实。我们不再被知识论式的思维所困扰,也不需要各种心理学名词来排解压力,风景的"意"自会帮助我们达到预期的目的。

风景不会受到概念和时空的局囿,而自发形成,疏解心怀。朱熹的伦理美学,在这一点上给出了一个理想的参照,值得现代人反思。

第三节　朱熹伦理美学的解析

朱熹的伦理学与美学被分为两极来研究的表现是,伦理学偏向义理,常被哲学研究者所关注;山水美学诗因其与文学、艺术有着一定的关联,逐渐被纳入文学研究之中。于是,对朱熹哲学著作及文学作品加以比较研究时[①],似乎让世人看到了两个完全不同的朱熹。这是不应该的。朱熹作为一

① 如陈来的《朱子哲学研究》、胡迎建的《朱熹诗词研究》、田浩的《朱熹的思维世界》与莫砺锋的《朱熹文学研究》等。

个完整的人,他的理论具有多重面向,这些多重面向构成了一个“活生生”的整体。因此,将朱熹的研究由碎片化、单向度化回归到整体化、多向度化是研究的必然。

近些年来,海外汉学家开始关注中国古代哲学思想,并且规避了“中国常见的研究惯性”,以一种“学而复其初”的姿态恢复了中国哲学中长期被忽视的部分。其中,法国哲学家朱利安运用了“间距”与“之间”的方法解释中国古代思想中的理学与美学的问题。这值得我们借鉴。基于此,用这种方法来分析朱熹的伦理学与美学,可以帮助学者理清两者之间的关系。

一、伦理与美学的“间距”

“敬”思想的一个特色在于“间距”(écart)。“间距”是朱利安用的一种方法。他指出:“作出间距,就是跳出规范,用不合宜的方式操作,对人们所期待的和约定俗成的进行移位;简而言之,即打破大家所认同的框架,去别处冒险,因为担心会在此处沉溺胶着。”[①]“间距”这一概念的最大优点是它相对于差异(différence)来讲,更具孕育力(fécondité)。“间距不像差异那般地紧抓着认同,差异既假设认同还以之为其目标,它非常缺乏孕育力,至少它在面对文化多元性时是如此;与之相反地,间距凸显出我刚刚提过的孕育力。”[②]这种孕育力如果进一步阐述,可将其说成制造(pruduit)或生产,因为它们本身就拥有一定的资源。朱利安说:

> 间距所造成的张力产生——制造(produit)——孕育力,但是差异(我重述它与间距相反),除了下定义之外,什么也不生产(ne produit rien)。同样地,文化之间的间距也是使文化彼此发现对方各自的孕育

① [法]弗朗索瓦·朱利安:《间距与之间:论中国与欧洲思想之间的哲学策略》,第 39 页。

② [法]弗朗索瓦·朱利安:《间距与之间:论中国与欧洲思想之间的哲学策略》,第 39—41 页。

力就像许多的资源;这些文化资源,不论它们从何处来,也不论它们的源头(quelque soient son appartenance de départ et son lieu d'origine),它们不仅可自我探索,每一种资源从此还能被对方开采。因为间距自我探索并且可被开采(s'explore et s'exploite)。①

朱利安在这里点出"间距"的作用与意义。用这种思路来反观朱熹的伦理与美学的关系,可理清二者之间的关系。在朱熹的理论中,伦理学作为儒家安身立命的关键(即格物致知、正心诚意、修身治国平天下),是其理论构成的核心因素;美学、文学或其他部分作为朱熹思想的重要组成部分依然不能被分割。然而,在以往的研究中,顾此失彼的现象时有发生。比如对于文学而言,莫砺锋就指出:

宋代理学的非文学及至反文学属性从正、反两方面得到强化。提倡者为了政治上的利益,竭力淡化甚至抹煞理学思想中的文学内容,同时强调其反文学的倾向。反对者则为了打碎精神枷锁而不分青红皂白地对理学思想作整体性的批判,从而殊途同归地淡化甚至抹煞了理学思想中的文学内容。朱熹作为宋代理学的集大成者,这种有意无意的误解和歪曲当然首先集矢于他的身上。②

这样产生的效果就是朱熹的整体性被分割。人们在有差异性的思维中,突显了朱熹思想研究的一个部分,而将其他同样重要的部分加以掩盖。莫砺锋说:

既然朱熹的文学家身份是被其理学宗师的盛名所掩盖的,又是被

① [法]弗朗索瓦·朱利安:《间距与之间:论中国与欧洲思想之间的哲学策略》,第42—43页。

② 莫砺锋:《朱熹文学研究》,南京大学出版社,2000,第8页。

其在后代的接受史所抹煞的,那么以恢复朱熹文学家本来面目为宗旨的工作合乎逻辑的研究思路应是从朱熹的影响史和接受史入手,探究其受到误解、歪曲的过程,从而消除这些误解和歪曲,揭开其理学宗师的光圈对其文学家身份的遮蔽。①

这里点出以“差异”的方式研究朱熹会出现的问题。与文学的遭遇相同的是,美学也存在相似的状况。潘立勇就曾指出:

研究朱子理学美学首先要解决的是它的立论前提和理论背景。所谓立论前提即是:理学美学这个概念是否成立……所谓理论背景着重指的是朱子理学美学所赖以产生和形成的二重性社会形态及社会心理结构和审美心理结构、朱熹本人的二重性人格特征,以及他的二重性哲学思想体系及其内在矛盾。②

莫砺锋的分析和潘立勇提出的问题,是学者从“差异”的方法来看待朱熹思想时必然形成的结果。然而,这需要重新审视研究方法。事实上,莫砺锋已经开始在已有的研究中探索这种新研究的萌芽。他指出:

我当然不否认朱熹最主要的身份是理学家,也不否认朱熹的所有论著都具有哲学倾向,至少可以被当作探讨其理学思想的材料,但是我更愿意关注朱熹的文学家身份,我希望大家来探讨的是朱熹的文学贡献,所以最好把历代关于朱熹的大量哲学性评判暂且搁置一边,直接到朱熹本人的论著以及他所生活的那个时代中去解读朱熹。③

---

① 莫砺锋:《朱熹文学研究》,《前言》第 8 页。

② 潘立勇:《朱子理学美学》,第 3—4 页。

③ 莫砺锋:《朱熹文学研究》,第 9 页。这里说莫砺锋已经在自己的研究中透露出这种研究的萌芽,意思是指他的研究已经指出了目前学者的问题,然而他又将自己的研究重新滑落到“文学”这一单一维度之中,故称其“透露出……萌芽”。

借助他的思路，我们尝试摆脱“差异”方法中的非此即彼，而改用“间距”的方法来重新架构朱熹的理论。这为朱熹的伦理学与美学两个维度的研究带来了一丝光亮。如朱熹的《鹅湖寺和陆子寿》：

德义风流夙所钦，别离三载更关心。
偶扶藜杖出寒谷，又枉篮舆度远岑。
旧学商量加邃密，新知培养转深沉。
却愁说到无言处，不信人间有古今。[①]

这首诗既反映了朱熹的伦理思想，又反映了朱熹的文学造诣。莫砺锋指出：“这些诗作虽然不是纯粹的文学作品，但在宋代理学家的诗中，无疑是最具有审美价值的。”[②]同时，他又指出：“朱熹在教育弟子时除了讲解儒家经典、探讨性理之学以外，也相当重视文学。”[③]

于是，借助“间距”方法，在彼此生活的同一个空间（space）讨论不同学科之间存在的联系与距离（distance），将哲学、文学及美学式的研究视为研究中的一个分支。“间距”帮助我们“上溯到一个分叉之处（embranchement），使人注意到这个分道扬镳及分离的地方（le lieu d'une séparation et d'un détachement）”。[④] 于是，我们要做的只是将它们放置在同一个空间内，并使它们之间保留一定的距离，达到一种“间距”式的存在，而不用在乎讨论的重点是以哲学为中心，还是以文学或美学为中心。实际上很多时候，以情景为主体的美学和以天理为主体的伦理思想在“分离的地方”本就天然合一。胡迎建指出：

① 朱熹：《朱子全书》（第20册），第365页。
② 莫砺锋：《朱熹文学研究》，第11页。
③ 莫砺锋：《朱熹文学研究》，第11页。
④ ［法］弗朗索瓦·朱利安：《间距与之间：论中国与欧洲思想之间的哲学策略》，第33页。

在情景中渗透着理性的思考，融理、情、景于一体。这是哲人兼诗人于一身的朱熹诗的重要特征之一。他固然写过少许纯是议论的言理诗，但大多是"即物穷理"型的诗，即结合景物而生的受其理学影响的议论。他以哲人的眼光观察宇宙万物，见物理之妙，故"理妙触目存"。①

以上用"间距"方法研究朱熹伦理学与美学的途径已经十分清楚，接下来就沿着这个路径来讨论朱熹两种理论取向中的"之间"。

二、伦理与美学的"之间"

"之间"在朱利安的理论里最早是用来形容欧洲与中国两种文化时所用的方法。"间距产生之间（l'*entre*）。"②朱利安说："差异把它们留在各自的一边，因此在差异的内部里'什么也不再发生'（«il n'arrive plus rien»）。而间距则透过它所造成的张力，不仅使它所拉开的并且形成强烈极端的双方'面对面'而保持活跃，间距还在两者之间打开、解放、制造之间（il ouver, libère, produit de l'*entre* entre eux）。"③"之间"相较于"间距"更加不具有实体性，不具有本体论意义上的存在。它既不是一个"具体现象"的名词赋予，也不是一个代名词式的存在，如"那个""这个"等。朱利安解释道：

"之间"没有"己身"（«ensoi»），无法靠自己（*par soi*）存在；说实在的，"之间"并非"是"（l'«entre»n'«est»pas）。至少它没有性质。……

之间没有任何本性，没有地位，其结果是，它不引人注目。而同时，之间是一切为了自我开展而"通过"（«passe»）、"发生"（«se passe»）之处。……它是事物之"有"，这些事物可以个体化、彼此能沟通、可以自

① 胡迎建：《朱熹诗词研究》，中山大学出版社，2011，第272页。

② ［法］弗朗索瓦·朱利安：《间距与之间：论中国与欧洲思想之间的哲学策略》，第59页。

③ ［法］弗朗索瓦·朱利安：《间距与之间：论中国与欧洲思想之间的哲学策略》，第59页。

我开展并且互相激励。①

不同于“间距”,“‘之间’不再被局限于中介/中间阶段的地位,不再处于最多和最少之间,而是像穿越(l'à travers)……‘之间’是,或者说‘作为’,一切从此/经由此(d'où /par où)而展开之处”。② 朱利安以《庄子》举例说:

> 《庄子》里有名的庖丁解牛之刀便是“游刃有余”地解牛:因为庖丁的刀在关节“之间”,所以不会遇到阻碍和抵抗,牛刀不会受损,总是保持像刚被磨过一般地锐利。养生也具有同样的道理。如果生命力畅通无阻地行于我们体内运作“之间”,并且在通过之际滋润它们,生命力就会使我们的身体保持敏捷,生命力也永不枯竭。③

到这里,我们基本找到了“之间”存在的价值与作用。朱熹的伦理与美学中就存在着一个“之间”。在这个“之间”里,二者不仅不相互干扰,还能相互滋养。

伦理的严肃和美学的惬意,显然不是完全对立的。朱熹在伦理层面的诸多劝学诗④,同样也是以美学的方式呈现的。他的众多哲理诗歌中都含有伦理学与美学的“之间”,如同庖丁解牛时所用的“刀”。同时,《朱子语类》里释《易经》也有类似表达:

---

① [法]弗朗索瓦·朱利安:《间距与之间:论中国与欧洲思想之间的哲学策略》,第63—65页。

② [法]弗朗索瓦·朱利安:《间距与之间:论中国与欧洲思想之间的哲学策略》,第67—69页。

③ [法]弗朗索瓦·朱利安:《间距与之间:论中国与欧洲思想之间的哲学策略》,第69页。

④ 如《次韵四十叔父白鹿之作》:“诛茅结屋想前贤,千载遗踪尚宛然。故作轩窗挹苍翠,要将弦诵答潺湲。诸郎有志须精学,老子无能但欲眠。多少个中名教乐,莫谈空谛莫求仙。”[朱熹:《朱子全书》(第20册),第474页]

“至微者,理也;至著者,象也。体用一原,显微无间。‘观会通以行其典礼’,则辞无所不备。”此是一个理,一个象,一个辞。然欲理会理与象,又须辞上理会。辞上所载,皆“观会通以行其典礼”之事。凡于事物须就其聚处理会,寻得一个通路行去。若不寻得一个通路,只蓦地行去,则必有碍。典礼,只是常事。会,是事之合聚交加难分别处。如庖丁解牛,固是“奏刀騞然,莫不中节”;若至那难处,便着些气力,方得通。故庄子又说:“虽然,每至于族;吾见其难为,怵然为戒,视为止,行为迟。”①

可以说,朱熹的伦理思想中的“之间”一直存在。这种现象在他对“文”的论述中最为常见。如:“文字到欧曾苏,道理到二程,方是畅。荆公文暗。”②这体现了其思想伦理与美学的交融。无怪乎钱穆评价说:“综观朱子一生,出仕则志在邦国,著述则意存千古,而其徜徉山水,俯仰溪云,则俨如一隐士。其视洙泗伊洛,又自成一风格。此亦可窥朱子性情之一面。凡究心朱子多方面之学者,于此一番遁隐生活,亦深值潜玩也。”③

实际上,天理、心性等伦理学说与其山水美学总是在朱熹理论的“之间”状态下游走。伦理的至上性与美学的平和性也在朱熹的理论世界中互相起着作用。“之间”表现出的状态或为他的哲理山水诗,或为劝学弟子时对文法的不经意的引导,或是自己在酒酣之际那一种说不清、道不明的思绪。朱熹理论的“之间”,是一种非本体论式的本我朗现。他通过文字向世人展现了一个鲜活的自我。

这既非道德上严格的“崇高”,也非山水之情中“释怀的自由”,而是一种

① 黎靖德编:《朱子语类》(卷第六十七),第1653—1654页。

② 黎靖德编:《朱子语类》(卷第一百三十九),第3309页。朱熹说:“欧公文字敷腴温润。曾南丰文字又更峻洁,虽议论有浅近处,然却平正好。到得东坡,便伤于巧,议论有不正当处。后来到中原,见欧公诸人了,文字方稍平。老苏尤甚。大抵已前文字都平正,人亦不会大段巧说。自三苏文出,学者始日趋于巧。如李泰伯文尚平正明白,然亦已自有些巧了。”

③ 钱穆:《钱宾四先生全集》,第418页。

“从心所欲，不逾矩”的自在。在他的理论世界里，既有严格的道德律令，也有惬意的山水情感。两种理论在“之间”的作用下相互“浸入”，互相影响。于是，道德劝导不会沦为法家式的“命令”，山水美学也不会变成“丝竹乱耳”①的靡靡之音。“之间”既体现了先秦以来儒家一直奉行的中庸之道，在真实的世界中找到了人在现实中超脱的“工具”。“之间”如朱熹在谈论“理先气后”问题时说的“此本无先后之可言。然必欲推其所从来，则须说先有是理”②中的“推”，也如朱熹的《宿武夷观妙堂二首》③中的“生”“遣”“启”。“之间”在“间距”的作用下生成，它像动词一样没有具体形态，在朱熹的伦理学与美学之间发挥着作用。但为了进一步说明问题，需要将“之间”显现，这便是“虚待”。到此，在“虚待”的映衬下，朱熹的伦理与美学之间的关系越趋明了。

三、伦理与美学的“虚待”

在朱熹的伦理世界中，美学总是以忽隐忽现的方式伴其左右。这种伦理与美学共存的状态即为虚待（disponibilité）。这也是“敬”常呈现出的一个样态。虚待不是一个概念，而是针对现象被表述出来的一种状态或趋势。④朱利安认为虚待的“核心是‘共存的可能’（com-possible），也就是‘无排除’（non-exclusion）”。⑤ 他着重指出：“‘虚待’意谓着一种开放性。”⑥胡迎建将

① 全文为：“山不在高，有仙则名。水不在深，有龙则灵。斯是陋室，惟吾德馨。苔痕上阶绿，草色入帘青。谈笑有鸿儒，往来无白丁。可以调素琴，阅金经。无丝竹之乱耳，无案牍之劳形。南阳诸葛庐，西蜀子云亭。孔子云：何陋之有？”（刘禹锡：《刘禹锡集》，梁守中导读，凤凰出版社，2020，第 222 页）

② 黎靖德编：《朱子语类》（卷第一），第 3 页。

③ 两首诗分别为：“阴霭除已尽，山深夜还冷。独卧一斋空，不眠思耿耿。闲来生道心，妄遣慕真境。稽首仰高灵，尘缘誓当屏。”“清晨叩高殿，缓步绕虚廊。斋心启真秘，焚香散十方。出门恋仙境，仰首云峰苍。踌躇野水际，顿将尘虑忘。”［朱熹：《朱子全书》（第 20 册），第 230 页］

④ 现象是静态的，状态或趋势是动态的。

⑤ ［法］弗朗索瓦·朱利安：《间距与之间：论中国与欧洲思想之间的哲学策略》，第 253 页。

⑥ ［法］弗朗索瓦·朱利安：《间距与之间：论中国与欧洲思想之间的哲学策略》，第 253 页。

这种伦理与美学相结合的状态称为“理趣”,也涵摄了这种思想。“何谓理趣……物境与心中之理相感应,以完整的境界有机地契合心中所要表达的一种道理,两者融合无间,生机盎然,灵机洋溢……理趣诗必须蕴哲理而有趣味,不离物境与物象。”[①]对于“理趣”,钱钟书的解释更为精确:“释氏所谓‘非迹无以显本’、宋儒所谓‘理不能离气’,举明道之大纲,以张谈艺之小目,则‘理趣’是矣。”[②]他又说:“理趣作用,亦不出举一反三。然所举者事物,所反者道理,寓意视言情写景不同。言情写景,欲说不尽者,如可言外隐涵;理趣则说易尽者,不使篇中显见……举万殊之一殊,以见一贯之无不贯,所谓理趣者,此也。”[③]

无论是“虚待”还是“理趣”,其核心均是“共存性”,这应该是把握朱熹伦理学与美学的核心。朱熹的《观书有感·其一》,将这种状态表现得淋漓尽致。胡迎建指出:“这首诗作于乾道二年(1166),是朱熹与张栻、石子重、许升等人和湖湘学者共同讨论‘敬’的存养工夫……可见是为论学究源之作,而非题咏景物。”[④]朱熹在给许升的信中,确实引用此诗作为讨论伦理思想境界的凭据:

> 此间穷陋,夏秋间伯崇来,相聚得数十日,讲论稍有所契。自其去,此间几绝讲矣。幸秋来老人粗健,心间无事,得一意体验,比之旧日渐觉明快,方有下工夫处。日前真是一盲引众盲耳。其说在石丈书中,更不缕缕。试取观之为如何,却一语也。更有一绝云:“半亩方塘一鉴开,天光云影共徘徊。问渠那得清如许?为有源头活水来。”试举似石丈,如何?湖南之行,劝止者多,然其说不一。独吾友之言为当,然亦有未尽处。后来刘帅遣到人时已热,遂辍行。要之亦是不索性也。[⑤]

---

① 胡迎建:《朱熹诗词研究》,第276—277页。
② 钱钟书:《管锥编》,中华书局,1979,第1144页。
③ 钱钟书:《谈艺录》,商务印书馆,2011,第550页。
④ 胡迎建:《朱熹诗词研究》,第283页。
⑤ 朱熹:《朱子全书》(第22册),第1744—1745页。

朱熹与许升的书信多以伦理学为主要议题。此信的前一封信讨论《孟子·梁惠王章句上》的“叟不远千里而来，亦将利吾国乎”①，后一封信讨论“乾之为卦，上下纯乾，天之动也，人欲不与焉。潜只得潜，见合当见。三则过矣，君子尤当致谨”②。其他诸信均以伦理思想为讨论核心，可见朱熹与许升的通信中引用的《观书有感》确实是以美学形式来印证伦理思想的诗作。

在《朱熹文集》中，这种伦理诗，或者以美学样态反映伦理思想的诗十分常见。《观书有感》只是其中的代表之作。他的这种亦诗亦理的写作方式，正是朱利安笔下的“虚待”，即一种开放性的共存。朱熹伦理学与美学之间的“虚待”，既突显了两者在现实世界中的临界状态，又表明了朱熹对人进行整体把握的状态。这个虚待式的临界状态与整体状态，表现为朱熹的理论是一种生生之学，即以《易经》思想为本体而演化出的太极、天理的伦理体系和以《论语》《孟子》思想为主体而演化出的人性、情景的美学体系。伦理的严肃和美学的释然，在“虚待”的状态下达成“从心所欲，不逾矩”的最高人生追求，是朱熹理论的一大特色。

第四节　朱熹伦理美学的应用

伦理与美学的结合并不是一种历史的偶然，而是一种“共商国是”背景下的必然。当我们用图像理论语境来重新观看宋明理学，可发现二程及朱熹的理学体系强调的圣人气象及义理分析，实际上为两宋的士大夫及皇权政治勾勒出了一个直观的执政图像。在这个图像下，孔子、颜回、子思、孟子通过《四书章句》呈现为一个个可以对标的圣人镜像。于是，《论语》与《孟子》中的对话直观呈现出的君子人格的图像，构成了文人士大夫和皇帝学习

① 顾宏义：《朱熹师友门人往还书札汇编》，第 2915—2917 页。

② 顾宏义：《朱熹师友门人往还书札汇编》，第 2917—2920 页。

"敬"思想的典范。在这种直观的图像下，君子人格的践行是一个切实可行的政治行动方案，而不是一个美好的幻想。

绍兴三十二年（1162）以后，朱熹给宋孝宗上书的诸多《封事》中就在试图构建这样一个古圣先贤的圣人图像，以供宋孝宗选择。他通过构建尧、舜、禹禅位之事的政治图像，对应宋高宗与宋孝宗之间的禅位之举，暗示宋孝宗也可以效仿三圣相传的图像而施行自己的执政行为。此外，朱熹指出："是以古者圣帝明王之学，必将格物致知以极夫事物之变，使事物之过乎前者，义理所存，纤微毕照，了然乎心目之间，不容毫发之隐，则自然意诚心正，而所以应天下之务者，若数一二、辨黑白矣。"①他为宋孝宗勾勒出具体的执政之法，即格物致知。由此可以看出，朱熹劝谏帝王的方式是以文字来呈现出一种圣人气象的美学图景，并尝试利用这个美学图景促使帝王产生"心愿往之"的执政愿望，这是一种典型的政治伦理美学的表现。

一、道学的理学图像

如何看待朱熹理学体系的价值是研究朱熹理学的一个重要面向。实际上，用纯粹伦理学的角度来对朱子理学进行义理分析，及根植于伦理学背景下的抽象思辨的知识论逻辑架构，都难以说明朱子理学在南宋及明清之际所起的历史作用。因此，要全面了解朱熹理学的历史作用，首先就要解决以下两个问题：一是为什么二程及程门后学的理学体系会屡次遭到禁止，朱熹晚年为何会卷入庆元党禁的政治风波中？二是南宋时期诸多学脉均发展到一定的高度，为何只有朱熹理学最后成为后世学人效仿的模本？解答了以上两个问题，才能解释朱熹伦理思想的真正效用。

两宋理学家基本都尝试构建了孔子与孟子组成的圣人图像。圣人图像主要以《论语》与《孟子》中记载的对话为依据建立道德评价体系。在理学家

---

① 朱熹：《朱子全书》（第20册），第572页。

们看来,圣人图像与君子人格是约束皇权与士大夫的一种良好的政治手段。这种手段相对于其他方式,因其故事性带来的图像式感受,能让士大夫真切感受到圣人图像带来的约束力。程伊川就曾上书"劝仁宗黜世俗之论,以王道为心"。[①] 这便是这种思想的一种表达。于是,儒家思想的复兴,新儒学思想的形成,就不再只是伦理学层面上的劝人向善,而是北宋王安石"共商国是"思想的儒学表达。在两宋理学家看来,王安石的莽撞之举虽不可取,但是他开启了皇权与士大夫共同议政的先河,保留这种政治形式,成为两宋理学家们最大的向往。

可以说,理学家以孔孟为核心构建的圣人图像,是一种颠覆宋代皇权专政的政治工具。正因为如此,北宋的二程及南宋的朱熹所奉行的理学图像才会成为皇权与士大夫共同绞杀的对象。对于这一点,我们不妨从朱熹给宋孝宗的第一篇《封事》的部分片段说起。朱熹说:

> 臣闻之:尧、舜、禹之相授也,其言曰:"人心惟危,道心惟微。惟精惟一,允执厥中。"夫尧、舜、禹皆大圣人也,生而知之,宜无事于学矣。而犹曰精,犹曰一,犹曰执者,明虽生而知之,亦资学以成之也。[②]

这里,朱熹为宋孝宗描绘了一个圣人本有的图像,并以此为标准来评判宋孝宗的行政之非。在朱熹看来,宋孝宗具有达到圣人标准的可能性。他说:"陛下圣德纯茂,同符古圣,生而知之,臣所不得而窥也。"[③]可是,以圣人为标准后,宋孝宗的一些做法就可能存在一些问题。朱熹说:

> 然窃闻之道路,陛下毓德之初,亲御简策,衡石之程,不过讽诵文辞、吟咏情性而已。比年以来,圣心独诣,欲求大道之要,又颇留意于老

---

① 黄宗羲:《宋元学案》,第 589 页。
② 朱熹:《朱子全书》(第 20 册),第 571 页。
③ 朱熹:《朱子全书》(第 20 册),第 571 页。

子、释氏之书。疏远传闻,未知信否?然私独以为若果如此,则非所以奉承天锡神圣之资而跻之尧舜之盛者也。盖记诵华藻,非所以探渊源而出治道;虚无寂灭,非所以贯本末而立大中。①

面对这些问题,朱熹建议宋孝宗就已有的施政方法做出一些圣人式的取舍。这种取舍自然是围绕董仲舒“罢黜百家,独尊儒术”的观念而展开的。于是,儒学的积极入世思想在朱熹这里被清晰地呈现出来。接下来,朱熹给出了明确的改革之道:

是以古者圣帝明王之学,必将格物致知以极夫事物之变,使事物之过乎前者,义理所存,纤微毕照,了然乎心目之间,不容毫发之隐,则自然意诚心正,而所以应天下之务者,若数一二、辨黑白矣。苟惟不学,与学焉而不主乎此,则内外本末颠倒缪戾,虽有聪明睿智之资、孝友恭俭之德,而智不足以明善,识不足以穷理,终亦无补乎天下之治乱矣。然则人君之学与不学、所学之正与不正,在乎方寸之间,而天下国家之治不治,见乎彼者如此其大,所系岂浅浅哉!《易》所谓“差之毫厘,缪以千里”,此类之谓也。②

可以说,朱熹圣人图像的设置与纠正君王之非的做法,完美地诠释了两宋士大夫在参政议政方面所进行的探索。这种理学士大夫对皇权的干涉,定会受到以宋孝宗为首的皇室的抵制。这也导致了无论是北宋的程明道、程伊川,还是南宋的朱熹,他们的参政方针在本质上就走向了与皇权专制相抗衡的路径。不过有意思的是,这种对抗经过元、明、清皇权专制的粉饰与洗礼后,变成了维护皇权的工具,最终完成了理学思想的“物极必反”。只不

① 朱熹:《朱子全书》(第20册),第571—572页。

② 朱熹:《朱子全书》(第20册),第572页。

过，朱熹本人并没有那么幸运，他和程伊川都没有享受过理学图像带给他们的红利，而是承受了理学图像被全面绞杀而带来的悲苦。于是，程伊川晚年被流放，程氏门人被迫躲进深山，朱熹晚年迎来庆元党禁，这一切都说得通了。

程伊川以主“敬”思想构建的“王道”图像在两宋理学家的施政方针上作用很大，以至于在其他士大夫看来已经构成一种威胁。比如“崇宁二年，范致虚言程颐以邪说诐行惑乱众听，而尹焞、张绎为之羽翼，事下河南府体究，尽逐学徒，复隶党籍”。[①] 这成为两宋之际诸多士大夫反道学的一个主要理由。在他们看来，程伊川等理学家构建了一个学子心向往之的“儒学世界”。在这个世界中，形成了一种包含尧、舜、禹、周公、孔子和孟子等圣人在内的图像世界。这种圣人图像对于普通学子是有较大吸引力的，但构成了对皇权与士大夫集体的威胁。在这种威胁下，他们必须做出反击，于是在两宋之际，道学屡次成为皇家与士大夫的禁止之学。

两宋儒者构建圣人图像的巨大影响力，让反道学一派十分不安。在他们看来，二程及其门人传承的道学在一定程度上已经等同于“异端学说”，必须加以抵制。同时，在反道家一派看来，道学一脉构建的圣人图像实际上是一种以“敬”为借口的迂腐不堪的“伪君子”图像。因为在他们看来，这些儒者构建的道学家形象与他们在真实生活中的具体情形相差甚远。束景南曾说：“道学（理学）文化思潮在宋代从民间喧嚣崛起、泛滥流布直至跻身官方统治思想的宝座，盛极一时，却是同时伴随着一个声名狼藉、面目丑陋的道学家的‘怪胎’形象出现。”[②]他将这种道学家形象描述如下：

> 褒衣博带，幅巾大袖，保养得睟面盎背，修养得心气平和，开口圣人道统，闭口孔孟大法，有时正襟危坐，谈性说命；有时昂首阔步，非礼勿

---

① 黄宗羲：《宋元学案》，第590页。

② 束景南：《朱子大传：“性”的救赎之路》，第2页。

视;有时垂眉闭目,正心诚意;永远是不苟言笑,面孔板板六十四;等而下之者,则头脑冬烘,破袍烂衫,蓬头垢面,不善理生计,陋巷破屋中,薄汤麦饭度日,忧道不忧贫。①

在当时的文人看来,道学家们既无生活之道,又无治世之心。他们的生活来源不过是利用非官方的书院教授几个村童,或者与佛道人士出入穷山萧寺,或者与他们的主张相反,为达官公卿服务,以达到摇尾乞食的目的。这就是反道学人士为后世勾画的“道学与道学家图像”。在这种刻板的道学图像下,反道学人士直接下了判语:

“道学”成了虚伪、空谈、迂腐、古板、矫饰、冥顽、欺世盗名、不近人情、不通世故的代名词。道学似乎从它诞生之日起就被视为“洪水猛兽”,三教九流的人,从保守恋古的陋儒到狎妓风流的名士,无不群起而攻之。②

由此可以看出,道学与反道学二者为世人构建了两种完全不同的图像。在这两种不同的图像中,圣人本有的高大气象与道学家本有的离世索居的举动造就了世人眼中截然相反的图像。这两种巨大的冲击力让道学的崩塌在冥冥之中成为可能。实际上,即使元明清三朝对道学(理学)进行了改良,甚至在王阳明之后理学家一度走出“重知轻行”的路径,但是,终因王门后学的无力及东林党派的政治干预,使本有可能转型的理学又回到原来的道路上。到清朝,道学家“以理杀人”的姿态再度受到士大夫的抨击,八股取士制度越来越僵化,也导致了孔乙己式的儒者再度成为人们眼中典型的道学图像。于是,道学的圣人图像在西方科学的冲击下,慢慢退出了历史的舞台。

---

① 束景南:《朱子大传:“性”的救赎之路》,第2页。
② 束景南:《朱子大传:“性”的救赎之路》,第2页。

二、图像理论与理学诠释

以朱熹为主的道学一派与反道学一派的争论，在图像学上可以看成同一个事物在元图像上的不同诠释。“元图像”是当代哲学家 W.J.T.米切尔提出的一个概念[①]，本意是那些为了认识自身而展示自身的图画，它们编排了图画的“自我认识”。这一概念源于“元语言”，意在说明图像带来的自我反思、自我展示，为研究提供了独有的二级话语。因此，从字面上看，这个概念的作用是构建一个关于图像的二级话语，并且不再需要其他语言和方法的辅助。正如维特根斯坦在《哲学研究》中画的“鸭兔图”所揭示出来的反向作用，即“挑战心理学上从观者脑海中的图像这一模型出发，对鸭兔图作出的固化诠释”。[②] 实际上，这并不会让我们在道学与反道学二者之间构筑的图像面前迷惑太久，甚至能理解二者构建图像时的内在动机与不合理处。但是，一个让人遗憾的问题是，即使是可以理解这些消极教条，但“我们不能同时体验到图像的不同解读”。[③] 于是，我们能做的就只能是将理学回归理学本身，从元图像的角度来重新审视理学，发现理学的历史价值与现实作用。

W.J.T.米切尔认为，元图像的主要用途是解释图像是什么，即呈现图像的“自我认识”。而朱熹的理学图像给出的价值恰恰在于它为接受者提供了一种“在场”的直面的“真实世界”。在这个世界中，理学有自己的生命，它们能够与我们交谈，与我们对视。借用这个视角来理解理学，会发现朱熹在构建自己的理学体系时与二程门人有明显的不同。他曾真切感受过南宋初期反道学人士对道学一派的打压，他也清楚反道学人士勾画的理学图像也并不都是凭空出现的。所以，他要构建的道学情景既非刘子翚的“三道相传的

---

① ［美］W.J.T.米切尔：《图像理论》，兰丽英译，重庆大学出版社，2021，第 8—17 页。

② ［美］W.J.T.米切尔：《图像理论》，第 43 页。

③ ［美］W.J.T.米切尔：《图像理论》，第 45 页。

道统论和‘不远复’的修养方法”[①],也非李延平所主持的“默坐澄心”的儒家工夫图像,而是道之“已发”的“格物”的画面。

朱熹没有继承二程的理学理想、理学体系或者理学模式,而是重新构建了一种新的理学图像,以对抗反道学对理学的冲击。他的做法并不是再次强调圣人图像的直面观照,而是将儒学安放在儒学自身之中,以便重新理解儒学本身的生命图像,形成图像与观者之间的一种互动。以元图像的方式来看朱熹理学,可发现其呈现的画面是形象与背景的转换、思考面向的切换、图像本身的悖论以及无意义的形式。于是,借助米切尔的话来说,“它们不只为绘画和视觉理论配图:它们向我们展示了视觉是什么,为我们图绘理论”。[②] 而朱熹正是用他的文字完成了这个构建。

从朱熹早期的《封事》体现出来的北宋道学的印记和他中年之后在道学一脉溯本追源的一系列操作中,均可以看到他在这方面的努力。朱熹晚年在庆元党禁中曾对黄榦说:“前此尝患来学之徒真伪难辨,今却得朝廷如此开大炉鞴,锻炼一番,一等混淆夹杂之流,不须大段比磨勘辨,而自无所遁其情矣。”[③]至此,朱熹其实也彻底看清了道学一派存在的巨大问题。只不过,此时他已经无力回天,只能默默看着道学往畸路上越滑越远。

后人周密将道学进行了如下四等的划分,以说明以上存在的问题:

> 一等是以伊洛大儒为代表,从二程直到张栻、吕祖谦、朱熹,是传孔孟之道的正宗的真道学;二等是杂以佛老异端、词章之学与功利议论者流,从张九成、陆九渊直到永嘉学派诸公,他们是道学别派变种,是道学之不纯者(杂道学);三等是诡附道学的浅陋嗜利之徒,他们是假道学;四等是利用道学的统治者,上自皇帝宰辅、权奸佞臣,下至持节一方的路使郡守和横行乡里的县官胥吏,他们今日可以大反道学,明天又可以

① 束景南:《朱子大传:“性”的救赎之路》,第64页。
② [美]W.J.T.米切尔:《图像理论》,第50页。
③ 朱熹:《朱子全书》(第25册),第4658页。

大捧道学，他们才是真正的伪道学，他们的高妙之处就在于在实际中参透了道学三昧，运用道学无不如意，在他们政治权势欲的狰狞面目底下也有一个道学心态的甜蜜灵魂。①

束景南说：“周密并不严谨的道学分等，不过道出了一个重要的文化事实：道学作为一种文化类型，在从思想形态走向实际进入人的大脑中，是转化为一种多层面的文化心态，道学文化思想的共相内化为各个社会阶层的道学文化心态的殊相，呈现出二极对立的人格和千奇百怪的世相。”②由此可以看出，朱熹构建的理学图像因其历史价值与意义而被后人接受，并广为传播。虽然周密所阐述的伪道学依然借朱熹之名在政治舞台“兴风作浪”，但这实际上已经完全背离了朱熹以圣人图像约束皇权的初衷。

元图像对理解朱熹的伦理美学思想提供了新的可能，打开了与古人对话的一种新场域、新视角，有助于后世学者更为真切地理解朱熹构建的理学大厦。

图像理论（Picture Theory）从“视觉再现”与“言语再现”相对比的方法出发，来分析图像理论在不同“文化政治”及“政治文化”之间的张力，是一种政治美学的研究路径。朱熹的政治美学并不是独立于理学系统之外的新理论，而是朱熹理学的重要组成部分。朱熹构建的圣人图像既继承了两宋道学固有的传统，也力图在新道学（理学）的构建上打破原道学在人们心中的思维定势。基于此，他尝试构建新的圣人形象，试图构建一种元图像式的形象，以纠正前人之非。但是，道学本有的缺陷导致了伪道学的横行，导致庆元党禁事件的不可避免，这促进了朱熹对道学的再次反思。只是，伪道学的问题所呈现的圣人图像与现实图像的鲜明对比，最终难逃“以理杀人”的儒学悲剧，也预示着这种以圣人图像为基础的施政方法最终会在现实的冲击

① 束景南：《朱子大传：“性”的救赎之路》，第3页。
② 束景南：《朱子大传：“性”的救赎之路》，第3页。

下逐渐失去它的历史价值。

用W.J.T.米切尔的图像理论来探讨朱熹的政治哲学,无疑又是一个重大的挑战。但是,正是这种挑战的存在,预示着这种研究的必要性。从图像理论的角度探讨朱熹理学,会让我们真切地看到朱熹政治哲学的意义与价值。而这种意义与价值的彰显,也进一步揭示了朱熹理学的理论本质:它并不只是劝人向善的伦理学,而是一种儒家参政议政的手段。

至此,从两宋道学家给出的道学图像,说明了道学图像存在的二重性。于是,我们需要回到道学理论的元图像中,不带偏见地看清这一理论的当代意义与应用价值。

三、朱熹美学与中国智慧

以朱熹理学为伦理学研究范式,实际上就是将朱子学放置在哲学的发展之路上。于是,对待朱子学的态度也在不停的攻击与证成中演化出一条“非此即彼”的研究姿态。在这种研究背景下,人们将目光从朱子学的全体抽离出来,而将目光集中于哲学式的思辨(如“理先气后”界定标准、“已发未发”的哲学进路),抑或将研究的方向集中于比较式的互相绞杀(如王阳明的《朱子晚年定论》是否为真,戴震批评朱熹理学以理杀人的判断是否合理,等等)。我们慢慢被卷到哲学固有的旋涡之中,而将智慧放置在一旁。因为,用智慧的视角来看朱熹理学,既不会让人产生一种“膜拜”的姿态,也不会让研究者感到“惊奇”而获得满足感。相比于哲学带来的新观点,智慧总是过于保守,以至于朱熹理学正在被学者推动着一步一步哲学化。而这个过程在近些年来有愈演愈烈的趋势。

这种哲学化的趋势主要体现的是朱熹理学的义理化研究取向,这种义理化研究接近于伦理学,又不完全等同于伦理学。因为伦理学是一种围绕实用而产生(或发展)的学问,它由于偏于“实用”而往往显得不那么“高端”,也没有那么新奇。何怀宏《伦理学是什么》这样的伦理学研究著作就是一个代表。当然，关于伦理学研究还有一种“伪伦理学”范式的研究，那就是研究者的研究主题是伦理概念（如德性、美德），但是他们做的研究则是文字和语义的诠释学研究（如 viture 的汉译到底是“德性”还是“德行”①）。因此，义理学研究在某种程度上是看不起这种伦理学研究的，认为它们缺少“哲学的味道”而引不起他们研究的兴趣。

义理化研究自然是以牟宗三为代表。牟宗三生前所愿就是用康德的理性来为中国思想重塑金身，完成中国思想的哲学化。于是，无论是关于《心体与性体》的二元本体架构，还是“德福一致”的伦理学探求，他都将“哲学的味道”深深根植于中国思想之中，使中国智慧以哲学的方式“开始吸引人”，成为众多学者趋之若鹜的“惊奇学问”。牟宗三可能不会想到，他的伟大贡献可能正是“肢解”中国智慧的开始，他的这种做法让曾经受学于他的法国汉学家朱利安也无法真心接受。这或许就是牟先生“只缘身在此山中”的认识局限。

由于哲学化趋势的影响，部分学者对海外汉学的质疑声不置可否。他们以“天朝臣子自居”的方式来进行精细化的哲学研究，企图用另一种“老外们”的理论来反驳“海外研究汉学的这群老外们”的研究。于是，关于朱熹理学的研究就逐渐走上了越发让人难懂的“惊奇”之路，而它本有的智慧层面由于平凡无奇，被深埋在历史的图书馆里。

朱熹理学的智慧视角到底是什么样的？这其实是一个难以回答的问题。因为智慧本来就没有样子，它无法呈现出具体的图像。智慧表现的方式常常是以“显”见“隐”，它是通过剥离“显”的表象而看到“隐”的本质。所以，它不可见，只能“悟”。也正是因为这“悟”，让智慧看不到与其他存在者的关系，构不成可验证的因果联系。于是，它要么被判定为“玄学”，要么被排除在知识之外。

---

① 陈永宝：《从“Virtue”的中译本看亚里士多德与朱熹思想的融通》，《邵阳学院学报（社会科学版）》2019 年第 3 期。

这种不可“显”的智慧要想被研究者认识,就需要想办法使它“显”出来。这就如同水没有形状,但可以把它放在有刻度的烧杯中,水的“体积”就能被“显”出来。那么,对于朱熹理学来说,可以显示它智慧的“烧杯”是什么呢?或许,我们可以从他的伦理美学中看到蛛丝马迹。

“文从道出”是朱熹一直坚持的美学理论。“文从道出”强调以“文”见“形”,以“道”为“隐”。宋明理学家通过圣人故事构建的多种圣人图像,最直接的目的就是以“事”见“道”。朱熹更是其中的翘楚。在朱熹看来,二程及其门人在践行儒学的过程中,意图构建完美的圣人图像,以达到约束君心、共商国是的目的。但是为了让这种“完美的圣人图像”不落入俗套,他们就必须借助禅宗的理论来达到“尽心知性”。于是,不管二程是否赞成这样做,他们的弟子们多走向了这种能带来“惊奇”的佛禅之路。这其中既包括二程的得意门人杨时、游酢,也包括朱熹的父亲朱松及他最早的授业恩师武夷三先生(刘子翚、刘勉之和胡宪)。甚至朱熹早年和中年也曾在这一路径上积极探索。这些都可以从朱熹早年的诸多《封事》中找到证据。

“文从道出”的真正含义并不是构建完美的圣人图像,而是强调“道”在“形”之上,却又超越“形”本身的一种智慧追求。“文从道出”的核心不在于“文”,而在于“文”之后的“道”。这种“道”不可见,但它又是真实存在的,左右着我们的真实生活。这种“道”并不是让人“惊奇”的新创见,而是百姓日用而不知的“旧识”。所以,相对于哲学的标新立异来说,这种智慧的探讨确实没有什么吸引人之处。从事这种研究的人也注定不能从研究中获得什么好处。

如果我们将朱熹理学系统比喻为金庸小说中的一本“武功秘籍”,那么哲学的研究范式能让研究者成为少林方丈,而智慧的研究者最多成为那个武功高深的“扫地僧”。无论他的武功多高,能解决多少次少林寺的危机,他也只能是个扫地僧。这也就是为什么朱熹理学的义理化程度越来越深,而他本有的美学思想却被历史慢慢遗忘。因为有时候,“实用”和“利用”是不同的两种研究诉求。

因此，我们在此利用海外汉学的研究方法，不外乎出于两种考量：一是摆脱国内积弊已久的哲学化研究取向。虽然过程依然充满着艰辛与风险，但毕竟找到了智慧回归的法门。二是以智慧的方式来重新理解朱熹伦理学，将它从义理学的固有研究范式中脱离出来。只有如此，才能看清楚朱熹理学的全貌。这里，我们既不是要美化朱熹的理论，也不是要贬低朱熹的贡献，而是从全体、系统的研究中找到能启迪现代生活的智慧。

哲学是生活在历史之中的，不断提出各种观念。朱利安说：

> 一切首先提出的观念已经是狭隘的观念：它一开始就会独霸一切，并在独霸一切的同时，让人放弃其他的一切。而圣人什么也不会放弃，不会将任何一个方面弃之不顾。但圣人知道，在提出一个观念的同时，对现实就有了一定的偏见，哪怕是临时性的偏见：逻辑联系就像是一束线，如果你选择了其中的一根，选择这根而不是那根，想把它抽出来，取其一而弃其余，那么，你的思想便倒向了很多方面中的一个方面。①

这并不是智慧追求的目标，甚至是智慧反对的现象。朱利安继续说道：

> 提出一个观念，等于从一开始就丧失了你原曾想阐述的东西，不管你在这样做的时候是多么谨慎，多么有条理。你注定了只能有一种特别的视角，不管你做出了多大的努力想重新征服整体。从今往后，你再也摆脱不了这个偏见，你会永远遭受最初的观念产生的偏见的影响。②

正因为如此，新观念的不断迭代和偏见的固执也决定了哲学随时都有面临死亡的可能性。但是，智慧从来不在历史之中，也没有古今之别。这能

① ［法］弗朗索瓦·于连：《圣人无意——或哲学的他者》，第8页。
② ［法］弗朗索瓦·于连：《圣人无意——或哲学的他者》，第8—9页。

为我们的工作提供适当的思维工具,让我们受用不尽。

小　结

我们研究朱熹的“敬”思想,本意并不是重新确立“敬”的形式,而是从“敬”的“显”中看到背后的“隐”。否则,无论我们如何设计现代“敬”的新形式,都会沦为朱熹所评价的“死敬”。“死敬”要想变成“活敬”,则需要“美”的加持。于是,我们在思考朱熹的伦理学视域下的“敬”思想,就不得不考虑朱熹美学视域下的“敬”思想。

朱熹美学的核心思想有很多,但“文从道出”和“从心所欲,不逾矩”应该是其中较为重要的两个方面。于是,“敬”与“道”的融合,需要借用“间距”“之间”“虚待”等方法的自我涵摄,树立“圣人图像”的目标前景,明确为家国服务的价值取向。只有这样,朱熹的“敬”思想才会以“敬之美”的方式被人们主动接受。这是传播和发展朱熹“敬”思想的美学智慧。

至此,我们发现朱熹的伦理学与美学是密切相关的。缺乏美学的伦理学,极易滑落到法家的边缘,变成“以理杀人”的工具;缺乏伦理学的美学,极易变成文辞堆砌、矜豪谲诡的辞藻。这两者在朱熹理学系统中是一体两面的。其中,伦理学以“显”的方式指导着古人日常的实践,而美学则以潜移默化的方式影响着古人的生活德行。因此,敬在美的思想下以“兴”“势”“情”“意”的方式呈现出来[①],达到一种和谐。

① 陈永宝:《朱熹美学研究:基于海外汉学的新视角》,第119—180页。

结语:回顾与展望

一、伦理与“敬”思想

朱熹理论在本体论上表现为理、气二元,在知识论上表现为格物、致知,在伦理学上则表现为“敬”思想与其他伦理思想。从某种程度上说,朱熹的“敬”思想是朱熹伦理思想的灵魂,同时朱熹的伦理思想是其“敬”思想的外在基础。这是朱熹理论中二元论的典型特征,也是朱熹理气论在伦理学范围内的表现。

因此,对朱熹的“敬”思想加以研究,必须将其放在朱熹伦理思想的框架中才有意义。同时,如果只谈论朱熹的伦理思想,而不将“敬”思想加以突出表现,则其伦理思想就回到了亚里士多德《尼各马可伦理学》的常见脉络中。于是,这种伦理学可能又成了西方视角观察下的“朱熹伦理思想”。在这一点上,杨慧杰已经做出了尝试。

实际上,世上的一切知识,最终都是关于人的、对人有用的知识。这也许与美国的实用主义思想颇为相似,却存在着较大的不同。这些不同点,源于中国传统哲学对内在思想的把握。也就是说,哲学实践强调外在“行”的有效性,同时也强调“行”与“心”的统一。因此,中国传统的伦理思想在本质上应是“德行伦理学”,这本身并不为过。在这一点上,将朱熹的伦理思想诠释为朱熹的“德性思想”,也有一定的合理性。因此,朱熹伦理思想有他自己的问题,也有他自己的时代特征。作为哲学的一部分,它的伦理思想存在着超越时空的层面,也存在着和时代相契合的部分。

(一)朱熹的伦理思想回顾

朱熹伦理思想要解决的问题,一是如何用孔子、孟子的心性论化解南宋士大夫“消极避世”的为政困境,恢复北宋王安石与宋神宗“共商国是”的积极状态。因此,朱熹的伦理思想一方面要应对禅宗对儒家的挑战,一方面要肃清儒门内部“近禅”的倾向。这也就是他对道南学派和湖湘学派的“默坐澄心”和“察识涵养”工夫持批评态度的原因。

二是如何建构一套既符合儒家思想,又能适应时代的新儒学体系。其中,对于“四书”的编排与整理、诠释,是其伦理思想的系统性呈现。在“四书”系统中,朱熹在《大学》部分最用心,这与他一直重视孟子的“心性论”不无关系。他将《中庸》与《孟子》相结合,同样也是要突出“心性”这个伦理思想核心。这一切,最终都能在《论语》中找到源头。这也就是朱熹为什么最终将其伦理思想定位为“仁本体”。

不同于孔子对“仁”的阐释,朱熹并不想强调“仁”在不同场景里的不同诠释,而是希望给“仁”一个固定的归宿,这就是朱熹提出的“性本体”。因此,在朱熹的伦理思想系统中,“仁”“性”实际上是一个东西,或者是一个东西的两面。因此,他的理论中对“情”做的工夫,最终还是要回到“性”,或者说要回到“仁”。学者们或许正是看到了朱熹的这一点,才将宋明理学家定义为“新儒家”,使其符合“儒家”的概念范畴,而不是佛家或道家。

朱熹伦理思想的另一个途径,便是将“仁/性”都放在“心”中。“心”似乎是“仁/性”的一个容器。在这个容器中,不单有“性”的位置,还有“情”存在的空间。于是,他在开始继承张横渠的“心统性情”的时候,就已经为自己的伦理思想的展开埋设了伏笔。

朱熹习惯以“心”作为自己伦理思想的核心。他将“心”的两种状态“未发”和“已发”区分开来。这两个来自《中庸》的观念,与《孟子》的“四端”思想结合后,《中庸》的“诚”与《孟子》的“善”便有机结合在了一起。这种结合的好处是,朱熹将宋代理学的开端界定为周濂溪,并提供了理论上的依据。于是,无论是周濂溪的《通书》,还是张横渠的《正蒙》,抑或二程的《遗书》,便在朱熹的伦理思想中形成一个完整的体系。在这个体系中,周、张、二程为朱熹的总结工作做了扎实的理论准备。正是因为这个工作的扎实,才使朱熹有理有据地对先师们(道南学派和湖湘学派)提出批评。

实际上,道南学派和湖南学派本为一脉,均源于福建武夷山区域。同样的生活环境中的两种不同的心性工夫的伦理流派,表面看来是两种对立的思想系统,实际上是同一种思想系统的分裂。朱熹正是看到了这种"分裂",才力图回到二者的源头,即二程主创的洛学系统中,来重新夯实自己的思想地基。

朱熹肯定了二程的"理"和张横渠的"气"是其哲学本体论的来源。朱熹对"理"的肯定来自两个部分:一是对天理的知识论继承,一种是对天理的伦理学继承。

对天理的知识论继承,是因为朱熹继承了上古的"观象授时"和"立表侧影"的思想,进而肯定天理的存在。朱熹说:"浑象之说,古人已虑及此,但不说如何运转。今当作一小者,粗见其形制,但难得车匠耳。"[①]他还说:"竹尺一枚,烦以夏至日依古法立表以测其日中之景,细度其长短示及。"[②]

对天理的伦理学继承,则是对《仁说》的偏重。朱熹说:"盖天地之心,其德有四,曰元亨利贞,而元无不统。其运行焉,则为春夏秋冬之序,而春生之气无所不通。故人之为心,其德亦有四,曰仁义礼智,而仁无不包。"[③]

朱熹对"气"的肯定来源于两个部分:一是气具有虚灵明觉的"性本心",一是气质之蔽的"情本心"。朱熹对二者均持肯定的态度,而非一主一次、一前一后。因此,朱熹在某些特定时空中,会向弟子说"情者,性之所发"。[④] 钱

① 朱熹:《朱子全书》(第 25 册),第 4713 页。
② 朱熹:《朱子全书》(第 22 册),第 1968 页。
③ 朱熹:《朱子全书》(第 23 册),第 3279 页。
④ 黎靖德编:《朱子语类》(卷第五十九),第 1380 页。

穆认为,朱熹“从心言,心必有性,亦必有情。从理言,性即是理,情亦即是理”。[1] 不过,朱熹更加偏重于“情心”的实践,而将“性心”的讨论放在《大学》里。这里,需要做出的说明是,虽然朱熹一生在《大学》处最用力,但朱熹的最终目的不是《大学》,而是蕴含着大量伦理思想的《中庸》。这里用一个不太恰当的比喻:《大学》偏重于对朱熹的“性心”的讨论,侧重论证“性心”存在的合理性与合法性;而《中庸》则偏重于对朱熹“情心”的讨论,侧重讨论“已发”和“未发”的克己持守工夫。二者不能分离,这也构成了朱熹伦理思想的基本框架。

如果说朱熹的伦理思想是朱熹思想中的一棵树,那么朱熹的“敬”便是这棵树的“主干”。朱熹的伦理思想中如果缺少“敬”,他的伦理思想要么沦为“藤”,肆意扭曲,随处攀爬,毫无主见;要么沦为伦理思想的闪光点,像断了线的珍珠,四散开来。这就决定了朱熹的“敬”思想是朱熹伦理思想的主轴和核心,它帮助朱熹的伦理思想构成一个完整体系。因此,在此基础上,我们称朱熹的伦理思想为朱熹的伦理学,是可以成立的。因为近代学科分科后的“学”概念,最主要的一个特征就是体系性。于是,我们说朱熹的“敬”思想具有伦理学的面向,是说得过去的。除此之外,朱熹的“敬”并不满足于对伦理教条的严格遵从,让人成为“法则”的奴仆。他还给“敬”提供了一个自由的空间,即“从心所欲,不逾矩”的趋势,这便是他的美学面向。

(二)朱熹的“敬”思想回顾

朱熹“敬”思想的伦理学面向主要指“心”在“已发”和“未发”中出现的问题。道南学派整齐严肃的、向内的“未发”工夫,和湖湘学派“敬义夹持”的、向外的“已发”工夫,构成以心性为本原的工夫系统。可以说,朱熹的伦理学最后回到了二程的洛学体系中,这与道南学派、湖湘学派的向内、向外的影响是分不开的。这种向内、向外的工夫,表面上看是“心”的工夫,实际

---

① 钱穆:《朱子新学案》(第 2 册),第 119 页。

上是“心”在“情”上做工夫。也就是说,朱熹伦理学做工夫的主要对象是“情”的整齐严肃。

“情”作为朱熹伦理学中形而下的部分,包括“欲”和“意”。其中,“欲”这一概念在朱熹的伦理学系统里多以贬义的方式使用,或者蕴含着贬义的可能;“欲”也有褒义的用法,如朱熹在解《论语·为政》“从心所欲,不逾矩”时,但十分少见。朱熹常见的表现“欲”的褒义层面时,多用“情”或“意”来表达。

朱熹伦理工夫的直接对象,是对“人欲”的关注,也就是对“情”之“已发”超过了“正常慾望”的“纵欲”或“欲的过度”。在这一部分,朱熹采用的工夫为“常惺惺”“敬义夹持”和“格物究理”。这代表着朱熹“敬”思想的三个面向。朱熹说:“敬只是常惺惺法。所谓静中有个觉处,只是常惺惺在这里,静不是睡着了。”[①]在朱熹的思想中,“常惺惺”是“敬”比较初阶的层次。它存在的作用是可以帮助人们在“情”之发动时的那一念中,警告“情”勿要超出“慾望”。因此,这一“常惺惺”法,在朱熹的“未发”“已发”两个阶段均可做工夫,但此法更偏重于“未发”,于“已发”处常会出现偏颇,有与禅难分的倾向。《朱子语类》曰:

> 或问:“谢氏常惺惺之说,佛氏亦有此语。”曰:“其唤醒此心则同,而其为道则异。吾儒唤醒此心,欲他照管许多道理;佛氏则空唤醒在此,无所作为,其异处在此。”[②]

朱熹虽然对“常惺惺”法与佛家的工夫法门作了区分,但所引起的误解依然存在。朱熹说:

---

① 黎靖德编:《朱子语类》(卷第六十三),第1503页。

② 黎靖德编:《朱子语类》(卷第十七),第373页。

> 不如程子整齐严肃之说为好。盖人能如此,其心即在此,便惺惺。未有外面整齐严肃,而内不惺惺者。如人一时间外面整齐严肃,便一时惺惺;一时放宽了,便昏怠也。①

可见,“敬”思想的“常惺惺”的工夫并非不可用,但层次较低,只是一种基础工夫而已。

“敬义夹持”常被程伊川使用,后被朱熹继承。“敬义夹持”主要的工夫领域,多为“情”之“已发”,但未超过人的正常“慾望”。它与“常惺惺”法有一定的交叉,但已经不是“常惺惺”那个萌芽阶段。因此,我们可以把这个阶段看成朱熹工夫的进一步提升。

《朱子语类》记载:

> 仲思问“敬义夹持直上,达天德自此”。曰:“最是他下得‘夹持’两字好。敬主乎中,义防于外,二者相夹持。要放下霎时也不得,只得直上去,故便达天德。”
>
> …………
>
> “敬义夹持直上,达天德自此。”直上者,无许多人欲牵惹也。②

在朱熹的理论中,“敬义夹持”比“常惺惺”的工夫次第更为前进一步。朱熹主张“敬主乎中,义防于外”,点明形而下实践工夫的具体方法,明确了“敬义夹持”工夫的践行方向。

一般认为,朱熹的知识论方法是“格物致知”,但若以伦理学工夫次第的视角看,“格物穷理”也应成为其中一种方法。这种工夫是承接二程的。朱熹说:

---

① 黎靖德编:《朱子语类》(卷第十七),第372页。
② 黎靖德编:《朱子语类》(卷第九十五),第2450页。

所谓格物，致知，正心，诚意。至程先生又专一发明一个"敬"字。若只恁看，似乎参错不齐，千头万绪，其实只一理。[①]

所谕"敬"字功夫于应事处用力为难，此亦常理。但看圣贤说"行笃敬"、"执事敬"，则敬字本不为默然无为时设，须向难处力加持守，庶几动静如一耳。[②]

明道云："穷理者，非谓必尽穷天下之理；又非谓止穷得一理便到。但积累多后，自当脱然有悟处。"又曰："自一身之中以至万物之理，理会得多，自当豁然有个觉处。"[③]

"敬"的"格物穷理"的主要工夫领域，多为"情"超过人的正常"慾望"的"欲"，也就是朱熹在行文中常谈到的"人欲"。由于"情"已经脱离了人的正常"慾望"，而变成"纵欲"，以内在为主的"常惺惺"或"敬义夹持"工夫，已经无法克制"情"的放纵。这时，需要外力的协助，助"情"反省，并将"情"拉回"性"的身边而识"仁"，使"情"由恶返回善端。这在朱熹的"情"的工夫论中，形成了"未发—已发—中止—返回—未发"的循环。

（三）朱熹的伦理美学展望

钱穆根据朱熹的文献和语录资料，将朱熹的"敬"思想大致分为以下六个大方面、七个小方面。大方面为："一曰敬略如畏字相似；二曰敬是收敛其心不容一物；三曰敬是随事专一、又曰主一之谓敬；四曰敬须随事检点；五曰敬是常惺惺法；六曰敬是整齐严肃。"[④]小方面为："一曰敬与公与直；二曰敬

① 黎靖德编：《朱子语类》（卷第十二），第 207 页。
② 朱熹：《朱子全书》（第 22 册），第 2335 页。
③ 黎靖德编：《朱子语类》（卷第十六），第 395 页。
④ 钱穆：《朱子新学案》（第 2 册），第 403—426 页。

与和;三曰敬与生意;四曰敬与事与定;五曰敬与笃厚;六曰敬与恕;七曰敬与活泼泼地。”[①]钱穆对朱熹“敬”思想的总结不可谓不详,可朱熹的美学思想却没有被钱穆注意到。也就是说,朱熹的“敬”应该还加上一个面向,那就是“敬的美”,即自由的“敬”,或者是“敬”的释放。这才是朱熹“敬”思想的最终归宿。如果将朱熹的“敬”思想停留在“畏”上面,则又回到了先秦的“敬”思想,无疑为朱熹的伦理思想添加了一些消极成分,这也应该是朱熹正心诚意、格物致格后,力图去除的部分。

由于朱熹伦理思想的释放将会迎来“意”的美学世界,因此我们将开启朱熹思想研究的另一段旅程。它与伦理学有明显的不同,却又不是截然分开的。朱熹以“意”为核心的美学思想,解释了朱熹伦理思想中的“无概念”“无时空”“同一性”的主要特征,也揭示了朱熹伦理美学中的“间距”“之间”与“虚待”。而这一切,最终都以“正君心”的政治图像在朱熹的理论中发挥着作用。也就是说,伦理要想真正发挥功效,需要美学的加持。最终,以“圣人图像”为方法的朱熹的伦理学,开始发挥作用。到这里,关于朱熹“敬”思想的讨论告一段落。

二、道德标准与目标指向

近些年来,学者对伦理学的研究除了出现美学取向的研究范式,还出现了心理取向等新的研究范式,填补了原本枯燥的儒家伦理学单一的研究路径。但是,这些研究取向也带来了新的问题,并伴随着美学与心理学概念的大量使用而逐渐暴露出来。这些新问题主要表现为,美学语词的研究取向是否符合伦理学研究的理论核心要求,心理学概念的引入是否会将伦理研究引入心理研究的歧途。因此,美学取向和心理学取向的失效非但不能改变伦理学研究的枯燥模式,不恰当的引入反而容易将已经非常清晰的伦理

---

① 钱穆:《朱子新学案》(第2册),第434—438页。

问题复杂化。当伦理学与儒家思想会通之后,这种问题就越发明显。因此,当部分学者试图将儒家伦理学用“道德感动”或儒家示范伦理学来解读时①,关于这些问题的讨论就再次浮现出来。

以儒家伦理学来说,新儒学的代表人物朱熹所强调的天理规范,是一种天理本然的不可抗拒的儒家规范伦理学。它虽然不同于康德的道德义务论,但在朱熹的伦理学建构中至少存在着康德的义务伦理学的取向。当然,儒家本身也含有与亚里士多德的德性伦理学相趋同的一面。于是,无论从何种角度讲,以朱熹为代表的儒家伦理学都应该侧重于规范伦理学的取向,而不可能只是美学的或心理学的伦理学取向。因此,部分学者曾一度将以朱熹为主的伦理学定性为义务伦理学。当然,朱熹的儒家伦理学也是含有美学和心理学取向的伦理学。但四者相较,义务伦理学要多于德性伦理学,德性伦理学要多于美学伦理学,美学伦理学要多于心理伦理学。也就是说,在这四个研究维度中,康德的义务伦理学(或规范伦理学)占据主要地位,而心理伦理学处于最低的位置。儒家伦理学,仅从以朱熹为代表的儒家来看,更趋向于一种合“理(学)”的规范伦理学,而不是道德感动的心理式的伦理学。儒家所追求的伦理思想趋向于一种合“(天)理”性,而不是一种“道德感动”。这种合“理”可以理解为孔子的“仁”,或孟子的“义”,而不是“感动”情绪。

虽然从孔子、子思、孟子到朱熹,儒家在伦理劝导方面,曾利用感动的情绪作为道德劝导工具,但本质上还是“工具性”的运用,而不是将其作为道德本质,更不可能将其作为儒家示范伦理学的目标指向。儒家示范伦理学的目标指向应在于人的行为符合“天理”“天道”,即符合自然,符合人们制定的规范。道德指开悟人心的大德智慧。其中,“道”的引申义较多,常见的含义为“规律”;“德”常表示人性之天理显现。规律与天理表现了“道德”一词的强制性特征。因此,儒家的规范不同于法家的命令,不等于法律的强制,而

① 王庆节:《道德感动与儒家示范伦理学》,北京大学出版社,2016,第23页。

趋向一种道德劝导。[①] 也就是说,“道德感动”实际上是一种强力作用下的情感释放,侧重于消解道德本身的强制性而祈求一种“自在”解放,因而道德不会滑向“以理杀人”的法家思维中。[②] 于是,以此概念作为“标准工具”来判定伦理学议题就有可能超越伦理学范畴,进而得出有误的结论。

与“感动”相似的美学概念是朱熹山水美学中的“兴”的概念。在朱熹看来,天理的严肃确实构成了对人们行为的强制作用。这种强制作用如果不加以解决,滑落到法家的风险就不可避免。因此朱熹指出,对于“强制的天理”不能只是否定或者逃避,而是要“顺理”[③],进而达到“从心所欲,不逾矩”[④]的理想状态。于是,朱熹将目光集中在山水美学思想上。“山水审美过程中能‘观造化之理’”[⑤],朱熹便达成了其伦理目标:“心平而气和,冲融畅适,与物无际。”[⑥]这是朱熹理解的圣人境界,形成了“心与理一”的境界。张立文指出:“‘心与理一’即能‘万物皆备于我’,我自能在天地间无心而成化,无意而顺理。这种人格境界表现在道德行为上,其德性之行也是无须着力而浑成。”[⑦]

在《说文解字》中,“感”被诠释为“动人心也。从心,咸声……感,使人心动。从心,咸声”。[⑧] “兴”被诠释为“起也。从舁、从同,同力也”。[⑨] “兴”的字义在后来的发展中,逐渐有了“动”的含义,如《周礼》中的《冬官考工

① 王庆节:《道德感动与儒家示范伦理学》,第 89 页。

② “道德感动”的出现就预示着道德的强制性会被削弱,甚至被取消。因为在汉语的使用习惯中,我们更偏重于位置偏后的主词“感动”,这就使得以心理学为标准来衡量伦理学成为可能。“感动”在汉语的语境中有动摇、感触、触动感情、引起同情等意思,意为受影响而引起反应。一般来说,“道德”与“感动”连用并不常见。当“道德感动”作为一个独立的概念出现时,表明这个概念的使用有融合伦理学与心理的倾向,并且心理学的面向明显略重一些。

③ 黎靖德编:《朱子语类》(卷第一),第 5 页。原文为“至于圣人,则顺理而已,复何为哉!”

④ 朱熹:《四书章句集注》,第 56 页。

⑤ 张立文:《朱熹大辞典》,第 419 页。

⑥ 朱熹:《朱子全书》(第 25 册),第 4977 页。

⑦ 张立文:《朱熹大辞典》,第 435 页。

⑧ 许慎:《说文解字(文白对照)》,第 864 页。

⑨ 许慎:《说文解字(文白对照)》,第 227 页。

记·弓人》篇的“下柎之功,末应将兴”,郑玄对其注曰:“兴犹动也,发也。”①也就是说,“感”与“兴”都有“动”的意思。

通过梳理“感”与“兴”的字源,可以看出二者至少自汉以后,就存在着混淆使用的现象。“感”为心之动也,“兴”为意之起也,但“心动”与“意起”之间恐怕是难以区分的。因此,现今使用这两个词语的时候出现混淆的现象非常普遍。近代以来,“感”与“兴”的内涵开始出现变化,“感”因近“心”,常用于描述心理现象;“兴”偏重于“意”,往往用于描述美学现象。在理解这两个字时,人们习惯于将“感”定位为一种主动状态,是“因物而感”,表达一种较强的情绪;而倾向于将“兴”定位为一种被动状态,是“随物而兴”,表达一种较弱的情绪。因此,它们与道德组合起来,如“道德感动”与“道德兴起”差异不大。基于此,也就意味着二者在心理学与美学两个维度的“跨界思考”中基本含有相同的价值与意义。综上,用心理学或美学的“感动”标准来替代伦理道德的“规范”标准,可能会存在一定的风险。但是,在伦理道德中适当注意心理学感动或美学的“兴”,有助于预防道德法律化。这种跨学科的研究本身是有一定的价值和意义的。

在此情景下,儒家伦理学可能无法简单地以“感动”为标准。在讨论儒家伦理学时需要注意两个层面:一是儒家示范伦理学的标准设定是什么?二是儒家示范伦理学的底线具体指什么?回答这两个问题,有助于我们区分儒家和法家。同时,阐明道德的目标指向,回答儒家的道德追求,也有益于我们明确儒家道德的两面性:一种是伦理思维的严肃性,另一种是山水美学的自在性。儒家要区别的是道德的法律化,规避“以理杀人”的弊端。同时,道德和伦理也存在不同的特征,将道德视为伦理,或者将伦理等同于道德,都可能产生新的混乱。

① 郑玄注:《周礼注疏》,贾公彦疏,彭林整理,上海古籍出版社,2010,第1711页。

(一)道德标准与道德底线

在思考伦理道德问题时需要回答一个问题:运用“道德”这个概念所要达到的目的是什么?也就是说,我们使用道德,是试图将它作为衡量行为是否符合伦理的道德标准,还是将它视为伦理行为不可逾越的最后底线?对这个问题的不同回答,有助于我们思考“道德”的意义。

1.标准的设定

标准与底线可以构成道德活动的准则。并且,标准作为一种行为准则,它的设定一定高于底线。也就是说,当标准被制定出来,对行为人的要求是“可以达到标准”,也“可以不达到标准”。标准是否达到,取决于行为人的能力和意愿,对行为本身没有过多的限制。如体育测试,如果合格的标准是男学生 4 分钟内跑 1000 米,那么所有参加跑步的学生中,有部分人可以达到,有部分人可能达不到。在标准的设定方面,一定要有“未成功”的可能设置。否则,如果将合格的标准变为男学生 4 分钟跑 500 米,所有人都可能达到,那么这个“标准”就失去了意义。于是,变动性和灵活性是标准不可或缺的两个方面。

“道德标准”从词语结构来看,应该为“道德的标准”或“道德式标准”,核心在“标准”上。按照日常理解,标准是衡量事物的准则。因此,道德标准应该含有“为……设立标准”的意思。在《中国伦理大辞典》中,关于道德有两个基本的含义:一是在《道德经》中,“老子把‘道’看成是万物和道德的本原……而‘德’则是‘道’在万物之中存在和表现……认为人们的道德应该依据道和德的特点,效法‘自然’”。[①] 二是西汉贾谊在《新书》中,提出“‘道者德之本也,仁者德之出也,义者德之理也,忠者德之厚也,信者德之高也,密者德之高也’。认为道是一种普遍存在的法则”。[②] 以上,无论是从“效法”

① 陈瑛、许启贤主编:《中国伦理大辞典》,第 662 页。
② 陈瑛、许启贤主编:《中国伦理大辞典》,第 662 页。

的角度,还是从“法则”的角度,中国传统思想中的道德观不是简单的示范伦理学,而一定含有规范伦理学的内容。

因此,道德标准的设立,它的重心绝不只是一种“示范”,而偏重于“规范”维度。正如王庆节指出的:“无论是基督教的道德金律还是孔子的‘恕忠之道’,无疑都作为一种人类伦理行为的‘范式’而存在,但本质性的区别在于这种范式被理解为‘规范’还是‘示范’。”[①]于是,道德标准含有“规范”和“示范”两个维度应该不用继续讨论,而讨论的重心应该是“本质性的区别”这个维度。

于是,需要再次思考“道德标准”本身作为工具的作用与意义。如果将儒家在本质上界定为示范伦理学而非规范伦理学,或者说是德性伦理学而非义务伦理学,那么就需要马上解决一个难题:仁、义是天理本然的存在,还是“人为创造”出来的标准?即使暂且可以不考虑仁、义能否作为道德金律存在的可能性,就本质上而言,仁、义能否成为不可否认的“天降规则”?孟子言:“所以谓人皆有不忍人之心者,今人乍见孺子将入于井,皆有怵惕恻隐之心。”[②]这里的“皆有”是“人为设定”的,还是“天理本然”?显然,在孟子及宋明理学的描述中,道德标准绝不可能只是一种“示范”,而是一种“规范”。

朱熹在解释《论语》中“君子务本,本立而道生。孝弟也者,其为仁之本与”一句时说:

> 仁者,爱之理,心之德也。为仁,犹曰行仁。与者,疑辞,谦退不敢质言也。言君子凡事专用力于根本,根本既立,则其道自生。若上文所谓孝弟,乃是为仁之本,学者务此,则仁道自此而生也。程子曰:“……德有本,本立则其道充大……盖仁是性也,孝弟是用也。”[③]

---

① 王庆节:《道德感动与儒家示范伦理学》,第 79 页。
② 朱熹:《四书章句集注》,第 220—221 页。
③ 朱熹:《四书章句集注》,第 50 页。

这里的"爱之理""不敢质言""根本既立，则其道自生""仁是性也"显然不能只被看成一种"示范"，而应被看成给出的"规范"。

2.底线的指向

底线在创制之初其界限就是不可更改的。所以，底线一旦建立，突破者就一定要接受惩罚，否则"底线"本身就会消失。如刑法中，故意伤人者要受到惩罚。这个惩罚因犯罪情节的不同可大可小，但惩罚本身不能取消，否则刑法本身存在的意义就会消失。因此，我们在形容法律时，习惯称之为法律底线。它一定是相对恒定的，不可妄动，否则它只能消失。底线思维是不可能有任何可变动性和灵活性的。

宋明儒家对孟子学的偏爱，使得他们理解并建构出来的儒家伦理学是一种近乎法律的规范伦理学。如孟子说："无恻隐之心，非人也；无羞恶之心，非人也；无辞让之心，非人也；无是非之心，非人也。"[①]这里的"非"是一种强有力的约束。一般看来，在以家族血亲为主导的熟人社会中，一旦被界定为"非人也"，基本上就给这个行为人判了"死刑"。因为单独的个体是无法在"无连接"的社会中存活的。朱熹说："非，知其恶而以为非也。人之所以为心，不外乎是四者，故因论恻隐而悉数之。言人若无此，则不得谓之人，所以明其必有也。"[②]他这里的"不外乎""故""不得"的标准，绝不简单地只是一种劝导，而是一种规范。这是一些全称性的否定，不是一个可商量的"标准"。

因此，至少在宋明伦理学建构之中，伦理学不可能只被设为一种"示范"，而具有某种严苛性。这种严苛性虽不如法律一样存在着一条明显的红线，但对其的违背也是注定要受到惩罚的。

但是，需要明确的是，如此严苛的规范伦理学设定，它的指向并不是日常生活中的"必须如此"。这可以从两个方面来理解这句话：一是道德标准

---

① 朱熹：《四书章句集注》，第221页。

② 朱熹：《四书章句集注》，第221页。

建立后就不可改变，这是天理的使命本然。人在恻隐、羞恶、辞让、是非的天理作用下，必须符合以上四个基本标准，否则就不可“成人”，而要接受“非人”的谴责。这是律令式的存在，是规范伦理学的表述，不可更改。二是在天理使命本然的规范内，寻求自我意志的“自在”，达到“从心所欲，不逾矩”，又是对这一严苛伦理规范的松绑。

朱熹在其山水美学的表述中，将这种思想运用到极致。张立文指出，朱熹在“山水审美过程中能‘观造化之理’，从而体现‘天地之教’、山水美育的功能”。[①] 朱熹在《至乐斋记》里说：“心平而气和，冲融畅适，与物无际。其观于一世事物之变，盖无往非吾乐也。”[②]这是朱熹追求的圣人境界，达到了“心与理一”的境界。在朱熹看来，虽然道德标准的规范性依然存在，但人在“恪守”规范的同时，亦可寻求变通之道。这时所说的“变通”，不是伦理的法律式底线可以变通，而是道德底线与道德标准之间存在一个可变通的区域。

3.两个维度的跨越

道德标准的设定与道德底线的建立，显示出二者存在的“间距”与“之间”。道德标准与道德底线相互存在，一上一下，一动一静，将伦理行为的践行维持在一个相对稳定的状态。道德标准并不等于康德美学中的“崇高感”（sublime），相对于康德对道德崇高的定位，道德标准更倾向于平实。儒家对这一标准的建立没有将其拔高到圣人的高度，而是更接近“人之为人”的仁、义的平实标准。所以，如果我们将儒家的道德层次进行简单的划分，大致可以分为道德圣人、道德标准与道德底线三个维度。这三个维度中，道德圣人则接近于示范伦理学。[③] 但这个层次在日常的伦理践行中，更接近一种理想状态，于工夫践行帮助不大。这也成为当今学者诟病儒家伦理学的主要标靶。于是，我们暂且将这个问题搁置下来。

---

① 张立文，《朱熹大辞典》，第 419 页。

② 朱熹：《朱子全书》（第 25 册），第 4977 页。

③ 王庆节指出：“儒家伦理学看重的，不是去制定这样那样的规则、规范，而是强调在道德生活中树立榜样。”（王庆节：《道德感动与儒家示范伦理学》，第 89 页）

道德标准与道德底线,构成了日常生活的道德边界。不同于一般的边界,这个边界的两边是允许被跨越的。对道德标准的向上跨越,就进入了道德圣人与道德标准之间的范围,是会得到社会的嘉奖的。如朱熹以下的表述:

汉陈孝妇年十六而嫁,未有子。其夫当行戍,且行时,属孝妇曰:“我生死未可知,幸有老母,无他兄弟备养。吾不还,汝肯养吾母乎?”妇应曰:“诺。”夫果死不还。妇养姑不衰,慈爱愈固,纺绩织纴,以为家业,终无嫁意。居丧三年,其父母怜其少无子而早寡也,将取嫁之……欲自杀。其父母惧而不敢嫁也,遂使养其姑二十八年。姑八十余以天年终,尽卖其田宅财物以葬之,终奉祭祀。淮阳太守以闻,使使者赐黄金四十斤,复之终身,无所与,号曰“孝妇”。[①]

这是一个典型的跨越道德标准趋向道德圣人的案例。文中“汉陈孝妇”的行为明显超越了日常生活的道德标准。因此,社会对此进行了物质与精神上的奖励。

对道德底线向下的跨越,则呈现出“非人也”的状态,虽未触及法律底线,但已处于道德底线与法律底线的中间状态。这种跨越会遭到社会的谴责。如孟子强调:“人之有是四端也,犹其有四体也。有是四端而自谓不能者,自贼者也。”[②]他还言:“不仁、不智、无礼、无义,人役也。”[③]这里的“自贼者”和“人役”,并没有上升到法律层面“必须惩罚”的程度。因此,道德律令与法律条文在这里有清晰的界线。

于是,儒家思想对规范伦理学的强调,又突显出其对法学思想的抵制。因此,准确地说,道德标准是一种接近规范伦理学的存在状态,侧重于一种

① 朱熹:《朱子全书》(第13册),第469页。
② 朱熹:《四书章句集注》,第221页。
③ 朱熹:《四书章句集注》,第222页。

天理本然的道德义务论。儒家不可能只是示范伦理学,或者倾向于示范伦理学。但儒家确实含有示范伦理学的成分或维度,这并不构成儒家伦理学的主要方面。

(二)道德的目标指向

在"道德感动"与"道德标准"的讨论中,学界已经逐渐将隐藏在讨论背后的问题掀出来了,那就是为什么会出现用"道德感动"和"道德标准"来界定伦理学。这也是"道德金律"存在的问题。这涉及三个方面:一是道德本身存在两面性的问题,二是道德发展中形成的道德伦理学问题,三是伦理在发展中出现的伦理法律化问题。

1.道德的两面性

何怀宏指出:"'道德'与'伦理'这两个概念,无论是在中文里面,还是在其西文的对应词里面,一般并不做很严格的区分。它们都是关乎人们行为品质的善恶正邪,乃至生活方式、生命意义和终极关怀。"①从这种表述中,我们可以看出道德本身是暗含伦理学的一些特性的。

什么是伦理?何怀宏说:

> "伦理"可以是低层次的、外在的、类似于法律、"百姓日用而不知"的东西,但也可以是高层次的、综合了主客观的、类似于家园、体现了人或民族的精神本质的、可以在其中居留的东西……当表示规范、理论的时候,我们较倾向于用"伦理"一词,而当指称现象、问题的时候,我们较倾向于使用"道德"一词。②

以上虽然介绍了道德与伦理的区分,但从另一个角度可发现,道德中蕴

---

① 何怀宏:《伦理学是什么》,第 11 页。
② 何怀宏:《伦理学是什么》,第 14—15 页。

含着伦理的层面。它的特征是规范性与严肃性,这是道德的第一个方面。

当道德感动与美学思想连接在一起时,道德的第二个方面则得以显现,即美学的自在性。如康德的美学思想包含两个方面,即崇高感与美感(beauty)。康德说:“崇高令人激动,美则令人迷恋。一个充满崇高感的人,其神态是严肃的,有时还是凝重的和吃惊的。与此相反,对美的生动感受则是通过眼睛发光、笑逐颜开、高声欢乐而表现出来的。”[①]这里,康德的崇高感实际上就类似于前面所谈的道德感动。于是,道德在伦理的规范性与美的自在性两者之间和谐共存,达到儒家“从心所欲,不逾矩”的道德境界。因此,儒家伦理学就其本质来说,它要求在义务规范内达到一种自我感知的自由,这是儒家的道德目标指向。

2.道德的伦理化

由于道德与伦理的混淆,道德的伦理化倾向是在潜移默化中完成的。于是,以道德为主体的儒家示范伦理学,往往被以伦理为主体的规范伦理学所替代。于是,儒家伦理学在先秦以至宋明,规范伦理学的样态远远超过示范伦理学的样态。而这一点,在两宋之际孟子学升格运动中被进一步强调,随着儒家的发展慢慢发生了转变。如,隋唐宋明清科举制度对“规范”的强调,明初崇朱(熹)的士大夫对理学的规范化改造,清初“以理杀人”现象的频繁出现,将道德标准上升到道德圣人的程度,并以伦理教化的方式被固定下来,完成了道德伦理化。

道德伦理化的弊端有以下两个方面:

一是道德标准的伦理化,非但没有使道德发挥作用,反而导致了伦理底线被提高到道德标准之上。这就如同体育测试,60 分为及格,80 分是良好,而 100 是满分。正常 60 分可以及格,但标准提高到了 80 分,就将本来可能及格的人变成不及格了,而原来 80 分得良好的人也就变成了及格。这是清初伦理悲剧的主要原因之一。

---

① [德]康德:《康德著作全集》,第 209 页。

二是道德伦理化强调道德的明晰性,也就是我们所言的道德金律。这实际是一个存在问题的设计,也是道德金律无法成功的最主要原因之一。关于道德金律,王庆节指出:

> 西方基督教道德金律内部,实质上隐含着两条相互矛盾与冲突的原则,即普遍公正原则与人际间关爱原则。这两条原则曾在基督教伦理学中借助于超越性上帝的绝对之爱的观念达成一种和谐与平衡。但是,随着近代上帝绝对神的权威的被削弱与被怀疑……人际间关爱的原则在近代伦理学的思考中被边缘化,而绝对性的普遍公正原则在道德伦理评判中占据了统治地位。①

这段话的重点在最后一句的"普遍公正原则"。因为要普遍而且公正,就要求道德的表述一定要清晰化。道德的内涵包含两个方面:规范性与美感的自在性(如康德的崇高感)。后者是不可以用清晰的语言或逻辑来表述的,否则道德的示范、教化、引导的作用就会消失,而代之以伦理的规范、命令、强制。所以,根本就不存在什么道德金律,只存在可能性的伦理金律。

3.伦理的法律化倾向

当我们将伦理的规范理解为"伦理金律"的时候,我们实际上离"伦理"概念本身也就越来越远了,而形成了一种伦理的法律化倾向。因为,"金律"本来就是"金科玉律"的简写,而其中的"律"为法律。这种表述其实就是一种道德法律化或伦理法律化的倾向。儒家思想一旦与"律"相嫁接,那么"以理杀人"的悲剧自然就不可避免。

《说文解字》中说:"律,均布也……普遍施行的规律……均布:谓普遍施行。均,遍也;布,施行。均布,《段注》:'律者,所以范(规范)天下之不一

---

① 王庆节:《道德感动与儒家示范伦理学》,第48页。

(一致)而归于一，故曰均布也。'"[①]以此来看，律本身的强制性要远高于伦理的约束性。在之后的发展中，法、律、令成为王权统治的强制性工具，以律[②]最为严苛。隋朝的《开皇律》中的"笞、杖、徒、流、死"(即鞭子抽打、木板打臀部、有期徒刑、流放、死刑)的律法，远非伦理可以囊括。

因此，提倡以儒家思想来构建道德金律或伦理金律，本质上就与儒家拒斥法家的思想相违背，自然也不可能得出什么有效的儒家式的道德金律。即使对当今学者所设置的道德金律进行适当的调整，在普遍性、公正性原则中二者取其一，也依然不能解决这个问题。如"己所不欲，勿施于人"或者"己所欲，施于人"，都会因现实冲突而无功而返。[③] 同时，那些认为道德金律没有问题，而是理解者出现问题的讨论，亦有推脱责任之嫌。

综上，试图用一种规范化、清晰化的方式来描述道德的目标指向，无疑是一种道德研究与践行上的南辕北辙。我们需要了解的是，道德本身是一种崇高而模糊的存在，但这种存在又不是任意和不着边际的，而是一种在天理使然作用下的人的行为规范。

从道德感动的伦理倾向与美学倾向中，从道德标准和道德底线中，我们发现道德本身存在崇高性与模态化特征。于是，从这种角度来说，道德感动的界定有一定的合理性，但还需要进一步梳理。在儒家仁、义、天理等观念的影响下，"道德感动"这个词语不如"道德合'理'"更能表示儒家的道德本质。一是儒学发展到宋明理学阶段，虽然需要引入美学思想来解构固化的伦理规范(如以朱熹为代表的士大夫的理论)，但使其成为一个有力的判定标准则十分勉强；二是用道德感动来弱化儒家规范伦理学的面向，而将其定位为示范伦理学，可能行不通；三是道德感动确实是儒家示范伦理学的一个重要方面，但这只是儒家道德现象层面的运用，而不是儒家伦理学的本质。

道德的两个维度的存在，也决定了道德的呈现不可能如科学一样清晰

---

① 许慎：《说文解字(文白对照)》，第158—159页。

② 相当于今天的刑法。

③ 王庆节：《道德感动与儒家示范伦理学》，第49—50页。

明了,也无法被证伪。不能简单地用科学思维或知识论思维来验证道德,并在其基础上产生所谓的儒家道德金律。同时,儒家的规范伦理学面向也不意味着它会产生道德金律。因为道德金律的提出,本就存在将道德法家化的企图,这与儒家的核心思想相左。这是本质上的区别,不可被混淆。

(三)朱熹伦理学的当代价值

朱熹的伦理思想绝不只是一个形而上、玄虚式的理论,它面对的问题是南宋的具体社会现实。牟宗三等学者判定朱熹建构了一个新理论,实际上就道明了朱熹为学本心绝非训诂考据,而在于坚持儒家传世经典与南宋的现实相融合,进而完成关于南宋王朝救亡图存的"内圣外王"。可以说,余英时指出的两宋士大夫"共商国是"的思想,道明了朱熹伦理学的真正现实意义。这不能被我们忽视。

我们之所以要花大力气梳理朱熹的伦理思想和"敬"思想,绝不是一时的学术猎奇。我们有着不同于西方世界的思维方式。近代西方世界伦理思想东传时,"水土不服"的现象时常存在。在对中国有影响的思想中,亚里士多德和康德的伦理学占有较大的份额。因此,本书试图将朱熹等中国传统思想家的伦理思想从亚里士多德或康德的伦理学框架中分离出来,这也是势在必行的举措。在这一方面,杨慧杰早年用亚氏和康德的思想来诠释朱熹的伦理学,就值得我们警觉。阐述朱熹的伦理学,不能是"亚氏伦理学世界"中的朱熹思想,而应该是朱熹本人的伦理学。

我们知道,中国的伦理理论在建构与实践中,侧重点不在"理性的建构",而在"具体的践履"。传统的礼仪和孝道思想依然在我们的世界中起着决定作用。朱熹的"敬"思想,在一定程度上为我们看待世界图景提供了借鉴。于是,对朱熹"敬"思想的挖掘和梳理,有助于我们看待中国传统思维的本原及对其未来的伦理行为做出有效的预知。一些在西方伦理思想框架下无法有效解决的问题,在"敬"思想的作用下,或许会有一个"合情"的解决方案。

朱熹“敬”的伦理思想,与亚里士多德的德性论及康德的先验义务论有一定的区别。亚氏的伦理学作为一种德性的伦理学,建构了人类世界在理性思维中应该遵循的行为方式。然而,亚氏的伦理学对道德标准的确认不太关注。这导致后人虽深受其理论的启发,却难以寻找实施的具体途径。康德习惯于趋向一种 must to be 的道德刚性倡导。康德的义务论思想虽然严密,但其过分强调义务的强制而非道德的规劝,这让我们难以普遍接受。

朱熹的伦理思想实际上呈现出一种道德律令的柔性样态。在某种程度上,他与康德的义务伦理学有着诸多相似之处。不同的是,朱熹伦理学的主要面向应该是一种“道德劝导式的伦理学”,而不是一种“法律式的伦理学”。这就导致后世学人将朱熹指出的“道德规劝”看成一种“道德法令”,这实非朱熹之错。如贞节牌坊、“以理杀人”,实际上都是错误地将“道德规劝”等同于“道德法令”,将朱熹的身份由儒家转化为法家。这不是朱熹的“法之病”,实为后人运用时的“人之病”。由此可知,重新梳理朱熹的伦理学对纠正后世学者对朱熹伦理思想的运用之偏,是有一定作用的。

同时,朱熹的“敬”思想开辟了解决当代伦理难题的一个新途径。众多的伦理难题实际上在朱熹的“敬”思想中可以得到有效的解决。当然,作为一种 800 多年前的理论,朱熹的“敬”思想在现实中应用时确实有必要加以改造提升。实际上,朱熹在自己的伦理实践中也不断告诫后人,切莫墨守成规,要随时而变,这才是伦理规范的正确使用方法。

因此,在理解朱熹的伦理思想时,我们需要运用“坚守”和“开放”两种心态。一是中国几千年流传下来的伦理规范在朱熹的思想中得以凝聚,这值得我们继续坚守,如坚持人性本善,坚持“敬义夹持”“常惺惺”的日常行为;二是现代西方主流伦理思想也需要被我们吸收,如亚氏、康德和阿拉斯代尔·查莫斯·麦金泰尔(Alasdair Chalmers MacIntyre)等人的当代伦理学诠释与运用。这正如朱熹不断吸收佛、道思想为己所用。这种做法没有违背朱熹的治学原意,实则也是对朱熹治学思想的另一种坚持。当今,坚守本心,放眼世界,融贯中西,才是正视伦理问题的良方。

三、圣人无意与伦理价值

在讨论朱熹的伦理思想时,常见的方式是将它放置在哲学的视角下进行讨论。一直以来,我们也习惯将哲学与智慧等同,似乎懂哲学就相当于有智慧。但是,随着研究精细程度的加强,发现这种理解存在十分严重的问题。虽然哲学的英文"philo-sophie"被翻译成"爱智慧",但"philo-"这个前缀也预示着哲学与智慧注定存在着本质的差别。一般来说,"philo"只表示哲学的动态的、发展的需求,但是这个翻译背后隐藏了哲学本有的"欲望"。这就决定了哲学不可能像智慧一样,它是一个没有发展的、没有历史的存在。在这种欲望的促使下,哲学逐渐在智慧的童年出现,却被"惊奇"所吸引,踏上了一条与智慧相距甚远的"偏见"之路。于是,哲学在彼此攻击与自我验证中开始演变,一步步演化出"哲学的历史"。

与哲学相比,中国智慧追求的是一种普遍意义的适用。智慧本身从来不走极端,也不为"惊异"所吸引,更不会为自己树敌。所以,智慧本身往往追求一种平庸式的稳定。这让它在哲学面前显得过于"陈旧"。因此,它常常被一些哲学家戏谑地称为"哲学的童年"。哲学这种看似更为先进的思维,面对智慧常常表现出一种傲慢。哲学的傲慢在"欲望"的加持下,与智慧越走越远。于是,"惊奇"引领着哲学越来越精细化。在哲学发展精细化的过程中,它所使用的语言也越来越晦涩,表达的内容也越来越深奥,慢慢远离了现实世界。这种"惊奇"的追求又导致了哲学发展呈现出一种不可逆的发展态势,以至于哲学开始无法处理现实中的那些急需解决的具体问题,一步步沦为专业哲学工作者把玩的东西。于是,当哲学无法解决问题时,它只能又将问题抛回智慧,这就是现代西方哲学发展中的危机。

"圣人无意"是朱利安对中国智慧作的一个判断。关于"圣人无意"的讨论,他首先从"无意"入手,并以此为基点来探讨智慧与哲学的不同。"所谓'无意',是指圣人不会从很多观念中单独提取一个:圣人的头脑中不会先有一个观念(‘意’)[①],作为原则,作为基础,或者简单说就是作为开始,然后再由此而演绎,或至少是展开他的思想。”[②]这种诠释点明了朱熹以来理学家关于传统圣人的一个主要看法,即圣人是一个不为观念所困的独立存在,他本人不持有任何观念。这构成了朱熹以来儒者关于智慧的主要图像。在朱熹看来,以“四书”为伦理学架构固然是传统圣人应有的品质,但“从心所欲,不逾矩”才是传统圣人的核心品质。于是,伦理学的“矩”中衬托出“随心所欲”的“情”。这才是他追求的天理之道。朱熹的人欲思想对抗的不是天理的本然,而是防止“情”的过度而产生的灾难。这种思想在“文从道出”的美学表达中,被朱熹清晰地展示出来了。

朱熹的思想是不能完全以哲学思想来禁锢的。什么是哲学思想?朱利安说:“哲学的历史就是从提出一个观念开始的,就是不断地提出观念。哲学把一开始提出的观念当成原则,其他的观念都是由此而产生的,思想由此而组织成了体系。这个首先提出的观念成了思想的突破点,有人为它辩护,也有人驳斥它。从提出的这一偏见开始,可以形成一种学说,可以组成一个学派,一场无休止的争论也就由此而开始了。”[③]哲学进而建立了以观念为主体的体系。在他看来,哲学的英文意思虽是“爱智慧”,但它可能过度注重对“爱……”的倾斜而形成一种非智慧的偏见。于是,我们在研究朱熹理学时将其简单划归哲学范畴,可能确实存在问题。哲学的偏见是西方哲学产生、发展和消亡的重要原因。他们喜欢树立一个观念体系,并对它作合理性与合法性的逻辑证明,以这种看似接近真理的研究方式来解释日常万物。但它似乎常常因为前提的不稳固而出现问题。这就如同数学理论中的公理,它的真理性是因为在归纳的过程中未遇到反例。如“三角形的内角和等于180度”。于是,我们通过这条公理推导出定理:“三角形的外角和等于360度。”这在逻辑证明上是没有任何问题的。但是,如果有人发现,在球面上的

① 朱利安以法文 idée 一词来翻译“意”这个概念。

② [法]弗朗索瓦·于连:《圣人无意——或哲学的他者》,第7页。

③ [法]弗朗索瓦·于连:《圣人无意——或哲学的他者》,第9页。

三角形的内角和不等于 180 度,那么在此基础上的定理推论逻辑不管多完美,也会跟着一起出错。而哲学也面临着同样的问题。

这种以偏见为研究路径的哲学研究方式,常常也因为偏见而被另一种哲学思维所取代。于是,哲学这种“被取代”就被迫有了它的历史。朱利安指出:

> 哲学从一开始就陷入了偏见,此后便再也无法完全地从中摆脱出来,再也无法克服因一开始提出的观念而养成的习惯,再也无法抚平因此而已经揉成的褶皱。因此,由于从一开始就犯了错误,而且是无法消除的错误,所以,为了超越这一错误,哲学便不得不一直向前,不得不以其他的方式思想。哲学的历史就是由此而产生的,或者说,正因为如此,哲学才有了历史,正因为如此,哲学本身就是一部它自己的历史。①

哲学的历史性要求它不断地挖掘、追寻、超越,因此哲学的理论也需要不断地革新,不断地更改。这种哲学就像一个由欲望主导的猜谜游戏。

> 世界被当成是一个谜,而哲学所面对的,是我们的欲望,因为哲学要不断地提出更高的挑战,才能回应世界向它提出的挑战。哲学代表了冒险的欲望(为寻求真理而冒险),哲学喜欢危险(喜欢提出假设)。②

而代表智慧的圣人并不喜欢这种“游戏”。他们没有被欲望所束缚,甚至他们不会因为什么所谓的新想法而感到惊奇。中国的圣人坚持仁、义、礼、智、信,特别是两宋理学,将圣人的诚信提高到了绝对的理论高度。因此,它与西方哲学主张的思辨的怀疑理论格格不入。缺少了这种怀疑,也就

---

① [法]弗朗索瓦·于连:《圣人无意——或哲学的他者》,第 12 页。

② [法]弗朗索瓦·于连:《圣人无意——或哲学的他者》,第 13 页。

构不成西方哲学关于哲学所谓的思辨性特征,也难怪中国学界认为中国古代没有哲学。这种说法如果进一步澄清就变成了:中国古代思想中没有“偏见式的哲学”。这基本上也就回答了学界关于中国哲学合理性与合法性的争论。

事实上,“中国的思想家没有致力于破解谜团,而是要人们阐释显而易见的事实,要人们‘悟’,也就是努力地意识显而易见的事实。”[①]中国智慧追求的是以平易的心态解决人们的现实问题。它的平易让人看不到它的精彩。

相对于哲学,“智慧没有历史,从某种意义上说也不会有惊人之处,不会有可以让话语得到系泊的突出之点,不会有值得让人特别关注的东西”。[②]它相对平庸。“没有历史,首先就意味着智慧不是历史地形成的:圣人什么也不提出,所以别人就没有办法反驳他。智慧本身就是无可争辩的,因此,也就不要期待会有人对此提出异议,不要希望它会有将来。智慧也就成了思想当中反历史的部分。”[③]智慧对历史性的抛弃,同时摆脱了捆绑在智慧上的束缚。圣人智慧正因为不被历史拘囿,才能跨越时空,指导人们的现实生活。

智慧的“平庸”和非清晰式的表达,不代表智慧无用,而是体现了智慧常以一种“润物细无声”的方式在发挥着作用。圣人无差别地对待世界,消除了自我本身带来的“优先观念”。孔子说:“子绝四:毋意,毋必,毋固,毋我。”张载说:“四者有一焉,则与天地不相似。”[④]由此可见,智慧是一种采取去除自我偏私的方式对世界的观看。但这种“去除”带来的副作用就是智慧演化为“一种平淡无奇的思想,就是思想的残余(老生常谈),停滞不前,根本就不

① [法]弗朗索瓦·于连:《圣人无意——或哲学的他者》,第13—14页。
② [法]弗朗索瓦·于连:《圣人无意——或哲学的他者》,第13页。
③ [法]弗朗索瓦·于连:《圣人无意——或哲学的他者》,第12页。
④ 朱熹:《四书章句集注》,第105页。

能像观念那样产生诱人的飞跃”。[1] 而“哲学选择了一直向前走”[2]，它的发展虽然携带着偏见风险，但是这反而成为它的亮点。哲学因为有历史的加持而受人关注，智慧则因无历史而变得“软绵绵的，没有棱角的，迟钝的，温吞吞的”。[3] 于是，哲学显然比智慧“前进”了一步。

实际上，智慧与哲学并非简单的一分为二的关系，而处于一种混沌的状态。有一种常见的说法是：“智慧是理想，对此，哲学怀着令人尊敬的腼腆，只能敬而远之。”[4]这是一种以“自谦”的方式对智慧的鄙弃。在一些人看来，智慧是思想的童年。它有一定的存在意义，但总是有一点“过时”的味道。智慧只有在哲学无法解释的时候，才出来化解一下危机。对于哲学来说，它更偏爱那些“高大上”的逻辑思辨、新潮的思想火花，而将那些“自己不愿意扮演的角色（庸俗的角色）转嫁给智慧”。[5] 从这种意义上说，智慧成为哲学从宗教独立出来后另一个新的依靠。

① ［法］弗朗索瓦·于连：《圣人无意——或哲学的他者》，第23页。
② ［法］弗朗索瓦·于连：《圣人无意——或哲学的他者》，第13页。
③ ［法］弗朗索瓦·于连：《圣人无意——或哲学的他者》，第23页。
④ ［法］弗朗索瓦·于连：《圣人无意——或哲学的他者》，第23页。
⑤ ［法］弗朗索瓦·于连：《圣人无意——或哲学的他者》，第24页。

参考文献

一、原典

（一）与朱子有关的原典

朱熹：《四书章句集注》，中华书局，2011。

朱熹：《朱子全书》，朱杰人、严佐之、刘永翔主编，上海古籍出版社、安徽教育出版社，2002。

赵顺孙纂疏：《大学纂疏中庸纂疏》，黄坤整理，华东师范大学出版社，1992。

黎靖德编：《朱子语类》，王星贤点校，中华书局，1994。

（二）其他原典

王文锦译解：《礼记译解》，中华书局，2001。

王安石：《王文公文集》，唐武标校，上海人民出版社，1974。

王聘珍：《大戴礼记解诂》，王文锦点校，中华书局，1983。

王懋竑：《朱熹年谱》，何忠礼点校，中华书局，1998。

皮日休：《皮子文薮》，萧涤非整理，中华书局，1959。

石介：《徂徕石先生文集》，陈植锷点校，中华书局，1984。

许慎：《说文解字（文白对照）》，李翰文译注，九州出版社，2006。

孙复:《孙明复小集》,载王云五主编《四库全书珍本八集》,沈阳出版社,1978。

阮元校刻:《十三经注疏》(清嘉庆刊本),中华书局,1980。

苏轼:《苏东坡集》,台湾商务印书馆股份有限公司,1968。

张载:《张子全书》,林乐昌编校,西北大学出版社,2015。

张载:《张载集》,章锡琛点校,中华书局,1978。

周敦颐:《周敦颐集》,陈克明点校,中华书局,1990。

郑玄注:《周礼注疏》,贾公彦疏,彭林整理,上海古籍出版社,2010。

孟子等:《四书五经》,中华书局,2009。

欧阳修:《欧阳修全集》,杨家骆主编,台湾世界书局,1991。

陆九渊:《陆九渊集》,钟哲点校,中华书局,1980。

罗钦顺:《困知记》,阎韬点校,中华书局,1990年。

赵翼:《陔余丛考》,曹光甫校点,上海古籍出版社,2011。

班固:《汉书》,颜师古注,中华书局,1985。

脱脱等:《宋史》,中华书局,1999。

萧登福:《新编中论》,台湾古籍出版有限公司,2000。

黄宗羲:《宋元学案》,陈金生、梁运华点校,中华书局,1986。

黄宗羲:《明儒学案(修订本)》,沈芝盈点校,中华书局,2008。

黄庭坚:《豫章黄先生文集》(四部丛刊本),台湾商务印书馆股份有限公司,1965。

韩愈:《韩昌黎文集校注》,马其昶校注,台湾世界书局,2002。

董诰等:《钦定全唐书》,台湾文海出版社,1972。

程颢、程颐:《二程集》,王孝鱼点校,中华书局,1981。

释契嵩:《镡津文集校注》,林仲湘、邱小毛校注,巴蜀书社,2011。

二、专著

丁福保、孙祖烈:《佛学精要辞典》,宗教文化出版社,1999。

云告译注:《宋人画评》,湖南美术出版社,1999。

方立天:《中国佛教哲学要义》,台湾佛光文化事业有限公司,2004。

方光华、曹振明:《张载思想研究》,西北大学出版社,2015。

王庆节:《道德感动与儒家示范伦理学》,北京大学出版社,2016。

冯时:《中国古代的天文与人文》,中国社会科学出版社,2006。

冯友兰:《中国哲学史》,台湾商务印书馆股份有限公司,2015。

冯友兰:《中国哲学史新编》,台湾蓝灯文化事业股份有限公司,1991。

刘彬:《帛书〈易传〉新释暨孔子易学思想研究》,中国社会科学出版社,2016。

刘述先:《朱子哲学思想的发展与完成》,台湾学生书局,1982。

牟宗三:《中国哲学十九讲》,台湾联经出版事业股份有限公司,2003。

牟宗三:《心体与性体》,台湾联经出版事业股份有限公司,2003。

朱伯昆主编:《国际易学研究》(第1辑),华夏出版社,1995。

何怀宏:《伦理学是什么》,北京大学出版社,2015。

余英时:《朱熹的历史世界:宋代士大夫政治文化的研究》,生活·读书·新知三联书店,2004。

余英时:《宋明理学与政治文化》,台湾允晨文化实业股份有限公司,2004。

劳思光:《新编中国哲学史》,台湾三民书局股份有限公司,2007。

吴启超:《朱子的穷理功夫论》,台湾大学出版中心,2017。

陈来:《朱子哲学研究》,生活·读书·新知三联书店,2010。

陈振昆:《朱子成德之学的理论与实践》,台湾文津出版社有限公司,2018。

陈荣捷:《朱子门人》,台湾学生书局,1982。

陈瑛、许启贤主编:《中国伦理大辞典》,辽宁人民出版社,1989。

陈福滨:《〈易经〉讲义》,台湾至洁有限公司,2014。

张永俊:《二程学管见》,台湾东大图书股份有限公司,1988。

张立文:《中国学术通史(宋明卷)》,人民出版社,2004。

张立文:《气》,台湾汉兴出版社,1994。

张立文:《朱熹大辞典》,上海辞书出版社,2013。

张立文:《理》,台湾汉兴出版社,1994。

张岱年:《中国哲学大纲》,台湾蓝灯文化事业股份有限公司,1992。

李学勤:《周易经传溯源》,中国社会科学出版社,2007。

杜保瑞:《南宋儒学》,台湾商务印书馆股份有限公司,2010。

束景南:《朱子大传:"性"的救赎之路》,复旦大学出版社,2016。

束景南:《朱熹佚文辑考》,江苏古籍出版社,1991。

杨祖汉:《民族文化大觉醒:宋元学案》,台湾时报文化出版事业有限公司,1981。

杨慧杰:《朱熹伦理学》,台湾牧童出版社,1978。

罗光:《中国哲学思想史(宋代篇)》,台湾学生书局,1984。

洪淑芬:《儒佛交涉与宋代儒学复兴:以智圆、契嵩、宗杲为例》,台湾大安出版社,2008。

胡迎建:《朱熹诗词研究》,中山大学出版社,2011。

赵汀阳:《论可能生活》,生活·读书·新知三联书店,1994。

徐复观:《中国人性论史》,台湾商务印书馆股份有限公司,1969。

徐复观:《中国艺术精神》,台湾学生书局,1966。

徐洪兴:《思想的转型——理学发生过程研究》,上海人民出版社,1996。

钱穆:《朱子新学案》,九州出版社,2011。

钱穆:《钱宾四先生全集》,台湾联经出版事业股份有限公司,1998。

钱钟书:《管锥编》,中华书局,1979。

钱钟书:《谈艺录》,商务印书馆,2011。

顾颉刚等编著:《古史辨》,香港太平书局,1963。

顾宏义:《朱熹师友门人往还书札汇编》,上海古籍出版社,2017。

莫砺锋:《朱熹文学研究》,南京大学出版社,2000。

曾春海:《朱熹哲学论丛》,台湾文津出版社有限公司,2001。

蒙培元:《中国心性论》,台湾学生书局,1990。

蔡仁厚:《中国哲学史》,台湾学生书局,2011。

蔡家和:《源头活水:理学与朱子〈四书章句集注〉研究》,福建教育出版社,2018。

潘小慧:《德行与伦理:多玛斯的德行伦理学》,台湾开道出版社,2009。

潘立勇:《朱子理学美学》,东方出版社,1999。

三、译著

[美]W.J.T.米切尔:《图像理论》,兰丽英译,重庆大学出版社,2021。

[法]弗朗索瓦·于连:《圣人无意——或哲学的他者》,闫素伟译,商务印书馆,2004。

[法]弗朗索瓦·朱利安:《间距与之间:论中国与欧洲思想之间的哲学策略》,卓立译,台湾五南图书出版股份有限公司,2013。

[希腊]亚里士多德:《尼各马可伦理学》,廖申白译,商务印书馆,2003。

[美]安乐哲:《儒家角色伦理学:一套特色伦理学词汇》,孟巍隆译,山东人民出版社,2017。

[美]苏源熙:《中国美学问题》,卞东波译,江苏人民出版社,2009。

[日]高楠顺次郎:《大正新修大藏经》,白马精舍印经会,1986。

[德]康德:《康德著作全集》,李秋零编,中国人民大学出版社,2003。

[法]雅克·朗西埃:《历史的形象》,蓝江译,华东师范大学出版社,2018。

四、学位论文

吴冬梅:《朱熹的“持敬”说读解》,硕士学位论文,山东师范大学教育学系,2000。

李月芳:《朱子“持敬”思想探析》,硕士学位论文,河北大学哲学系,2010。

陈月:《朱熹“持敬”思想探究》,硕士学位论文,沈阳师范人学哲学系,2018。

郑丽娟:《朱熹与山崎暗斋二家主“敬”思想的比较研究》,硕士学位论文,华中科技大学哲学系,2007 年。

黄莹暖:《朱子所理解的佛教思想:以心性意涵与修持工夫为讨论中心》,博士学位论文,台湾师范大学中文系,2001。

彭朝政:《朱熹居敬的修养工夫》,硕士学位论文,西南政法大学哲学系,2017。

赖柯助:《朱子道德哲学重定位:如何回答“道德规范性”问题》,博士学位论文,台湾“中央大学”中文系,2014。

蔡世晶:《朱熹“持敬”伦理思想及其当代价值》,硕士学位论文,山东师范大学哲学系,2013。

颜清辉:《自家精神底挺立:试论朱熹之“敬”》,硕士学位论文,海南大学哲学系,2014。

五、期刊论文

冯兵:《予“敬”予“和”:朱熹的礼乐价值论》,《江汉论坛》2012 年第 5 期。

冯时:《〈保训〉故事与地中之变迁》,《考古学报》2015 年第 2 期。

冯时:《中国早期星象图研究》,《自然科学史研究》1990 年第 2 期。

朱汉民:《朱熹论居敬工夫与身心互动》,《教育评论》2006 年第 1 期。

吴震:《略论朱熹“敬论”》,《湖南大学学报(社会科学版)》2011 年第 1 期。

郭梨华:《孔子哲学思想探源:以天、德、中三概念为主》,《哲学与文化》2012 年第 4 期。

蒙培元:《论朱熹敬的学说》,《天水师范学院学报》2011 年第 4 期。

蔡家和:《朱子四书的理学建构》,《集美大学学报(社会科学版)》2017 年第 1 期。

潘小慧:《迈向整全的人:儒家的人观》,《应用心理研究》2001 年第 9 期。

六、作者著作(近 5 年)

陈永宝:《朱熹的理学世界》,台湾翰芦图书出版有限公司,2019。

陈永宝:《朱熹的儿童哲学研究:蒙学思想的现代转化》,广西师范大学出版社,2021。

陈永宝:《青年朱熹》,厦门大学出版社,2023。

陈永宝:《朱熹美学研究:基于海外汉学的新视角》,中国社会科学出版社,2023。

陈永宝:《思源》,台湾万卷楼图书股份有限公司,2023。

陈永宝:《朱熹的“天文考古学”研究:远古文明的生活记忆》,台湾万卷楼图书股份有限公司,2025。

后　记

人生有时真的难料，我本以为会在大陆攻读博士学位，但后来出现了很多情况，使得这个夙愿一直未能达成。2017 年我偶然得到一个去台湾进修的机会，同时负责一群学生在台湾的日常生活。幸运的是，所去学校的老师特别好，学生的所有问题他们均帮助解决，我也就在自己的房间里无所事事，于是想找个大学听听课，也算自己没有白来一次。

经朋友介绍，东海大学成了我学习的第一站。它是台中一个非常美丽的大学，占地面积在台湾高校中也是数一数二的。我有幸结识蔡家和教授，开始学习朱子理学。他待我亦师亦友，使得我在东海大学旁听了诸多朱子学课程。一次偶然的机会，看到东海大学在招博士生，我也就随口问了一下是否招收大陆来的考生。可能是上天的眷顾，那一年我的硕士母校刚好在招生范围之列。于是，我在台湾办理各种入学手续，家人在大陆这边帮忙收集各种入学证明材料，并提供留学保证金。一切都在有条不紊地进行着。只是这一年，整个台湾地区只招收 3 个哲学博士生，竞争不可谓不激烈。我最终能被辅仁大学录取，确属幸运。

选择辅仁大学而不是其他学校，主要是因为它是招收哲学博士生的两所学校之一。不同于当地学子在博士二年级选指导教授，我在取得录取通知书当天就同自己的授业恩师潘小慧教授取得了联系，并表明自己要读她的博士。这种入学前选导师的情况在台湾是不多见的。

潘教授带博士生的方式比较宽松，她从来不规定我们要具体做什么，只有在我们遇到问题时,才出面帮我们解决。在学术之路上,我们就像牙牙学语的小孩走在楼梯上,她只站在我们身后,不牵也不扶,但一直守护着我们。潘教授的这份宽容,让我在读博期间享受了很大的自由。

我深知自己天生愚笨,也听过学长学姐读6年、8年未毕业的痛苦经历。我也清楚我当时所在的单位能给我出来读书的时间最多不超过2年,这就使我在入学那一刻起,便对自己说:“再过一次高三吧!”于是,我拿着当年读高三的劲头,开始了自己的博士生学习生涯。

由于辅大离台北市很近,我经常在周六跑到鹅湖去参加杨祖汉老师的读书会,开始追随杨老师学习宋明理学。慢慢地,读博期间我形成了一种固定的学习生活规律:周一周二跟随杨祖汉老师去桃源的台湾“中央大学”上宋明理学的课程,周三到周五在辅大修博士毕业需要的课程学分,周六周日去台湾大学周边的二手书店搜寻资料。若台北有工作坊或学术会议,我也会改变周六与周日的行程。在台湾学习的3年中,我几乎每周都是这样度过的。

如果说在东海大学是我学习朱子学的开端,那跟随杨祖汉教授的学习则让我的朱子研究之路走上了正轨。慢慢地,我在朱子学领域的“牙牙学语”让我在学校的朱子学研究中“小有名气”,成为师兄弟间一个“小小专家”,甚至被送上一个“学豪”的称呼。但是我深知,我对朱子学还是一知半解,虽然一直在这个领域耕耘,但这个时候我依然迷茫。只是有了大家的鼓励,我的学习在累和快乐中度过。

我真正开启朱子学研究之路,是在潘老师的读书会上。她要求硕、博士生最好在每一期读书会上提交一篇论文或者论文提要。作为一个学术新人,我想着这是难得的机会,于是不管多忙,也会在读书会之前提交一篇完整的论文。博士生一年级下学期,我又参加了尤煌杰老师的工作坊,同样坚持每期提交一篇文章。于是,加上学期末的课程作业,到二年级我就已经陆续有文章发表。

我的文章发表之路并不顺利,甚至可以说有一些坎坷。记得第一篇会议论文发表时,我被与会学者批评得体无完肤。后来,为了弥补文章中的短板,我开始尝试写系列论文。这个习惯使得我在二年级上学期时,就完成了《朱熹理学世界》的书稿。此书能在博士毕业前出版,既得益于老师们的教导,也得益于与会学者的刺激。这也促使我在读博期间一直积极地参加各种学术会议。本书就是这种背景下完成的。

为什么会选择伦理学作为自己的主攻方向,这既有偶然,也有必然。一是我的授业恩师潘教授在博士班开设的课程刚好是伦理学;二是阅读朱熹的传世文本及后世学者的研究材料后,我发现多是关于伦理学的,这说明伦理学对研究朱子学的重要性。因此,以伦理学作为研究的切口,就是在这些偶然与必然中慢慢形成的。但朱熹伦理学的研究材料汗牛充栋,如何选择一个新的角度,一直让我困惑不解。直到辅修完中国社会科学院冯时教授来辅大开设一个学期的天文考古学课程,我逐渐发现了"敬"这个研究主线。于是,以"敬"为主线、以伦理为面的朱子学研究之路自此展开。

研究主题确定后,接下来就是烦琐的收集材料的过程。辅仁大学相较其他大学的好处是,它在济时楼为硕、博士生提供了一个研究小间。它虽然不大,却是一个可以上锁的独立空间,这对作博士论文的我来说无疑是雪中送炭。于是,我每天往返于辅大的三个图书馆之间,拿着一些书跑来跑去。后来为了节约时间,我直接拿了一个瑜伽垫放在研究小间的地上,困了倒头就睡。那种以书为枕垫的日子,至今仍值得怀念。这于我言,则是地利。

本书写作的大纲形成得很快,原因就是我读博期间除了天时、地利外,还有重要的人和。辅仁的学风很开放,彼此之间不会刻意隐藏自己的研究内容或材料。我们有时候开玩笑地说:"如果你把我的想法写成论文发表了,那你的论文就是我的材料。如果你的想法还不准备写成论文,那它可就是我的了。"在这种开放的环境中,彼此交流,学习氛围很好。当我将自己的研究方向与大家分享后,老师和同学们为我提供了诸多帮助。

这些帮助有生活上的,也有学业上的。台湾的学长学姐们知道我来自大陆,平时很少购物,总是带来很多水果和零食分给我;我的授业恩师们得知我研究朱熹,在授课时有意无意地向朱熹的领域倾斜,帮助我了解朱熹思想的各个方面(如美学、心理学、天文考古学、理学、知识论等);还有一群同我一样来自大陆的小学妹小学弟们,得知我英文不好,四处帮我寻找各种英文书籍的汉译材料。于是,我几乎是在这边帮一下那边帮一把的情况下,将本书的内容一点点地完成。特别是关于伦理美学部分,当我的蠢笨让我在用英文思考举步维艰时,是师友们的帮助让我渡过一次又一次难关,这让我受益颇多。我的第一篇 A&HCI 文章就是在这个领域产生的。

除此之外,本书于我而言最难的部分应该是天文考古学与佛学两部分。这两个部分我在读博之前从未涉猎过。因此,如何不写出外行话,成为困扰我的一大难题。当我向大家求教时,恩师们的讲解和学长学姐不厌其烦的教导,让我有幸顺利完成了这些内容。只是全书完成后,仍然有诸多问题没有说明清楚,这也是本书的一个遗憾。

实际上,本书是研究朱子理学中的一个重要组成部分。朱子理学研究大致可分为以下七个部分:天文考古学(理思想的由来)、理学(理思想的内容)、伦理学(理思想的核心)、美学(理学与美学)、心理学(朱熹与心理学)、儿童哲学(理思想与蒙学)和家哲学(理思想与家庭)。七个部分为一个整体,前者解决朱熹思想的来源问题,后者解决朱熹思想的应用问题。本书处于中间阶段。我原本计划在读博期间将其全部完成,无奈时间不等人。即便是压榨了自己所有的时间,也不得不以遗憾收场。

回来任教后,出于各种原因,原有的出版顺序被打乱,变成了现在这个样子:《朱熹的理学世界》《朱熹的儿童哲学研究》《青年朱熹》和《朱熹美学研究》已经先行出版,而本书一直躺在电脑里迟迟未面世。

为什么要为自己的博士旅程布下这么大的宏愿?因为,以上七本书未完全出版之前,我只能算是一个“已经毕了业的博士生”,还不能算是真正的

“博士”。这不是什么自谦,而是对自己的一个精准定位。三年的博士生涯对于一个博士来说,是远远不够的。若不是受现实生活所迫,博士生至少要读5~6年才能有真正的学术底蕴。这也是我即使毕业了,也一直不敢松懈的原因。我时常想到刘千美教授在我博士生二年级最后一节课说的那句话:“为什么我的学生博士毕业后都很恐惧?”我当时的想法是:“因为您让我们看到了自己有多无知。”其实,每一个在辅仁大学真正用心读过书的人,都能明白我这句话的含义。我们的恩师们为我们打开了一个未知世界的大门,却没有机会带我们继续前行。我们站在门口瑟瑟发抖地望着前方,自己的这点能力在这个新世界面前生死难料。

事实上,回来后的事情也确实向这个方向发展。失去了恩师们的光环,在学术界的前行举步维艰,四处碰壁的境遇让我多少认清了现实。所以,博士毕业后,不管工作有多忙,我依然坚持每天写作。哪怕小孩子出生的那段日夜颠倒的日子里,抑或每年大年初一的早晨,我也从未间断。我在别人像看怪物一样的眼神中苦苦前进,为的是让我这个“博士早产儿”有那么一丝丝的心安。在自己的阅读和写作能力未提升之前,我也只能漠视一切,以学生的姿态继续向各位前辈学习请教。虽然博得了一个“努力”之名,但蠢笨的我依然没有得到有效的提升,只希望自己能早日“博士毕业”。

从辅大回来后,适逢突变,诸事烦身。我的身体在一次次检查中发出警告。有时突然想起早年陪伴在父亲病床前看到的场景,不免后背发凉。悲观与激愤常常使人入夜难眠,但第二天早上起来,依然还是进行固定的阅读与写作。慢慢地,写作也就成了我生活的一部分。那本《青年朱熹》就是在极度的苦闷下完成的作品。无论是在家中、办公室里,还是在出差的飞机上,这种悲情的氛围在一次一次的尝试中越发浓郁。特别是近两年来,失望逐渐化作了绝望,只有写作才能换来一丝心灵的安慰。人啊,有时候要失去一些东西,才能换来一些东西。这是我近四十年来最大的人生感悟。本书的出版,或许并不能给大家带来新的心灵感受,但其中的点滴片段,或许可以激发新的研究热情。同时我通过本书,追忆了读博期间那些美好的点点滴滴。

在此借由本书的出版,向曾经的授业恩师潘小慧教授、杨祖汉教授、蔡家和教授、陈福滨教授、尤煌杰教授及帮助我的各位学长学姐学弟表示感谢。

2025 年 4 月于暨大家中